I ▼ N ▼ H ▼ A ▼ L ▼ T

Teil zwei
HOCHENTWICKELTE HILFSMITTEL FÜR
EIFRIGE LERNENDE 91

Teil vier
WERKZEUGE FÜR ERFOLGREICHE AKTIVISTEN 279

Teil fünf
SPASS – UND ZWAR JEDE MENGE   417

Dieses Buch ist allen
gewidmet,
die leben

Was wäre, wenn ...?

Was wäre, wenn das Leben vollkommen wäre?

Was wäre, wenn wir in einer perfekten Welt mit perfekten Menschen und perfekten Dingen lebten, in der jeder stets zur rechten Zeit das Richtige tut?

Was wäre, wenn Sie immer alles bekämen, was Sie sich wünschen – aber auch nur das! – und genau in dem Moment, in dem Sie es sich wünschen?

Was wäre, wenn Ihnen nach einer Zeit des Schwelgens in dieser vollkommenen Welt die Vorhersehbarkeit der Vollkommenheit auf die Nerven ginge?

Was wäre, wenn Sie nach einer weiteren Zeitspanne der Glückseligkeit zu der Überlegung kämen: »Dieser Vollkommenheit fehlt irgendwie der Biß, das Abenteuer, der Spaß. Immer nur meinen Willen zu bekommen fängt an, ziemlich stupide zu werden.«

Was wäre, wenn Sie nach einer weiteren Zeitspanne vollkommenen Lebens zu dem Urteil kämen »Die Perfektion ist perfekt langweilig«?

Was wäre, wenn Sie in diesem Augenblick in Ihrer perfekten Welt einen Knopf mit der Aufschrift »Überraschung« entdeckten? Was wäre, wenn Sie hingingen und trotz aller Bedenken, was diese »Überraschungen« wohl für Risiken enthalten könnten, zu dem Entschluß kämen: »Alles ist besser als diese vollkommene Langeweile«, tief Luft holen und auf den Knopf drückten ...

... und Sie befänden sich nun genau in Ihrer gegenwärtigen Lebenssituation – mit Ihren augenblicklichen Empfindungen, Ihren augenblicklichen Überlegungen, Ihren augenblicklichen Lebensumständen –, in der Sie dieses Buch lesen.

*Nur der Neugierige lernt,
und nur der Entschlossene
überwindet die Hindernisse
zum Lernen.
Mich hat der
Strebsamkeitsquotient
schon immer mehr interessiert
als der Intelligenzquotient.*

Eugene S. Wilson

*Auf der Schule kann man
sagen, wer seine Aufgaben am
besten löst und am fleißigsten
ist, aber man kann nicht
feststellen, wer der beste
Mensch ist.*
Das macht mir große Sorgen.

BARNABY C. KEENEY

T ▼ E ▼ I ▼ L E ▼ I ▼ N ▼ S
Einführung ins Leben

Willkommen im Leben.

Wir haben dieses Buch *Das 1 x 1 des Lebens* genannt, weil es all die Dinge über das Leben enthält, die wir in der Schule gern erfahren hätten, zum größten Teil aber nicht erfahren haben.

Nach zwölf (oder mehr) Jahren Schulausbildung wissen wir zwar, wie man die Wurzel eines gleichschenkligen Dreiecks ausrechnet (von unschätzbarem Wert im täglichen Leben!), aber wir wissen nicht, wie wir mit uns und anderen ins reine kommen können (noch kennen wir den Wert dieser Fähigkeit).

Wir wissen, in welche Richtung die Zugvögel im Herbst davonfliegen, aber wir wissen nicht, welchen Weg wir einschlagen sollen.

Wir haben einen Frosch seziert, aber die Dynamik zwischenmenschlicher Beziehungen unerforscht gelassen.

Wir wissen, wer »Sein oder Nichtsein, das ist hier die Frage« geschrieben hat, kennen aber die Antwort nicht.

Wir wissen, was Pi ist, sind aber nicht sicher, wer wir sind.

Wir können vielleicht eine Kadenz aufzeichnen, wissen unter Umständen jedoch nicht, wie man mit sich selbst im Einklang lebt.

Daß unser Bildungssystem nicht dazu geschaffen ist, uns die »Geheimnisse des Lebens zu lehren«, ist kein Geheimnis. In der Schule lernen wir fast alles – nur nicht, wie man lebt.

Vielleicht kann das auch gar nicht anders sein. Um die »Rätsel« des Lebens zu lösen, seine »Geheimnisse« zu erforschen (die in Wahrheit weder rätselhaft noch geheimnisvoll sind), bedarf es wahrscheinlich des Muts und der Entschlossenheit, die nur aus eigenem Antrieb aufgebracht werden.

Da Sie zu einem Buch mit dem Titel *Das 1 x 1 des Lebens* gegriffen haben, können wir wohl mit Fug und Recht davon ausgehen, daß Sie zumindest ein flüchtiges Interesse am Thema Leben ha-

Bei unseren Bemühungen um
Chancengleichheit für jedes
Kind geht es vor allem darum,
jedem die gleichen
Möglichkeiten zu geben – nicht
um es den anderen
anzugleichen, sondern um es
unverwechselbar zu machen;
um zu erkennen, welche
einmaligen physischen,
psychischen und geistigen
Fähigkeiten es besitzt.

JOHN FISCHER

ben. Sie wissen vermutlich schon, daß es im Leben um mehr geht als um Lesen, Schreiben und Rechnen.

Natürlich sind wir froh, daß Sie lesen gelernt haben, sonst wären Sie ja nicht in der Lage, dieses Buch zu lesen. Wir sind auch froh, daß wir schreiben gelernt haben. Und rechnen? Nun, Mae West hat einmal gesagt: »Eins und eins sind zwei, zwei und zwei sind vier, und aus fünf kann man zehn machen, wenn man weiß, wie's geht.«

Und genau darum geht es in diesem Buch: Zu lernen, wie's geht, und dabei noch Spaß zu haben.

Wenn es keinen Spaß macht, interessiert uns die Sache nicht.

Natürlich kann aus Mißgeschicken eine Menge gelernt werden. Aber der gleiche Unterrichtsstoff kann auch lachend und freudig aufgenommen werden. Und wenn Sie uns auch nur ein bißchen ähneln, haben Sie bereits mehr als genug Mißgeschicke hinter sich. (Die meisten Menschen schreiben sich nach der Schule der Tiefschläge an der Universität der Mißgeschicke ein.)

Wir nehmen das Leben ernst, übertreiben es aber damit auch nicht. Falls Sie nach ernsthafter, pedantischer, didaktischer Instruktion suchen sollten, so werden Sie die hier nicht finden. Wir werden locker und unbeschwert Hunderte von Ratschlägen geben, Techniken vorstellen und jedem einzelnen von Ihnen den gleichen Vorschlag machen:

Versuchen Sie's doch mal.

Wenn es klappt – gut für Sie. Halten Sie sich weiter dran, wir haben nichts dagegen. Und wenn es für Sie nicht klappt, dann suchen Sie sich etwas anderes, das funktioniert.

Nicht alles und jedes im *1 x 1 des Lebens* wird Ihnen zusagen. Wir bieten Ihnen ein Buffet an. Der Zwiebel-Orangen-Salat, bei dem Sie vielleicht die Nase rümpfen, könnte genau das sein, wonach einem anderen der Sinn steht, für den wiederum der von Ihnen bevorzugte Kaviar nur schwarzes, klebriges Zeug ist.

Falls wir etwas behaupten, das Sie für nicht »wahr« halten, so weisen Sie bitte nicht gleich alles in diesem Buch von sich. Für einen anderen könnte es durchaus »wahr« sein. Genausogut kann

Fred Sanford: Hast du als mein Sohn denn gar nichts gelernt? Was meinst du, für wen ich das alles mache?
Lamont Sanford: Für dich.
Fred: Also hast du doch etwas gelernt.

jemand das als »Unsinn« abtun, was Sie mit beifälligem Gemurmel aufnehmen. Wir leben in einer großen Welt, und das Leben hat viele Wahrheiten. Halten Sie sich an das, was Ihnen nützlich ist, und vergessen Sie den Rest.

Wenn Sie nur zehn Prozent des von uns Gesagten nutzbringend für sich anwenden, können wir zufrieden sein und unser Ziel als erreicht betrachten.

Und das bringt uns zu der Frage: Wer ist eigentlich der Lehrer im *1 x 1 des Lebens*? Dazu werden wir in Kürze kommen. (Ein Tip: Wir sind es nicht.)

Jetzt erst einmal: Willkommen beim *1 x 1 des Lebens*. Bei Ihrer Geburt wurden Sie mit Sicherheit begeistert begrüßt, aber Sie waren mit Sicherheit zu klein, um sich noch daran erinnern zu können. Daher fühlen Sie sich jetzt, zu Beginn dieses »Lebens«, herzlich willkommen geheißen.

Auch wenn es Ihnen vielleicht nur wie »ein Buch wie andere auch« vorkommt, so ist es doch ein Buch voll von Ideen von uns für Sie, ein Buch voll von guten Wünschen aus unserem Herzen. In diesem Sinn kann unsere gemeinsame Zeit durchaus eine ebenso angenehme wie anregende sein.

Herzlich willkommen.

Die Klugheit wird uns nicht geschenkt, wir müssen sie auf einer Reise entdecken, die uns niemand abnehmen oder ersparen kann.

MARCEL PROUST

Leben – warum?

Um was geht es eigentlich? Warum existieren wir? Was ist der Sinn? Gibt es da überhaupt einen Sinn? Warum sollten wir uns darüber Gedanken machen?

Warum leben wir?

Zu irgendeinem Zeitpunkt haben vermutlich auch Sie über den »Sinn des Lebens« nachgegrübelt und kamen zu einer befriedigenden Antwort, die die Zeitläufte überdauerte oder auch nicht. Oder Sie haben ganz einfach die Achseln gezuckt, »Das ist mir zu hoch« gemurmelt und sich ein weiteres Bier bestellt.

Der Frage nach dem Sinn des Lebens geht selbstverständlich die Frage voraus: »Gibt es einen Sinn des Lebens?« Das ist uns zu hoch. Wir werden der ersten Frage nachgehen, als wäre die Antwort auf die zweite ein Ja.

Wenn das Leben keinen Sinn hätte, dann wäre es absolut unerheblich, daß wir ein paar Buchseiten mit Spekulationen über den Sinn des Lebens vergeuden. Wenn das Leben keinen Sinn hat, ist im Grunde alles unerheblich. Es wäre, als wollte man ein Spiel spielen, das keine Regeln hat, keine Spielfeldbegrenzungen, keine Netze, keine Mannschaften und kein Bewertungssystem – nur fünf Milliarden Spieler.

Daher lassen Sie uns das Spiel mit der *Annahme* beginnen, daß das Leben einen Sinn hat. Und dann lautet unsere Frage: »Wenn es einen Lebenszweck gibt – welcher ist das?«

Hier unsere Antwort (die wir in den folgenden drei Kapiteln eingehender beleuchten wollen):

Man soll das Leben leben, etwas lernen und Spaß haben.

*Das Leben ist eine viel zu
wichtige Sache,
um darüber zu reden.*

Oscar Wilde

Betätigungen

Zunächst einmal: Menschen sind geschäftige Wesen. Dauernd scheinen wir etwas zu tun. Wenn wir nichts tun, denken wir darüber nach, was wir tun könnten. Und das ist natürlich auch eine Tätigkeit. Sogar wenn wir schlafen, träumen wir und wälzen uns herum. Wir treiben Sport, um unsere Körper fit zu halten, damit wir noch mehr tun können.

Und die Menschen sind für ihre Tätigkeiten gut ausgerüstet. Im Gegensatz zu Bäumen können wir uns von einem Ort zum anderen bewegen. Unsere Emotionen können innerhalb von Minuten von Glücksempfinden zu Traurigkeit wechseln und umgekehrt. Unsere Gedanken versetzen uns in Gegenden, die wir physisch nicht erreichen können. Unsere Erinnerung bringt uns in die Vergangenheit zurück, unsere Intelligenz ahnt Künftiges voraus, und unsere Phantasie bringt uns an Orte, an denen wir nie zuvor gewesen sind.

Wir befassen uns auch mit der Natur. Was Ihnen auch einfällt – die Menschen haben es entweder verändert oder ihm etwas angetan. (Zumindest haben wir es benannt.) Wir scheinen darauf aus, die Welt neu zu ordnen. Wir erfinden Werkzeuge, um auch das zu bewegen, was wir mit unseren Körpern allein nicht verändern können.

Der erfolgreiche Theaterregisseur Moss Hart besaß ein Landhaus. Dort hielt er sich an den Wochenenden auf und verlangte von seinem Landschaftsgärtner, ein paar Bäume hierhin, einen Bach dorthin und – bitte! – diesen Hügel um hundert Meter nach links zu verschieben. Als der Dramatiker George S. Kaufman Hart in seinem Landhaus besuchte, stellte er fest:»So würde es Gott machen, wenn er das Geld dazu hätte.«

Es ist oft gesagt worden, daß die Geschäftigkeit der Menschen von weitem betrachtet der beflissenen Emsigkeit der Ameisen ähnelt. Gelegentlich müssen wir uns doch fragen:»Was ist eigentlich der Sinn dieser ganzen Betriebsamkeit?« Wir sind zwar keine

Leicht errungene Dinge
sind müßig.
Die Seele hat ihre Freuden
am Tun.

SHAKESPEARE

Steine, die gar nichts zu tun scheinen; uns wurde die Fähigkeit zur Geschäftigkeit gegeben. Aber warum?

Selbstverständlich müssen wir etwas tun, um die Bedürfnisse unseres Körpers zu befriedigen (die nicht so groß wären, wenn wir weniger tun würden), aber selbst wenn diese Bedürfnisse gestillt sind, machen wir weiter. Warum? Wir meinen:

Unsere Beweglichkeit macht es uns möglich, mehr zu lernen.

Bewahre deine
Gelehrsamkeit
wie deine Uhr
in einer geheimen Tasche auf.
Ziehe sie nicht hervor
und streichele sie,
nur um zu zeigen,
daß du sie besitzt.

EARL OF CHESTERFIELD
1774

Lernen

Das Leben ist zum Lernen da? Um was zu lernen? Alles Mögliche. Es gibt eine Menge zu lernen. Schon in den ersten fünf Jahren haben wir die körperliche Koordination gelernt, Laufen, Sprechen, Essen, Auf-den-Topf-Gehen, Interaktion mit Familienmitgliedern und Spielgefährten sowie eine Masse Fakten über unseren Planeten und all die anderen Dinge, die einen Fünfjährigen von einem Neugeborenen unterscheiden.

Zwischen fünf und zehn Jahren lernten wir schreiben, rechnen, Erdkunde, Geschichte, Naturkunde, Musik, Sport und – wenn wir nicht allzuoft ferngesehen haben, lernten wir auch ein bißchen mehr über Menschen: Freunde, Verwandte, Feinde, Verbündete, Rivalen, Anhänger und Kritiker.

Und das Lernen dauerte an. Manches von dem, was wir schon früh gelernt haben, stellte sich als wahr heraus (Die Erde ist rund. Wenn du einen Freund haben willst, sei einer. Reinlichkeit ist ein nahezu unmögliches Unterfangen.), und anderes erwies sich als falsch (der Weihnachtsmann, der Klapperstorch, im Bayrischen Wald ist es lustiger als in Disneyland.).

Etliche Dinge mußten neu- oder umgelernt werden, und bei diesem Um- und Neulernen lernten wir vielleicht auch, was gegen Enttäuschungen zu tun ist – oder auch nicht.

Wenn wir das Leben der meisten Menschen betrachten, stellen wir fest, daß bis zu einem Alter von fünfzehn oder zwanzig Jahren eine dramatische Weiterentwicklung stattfindet. Dann verlangsamt sie sich, bricht ab oder geht, in manchen Fällen, sogar zurück.

Das liegt daran, daß sich die meisten Menschen als »fertig« erklären, wenn ihre herkömmliche Ausbildung abgeschlossen ist. Doch was bringt uns bei der Entgegennahme eines Abschlußzeugnisses oder eines Diploms eigentlich auf den Gedanken, unsere Lehr- und Lerntage seien vorüber?

Es ist doch nicht so, daß es nun gar nichts mehr zu lernen gäbe.

*Wissen wird nicht
zufällig erworben.
Man muß es mit Inbrunst
erstreben und mit Fleiß pflegen.*

ABIGAIL ADAMS
1780

Ganz und gar nicht. Die Verleihung eines handwerklichen oder akademischen Grades bedeutet doch nicht einfach »Abschluß«. Es ist ein neuer Anfang.

Je mehr wir lernen, desto mehr können wir tun. Je mehr wir tun, desto mehr können wir lernen. Aber bei all diesem Tun und Lernen sollten wir eine der wichtigsten Lektionen nicht vergessen: den Spaß dabei.

*Strebe nicht, meine Seele,
nach dem Leben der
Unsterblichen, sondern erfreue
dich an der Fülle der Quellen,
die dir erreichbar sind.*

PINDAR
518–438

Spaß

Spaß ist ein interessantes Wort. Es wird nicht automatisch zum Gegenteil, indem man »Un«, »Dis« oder »Miß« davorsetzt. Es gibt Vergnügen und Mißvergnügen, Glück und Unglück, Harmonie und Disharmonie, aber es gibt weder Mißspaß, Disspaß noch Unspaß.

Offensichtlich ist Spaß etwas, das unabhängig von allem auftreten kann, was sonst so vor sich geht – unabhängig davon, ob man gerade an etwas anderes denkt, welche Emotionen oder körperliche Gefühle man empfindet. Da kommt einem die alte Geschichte in den Sinn: Zwei Brüder wollen auf der Ranch ihres Onkels reiten, aber der Onkel besteht darauf, daß sie zunächst einen großen Haufen Mist aus einem Stall schaufeln. Einem Bruder mißfällt die Aufgabe so gründlich, daß er pausenlos vor sich hinmurrt und ziemlich lustlos schaufelt. Der andere Bruder lacht, singt und macht sich energisch an die Arbeit. »Worüber freust du dich denn so?« will der erste Bruder wissen. »Nun«, entgegnet der zweite, »bei all dem Mist muß hier doch auch irgendwo ein Pferd sein!«

So ist es mit dem Leben. Wenn es echt be . . . ist, können wir unser Schicksal bejammern und beklagen. Wir können uns aber – selbst in der ärgsten Notlage – auch sagen: »Das muß doch auch zu irgend etwas gut sein!« Lernen Sie, den Prozeß des Lernens zu genießen.

Selbst in Zeiten, in denen es sonst nicht viel zu lernen gibt, kann man doch noch lernen, sich am Spaß zu erfreuen. Konfuzius sagte vor 2500 Jahren: »Habe ich Reis zum Essen, Wasser zum Trinken und meinen Arm als Kissen – erfreue ich mich doch an diesen Dingen.« Thornton Wilder drückte es so aus: »Genieße deine Eiscreme, solange du sie auf dem Teller hast – das ist meine Philosophie.«

Spaß kann man nicht nur haben, während man dies oder das lernt; er kann auch ein Hilfsmittel sein, ein paar der wichtigsten Lektionen von allen zu begreifen. »Mit Augen, sanft durch die Kraft der Harmonie, und durch die große Macht der Freude«, schrieb Wordsworth, »können wir das Herz der Dinge erkennen.«

Wie gut ist doch das Leben
des Menschen,
das schlichte Leben!
Wie angetan dazu das
Herz, die Seele
und die Sinne für immer
mit Freude zu füllen!

ROBERT BROWNING
1855

Das Leben – eine Metapher

Es gibt viele Modelle für das Leben: Gleichnisse, Analogien und Metaphern, die uns helfen, etwas so Kompliziertes, Verzwicktes und scheinbar Unbegreifliches wie das Leben zu begreifen.

Da gibt es die Einstellung: Das Leben ist ein Spiel (und ihre diversen Unterabteilungen: Das Leben ist ein Fußballspiel, Das Leben ist Tennis, Das Leben ist eine Schachpartie, Das Leben ist ein Monopoly-Spiel, Das Leben ist Pingpong).

»Das Leben ist eine Whistpartie«, hat Eugene Hare vor geraumer Zeit behauptet. »Aus unsichtbaren Quellen werden die Karten gemischt und zugeteilt.« Später vervollständigte Josh Billings diese Überlegung so: »Im Leben kommt es nicht darauf an, möglichst gute Karten zu erwischen, sondern darauf, die optimal auszuspielen, die man in der Hand hat.«

Manche Menschen glauben, das Leben sei eine hochkomplizierte Apparatur (in Deutschland sehr populär). Im Norden Kaliforniens hält man das Leben für einen Computer. Buckminster Fuller hat diese beiden Anschauungen zusammengefaßt: »Die Erde ist wie ein Raumschiff, das ohne Bedienungsanleitung geliefert wird.«

Ist das Leben Arbeit, oder ist das Leben ein Spiel? Karl Marx meinte: »Leben ist arbeiten«, und ausgerechnet Henry Ford stimmte ihm zu (»Das Leben ist Arbeit«). Anderer Meinung waren Leon de Montenaeken, der behauptete: »Das Leben ist nichts als Theater« sowie Liza Minnelli. Die sang: »Life is a cabaret«.

Seneca wiederum betonte: »Das Leben ist ein Drama. Nicht die Länge zählt, sondern die Inszenierung.« Aber was für eine Art von Schauspiel ist das Leben? Jean de La Bruyere meinte, es sei »eine Tragödie für die Empfindenden und eine Komödie für die Denkenden«. Kirk Douglas nannte das Leben »ein Drehbuch für ein B-Picture«. (In einem Absatz von Seneca zu Kirk Douglas. Nicht schlecht.)

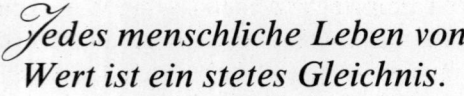

Jedes menschliche Leben von Wert ist ein stetes Gleichnis.

JOHN KEATS

Shakespeare bezeichnete das Leben natürlich als »Schauspieler, der seine Zeit auf der Bühne prahlend und mürrisch zubringt«, während James Thurber meinte: »Es ist eine in fremdem Idiom erzählte Geschichte, chaotisch und blindwütig und bedeutungslos.« Auch George Bernard Shaw nahm den Dichter ins Gebet: »Für mich ist das Leben keine kleine Kerze. Es ist eine Art prächtiger Fackel, die ich einen Augenblick lang halten darf.«

Andere nehmen zu musikalischen Bildern Zuflucht. »Das Leben ist mit einer Trompete vergleichbar«, hat W. C. Handy ausgeführt. »Wenn man nicht hineinbläst, kommt auch nichts heraus.« Samuel Butler meinte: »Mit dem Leben verhält es sich, als würde man vor einem Publikum die Solovioline spielen, das Instrument aber erst beim Musizieren kennenlernen.« Ella Wheeler sang: »Unsere Leben sind Lieder. Gott schreibt die Texte, die wir nach Belieben vertonen. Das Lied wird froh, angenehm oder melancholisch, da wir den Takt vorgeben.«

Eins der schönsten Gleichnisse stammt aus dem jüdischen theologischen Seminar: »Ein Menschenleben ist ein einzelner Buchstabe im Alphabet. Er kann bedeutungslos, aber auch Teil einer tiefen Bedeutung sein.«

Einer der größten Buchstaben im amerikanischen Alphabet, Helen Keller, hat behauptet: »Das Leben ist entweder ein wagemutiges Abenteuer oder gar nichts.« Und George Bernard Shaw stimmte ihr auf seine Weise zu: »Das Leben ist eine Reihe herrlicher Torheiten. Das Problem ist nur, sie auch zu tun. Lassen Sie keine Chance vorübergehen: Sie kommen nicht jeden Tag.«

Für den Fall, daß wir mit unseren Zitaten zu esoterisch geworden sind, wollen wir wieder auf den Boden zurückkehren. Wie wäre es, wenn wir dieses Kapitel mit dem Gedanken »Das Leben ist Nahrung« beschließen?

»Das Leben ist eine Zwiebel«, hat Carl Sandburg verkündet. »Man schält eine Schicht nach der anderen ab, und manchmal muß man weinen.« Demgegenüber meinte T. A. Drogan: »Das Leben ist so, als würde man Artischocken essen. Man muß sich durch sehr viel hindurcharbeiten und bekommt sehr wenig.« Oder viel-

Das eigentliche Ziel unserer Existenz ist es, die hohe Meinung, die wir von uns haben, mit den furchtbaren Dingen, die andere von uns denken, in Einklang zu bringen.

QUENTIN CRISP

leicht ist es auch so, wie Auntie Mame gemeint hat? »Das Leben ist ein Bankett, und ein paar arme Schlucker leiden Hunger.«

Don Marquis bezeichnete das Leben als »Rührei«. Machen Sie daraus, was Sie wollen – aber diesen Ratschlag können wir Ihnen auch hinsichtlich des Lebens allgemein geben, oder?

Und was ist das Leben für *uns*? Welches Gleichnis benutzen wir, um unsere Zeit miteinander zu beschreiben. Bitte blättern Sie um.

*Universitäten sollten
Zufluchtsstätten sein,
in denen die vorbehaltlose
Überprüfung der Realitäten
weder durch die Absicht zu
gefallen verzerrt noch durch
das Risiko des Mißfallens
behindert wird.*

KINGMAN BREWSTER

Das Leben ist ein Klassenzimmer

Wenn wir davon ausgehen, daß das Leben zum Lernen da sei, ist es nicht sonderlich unpassend, sich den Lebensprozeß als Klassenzimmer vorzustellen. Doch nicht als langweiligen Raum, in dem die Schüler in Reih und Glied ordentlich neben- und hintereinander sitzen, um dem Geschwafel irgendeines wichtigtuerischen Lehrers zu lauschen. In unserem Klassenzimmer (und das haben Sie mit Sicherheit schon bemerkt) geht es in hohem Maß experimentierfreudig zu. In diesem Sinne ist das Leben eher eine Werkstatt, ein Labor.

Wir nehmen mal an, daß das Labor/Klassenzimmer perfekt ausgestattet ist, damit wir das, was wir wissen müssen, genau zu dem Zeitpunkt lernen, an dem wir es brauchen und obendrein genau auf die richtige Art und Weise.

Das Schlüsselwort dabei ist *brauchen*, nicht wollen.

Wir lernen nicht immer das, was wir lernen *wollen*, wenn wir es lernen wollen. In der zehnten Klasse interessierten wir uns in Biologie lediglich für die Fortpflanzungsmethoden eines einzigen Lebewesens, aber wir wurden gezwungen, bei der Teilung von Amöben zu beginnen und uns dann voranzuarbeiten. Dem Himmel sei Dank für den *Playboy* und *Cosmopolitan*.

Die Biologielehrer hatten einen anderen Lehrplan für den Unterricht als wir. Das Leben auch, will uns scheinen.

Das Leben erteilt uns Lektionen in buchstäblich jeder Form. Genau wie in der Schule werden einem wichtige Wissensstoffe durchaus in ungewöhnlichen Lernsituationen vermittelt. Sie haben an manchen Tagen vermutlich in der Fünf-Minuten-Pause mehr gelernt als in einer Unterrichtsstunde von fünfundvierzig Minuten.

Mitunter lernen wir das, was wir wissen müssen, auf formellem Weg – wenn wir einen Kursus besuchen oder ein Buch lesen. Mitunter lernen wir auf informelle, zufällige Weise: Wir bekommen eine Bemerkung im Fahrstuhl mit, hören den hingeworfenen Satz

*Die wichtigste Aufgabe auf
allen Ebenen der Ausbildung
ist die Persönlichkeits-
entwicklung des einzelnen und
die Bedeutung seines Lebens
für ihn selbst und die anderen.
Das ist die elementare
Architektur eines Lebens. Der
Rest ist Ornament und Zierde.*

GRAYSON KIRK

eines Freundes, einer Freundin, schnappen eine Schlagzeile aus dem Radio auf (»Don't worry, be happy«).

Wir möchten gern glauben, daß es Zufälle nicht gibt.

Positive Lektionen werden nicht immer unbedingt auf positive Weise erteilt. Ein geplatzter Reifen (schwerlich ein positives Ereignis, es sei denn, der Reifen gehört einem anderen oder Sie besitzen ein Geschäft für Autozubehör) kann ein vielfältiges Lernangebot vermitteln: Sich-Fügen, den Wert vernünftiger Planung, Geduld, die Freude an der Hilfsbereitschaft (wenn der Reifen einem anderen gehört), die Dankbarkeit, daß einem Beistand zuteil wird (wenn ein Mitmensch Erste Reifenhilfe leistet) und so weiter.

Denselben platten Reifen können wir aber auch dazu benutzen, deprimierende Lektionen zu lernen (oder wieder zu lernen oder immer wieder zu lernen): Das Leben ist einfach nicht fair. Auf nichts und niemanden ist Verlaß. Wenn etwas schiefgeht, dann mit Sicherheit im unpassendsten Moment. Das Leben ist eine Qual – und dann stirbt man. Niemand liebt mich und so weiter.

Fangen Sie an, Ihre Rolle bei alldem zu erkennen? Das Klassenzimmer des Lebens, so wie wir es sehen, ist keineswegs die dritte Klasse, in der jedes Thema und das Lernpensum jeden Tages genau geplant sind – auch die Pausen. Sie *entscheiden*, was Sie von dem Ihnen präsentierten Angebot lernen, und Ihre Entscheidung ist entscheidend für das, was Sie wirklich lernen.

Aus jeder einzelnen Lebenserfahrung lassen sich diverse Lektionen erstellen – aufbauende und niederschmetternde.

Die Erfahrung ist, so sagt man, der beste Lehrmeister – natürlich immer vorausgesetzt, daß wir die besten Schüler werden.

Aber wer ist nun eigentlich wirklich der Lehrer?

*Wir lernen durch
das praktische Leben.
Vieles, was für Ausbildung
gehalten wird, ist Ritual.
Tatsächlich werden wir dann
unterrichtet, wenn wir es am
wenigsten merken.*

DAVID P. GARDNER

Wer ist der eigentliche Lehrer?

Der wahre Lehrer des Lebens ist nicht die Erfahrung. Auch belauschte Gespräche, Zeilen aus irgendwelchen Schlagern, Ihr Buchwissen (oder die Leute, die die Bücher geschrieben haben) sind es nicht.

Der eigentliche Lehrer sind Sie. Sie sind es, der bei allem, was Ihnen zugetragen wird, entscheiden muß, was wahr ist und was nicht, was auf Ihre Situation zutrifft oder nicht, was Sie jetzt lernen oder auf einen späteren Zeitpunkt verschieben wollen.

Ist Ihnen schon aufgefallen, daß zwei Menschen das gleiche Buch lesen, denselben Film oder Kursus besuchen können und doch ganz verschiedene Dinge im Gedächtnis behalten? Das Beste, was das Leben tun kann, besteht darin, Ihnen Lernangebote zu machen, Lektionen zu präsentieren. Das Lernen liegt dann bei Ihnen.

Wir können nicht besser sein als das Leben. Wir können lediglich bestimmte Gesichtspunkte präsentieren, mögliche Erklärungen liefern sowie das, was wir (und ein paar unserer Freunde) aus diversen Erfahrungen gelernt haben.

Bei unserem Angebot können Sie sagen: »Ja, das trifft auf mich zu«, »Nein, das nicht« oder auch »Lassen Sie es mich eine gewisse Zeit probieren, dann werde ich sehen, was ich daraus mache«. Wenn etwas auf Sie zutrifft, gut. Dann übernehmen Sie es. Wir haben lediglich etwas in Worte gekleidet, das Sie bereits wußten.

Wenn Sie sorgfältig lauschen, können Sie vielleicht eine innere Stimme hören (oder spüren). Das ist die Stimme Ihres inneren Lehrers. (Wir werden uns an die Bezeichnung »Stimme« halten, aber für Sie kann es auch ein Bild sein, ein Gefühl oder eine Kombination aus beidem.) Es mag vielleicht nicht die lauteste Stimme sein, aber sie ist häufig die nachhaltigste, geduldigste und beharrlichste.

Wie hört sich Ihr innerer Lehrer an? Er ist derjenige, der »So klinge ich« gesagt hat.

*Niemand kann genauso
sein wie ich.
Mitunter habe selbst ich
damit meine Probleme.*

TALLULAH BANKHEAD

Wenn es Ihnen ähnlich geht wie uns, haben Sie wahrscheinlich schon andere Stimmen diese Frage beantworten gehört. »Nein, nein, ich klinge so.« »Es gibt keine innere Stimme.« »Mehr als eine Stimme? Denken Sie denn, ich sei übergeschnappt?« »Innerer Lehrer. Hirnrissig!«

Doch durch das Geschrei erinnert Sie der innere Lehrer – liebevoll, ruhig und vielleicht ein bißchen amüsiert über die Aufregung, die eine simple Frage verursachte – an folgendes:

»Ich bin da. Ich bin immer da gewesen. Ich halte zu dir.«

*Der Körper ist ein
Gemeinwesen,
das aus unzähligen Zellen
oder Bewohnern besteht.*

THOMAS ALVA EDISON

Wer sind Sie? Wer *sind* Sie? Wer sind *Sie*?

Wer sind diese anderen Stimmen? Von wem stammen all diese Äußerungen? Und welches »Sie« meinen wir, wenn wir sagen: Sie sind der eigentliche Lehrer?

Machen Sie ein kleines Experiment. Nehmen Sie sich einen Moment Zeit und werden Sie sich Ihres Körpers bewußt. »Taxieren« Sie ihn schnell von Kopf bis Fuß. Wie fühlt er sich? Gibt es da Zonen der Anspannung, des Verspanntseins? Geht es einigen Körperteilen besonders gut? Gibt es irgendwelche wunden Stellen? Fühlen Sie sich erschöpft oder putzmunter?

Und dann erkunden Sie Ihre Gefühlswelt. (Oder vielleicht sollten wir sagen: Befühlen Sie Ihre Emotionen.) Was empfinden Sie? Aufregung? Angst? Zufriedenheit? Verärgerung? Ruhe? Gefühle werden häufig im und um das Herz herum (im Zentrum der Brust) und in der Magengegend empfunden. Was verspüren Sie da?

Und noch eine kleine Selbstbetrachtung: Achten Sie auf Ihre Gedanken. Womit beschäftigen Sie sich? Beobachten Sie Ihren Geist, wenn er seinen Denkprozeß durchläuft. Irgend jemand hat einmal die Geschwindigkeit unseres Denkens gestoppt und behauptet, daß wir 1200 Worte in der Minute denken. Wie sie das gezählt haben, wissen wir nicht. Wie sie unser visuelles und sensorisches Denken in Worte übersetzt haben, wissen wir auch nicht. Doch die Zahl vermittelt immerhin eine Vorstellung von dem »Geschwätz« in unseren Köpfen. Hören Sie dem Geplauder einen Moment lang zu.

Vielen Dank. Und jetzt die Frage: Wer hat die Experimente durchgeführt? Wer taxierte den Körper? Wer begutachtete die Gefühle? Wer prüfte den Geist?

Vielleicht war das etwas anderes, etwas größeres als der Körper, etwas größeres als das Gefühl, etwas größeres als der Geist.

Vielleicht waren *Sie* es.

Crystal: Wußtest du, daß die
meisten Menschen
zwei Prozent ihrer
geistigen Fähigkeiten
einsetzen?
Roseanne: So viel?

Vielleicht sind Sie mehr als Ihr Körper

Der Körper verfügt über eine enorme Klugheit: Er läßt Ihr Blut kreisen, verdaut Ihre Nahrung und führt in jeder Sekunde Tausende von notwendigen Funktionen aus, ohne daß Sie je einen »Gedanken« daran verschwenden müßten.

Der Körper ist darum bemüht, sich vor Krankheiten zu schützen, und heilt sich selbst. Er sieht, hört, fühlt, schmeckt, riecht – und das alles, ohne daß man ihm das jemals beigebracht hätte. Er schafft den erstaunlichen Balanceakt, den gesamten Körper auf zwei Beinen zu halten – etwas, was er in Anbetracht der Proportionen und des Schwerpunktes gar nicht tun müßte.

Doch so bemerkenswert der Körper auch ist, er hat leider nicht besonders viel Grips. Alles reine Instinkte. Auch die Tiere haben Körper mit klugen Instinkten. Doch etwas, was das auch immer sein mag – Vernunft, Intelligenz, Bewußtsein, Seele oder Grips – unterscheidet den Menschen vom Rest des Tierreiches.

Fragen Sie sich doch einmal, wo Sie (das eigentliche Sie, Ihr Ich) eigentlich zu finden sind. Im Körper oder in »etwas anderem«? Das ist natürlich eine vertrackte Frage. Wer könnte schon der Versuchung widerstehen, sich mit dem »anderen« zu identifizieren (besonders einem so geheimnisvollen anderen)?

Aber wenn wir die Frage entfrachten (»Sind Sie mehr als Ihr Körper?«), werden Sie wissen, was wir meinen.

So erstaunlich Ihr Körper auch ist, wissen wir doch, daß wir noch bemerkenswerter sind.

*Der Geist muß pausenlos
beschäftigt sein,
selbst beim Händeschütteln
und anderen Alltäglichkeiten.
Ich habe vor langer Zeit die
Fähigkeit entwickelt, an
andere Dinge zu denken,
wenn ich etwas tue.*

RICHARD M. NIXON

Vielleicht sind Sie mehr als Ihr Verstand

Diese Vorstellung ist für Denker schwer denkbar, und Grübler geraten darüber ins Grübeln. »Was den Menschen vom Tier unterscheidet, ist sein überlegener Intellekt, sein hochentwickelter Verstand«, heißt es. Vielleicht. Vielleicht auch nicht. Wir wollen das mal ein bißchen hinterfragen.

Der Verstand ist oft zu vollgestopft mit Ansichten und »Tatsachen« darüber, wie die Dinge sein sollten, um genau einschätzen zu können, wie die Dinge *sind.* Für viele Menschen erschöpft sich die Aufgabe des Verstandes in der Beweisführung, daß unser Wissen ausreicht, daß also keine Notwendigkeit besteht, irgend etwas dazuzulernen.

John Kenneth Galbraith hat das so ausgedrückt: »Vor die Entscheidung gestellt, seine Meinung zu ändern oder zu beweisen, daß das nicht nötig ist, entscheidet sich fast jeder für die Beweisführung.«

Eine feste Meinung ist durchaus eine gute Sache. Sie bewahrt uns davor, unser Mäntelchen in den Wind zu hängen und von jeder neuen Information aus der Bahn geworfen zu werden. Doch an einem gewissen Punkt kann sie den Verstand dazu bringen, sich vor jeder neuen Information zu verschließen. Der blockierte Geist ist aber nicht lernbereit. Lernen ist die Aufnahme und Verarbeitung neuer Ideen, Vorstellungen und Verhaltensweisen.

Sie könnten sich unter Umständen fragen, ob Ihr Verstand blockiert ist. Doch wenn Sie sich das fragen, ist er es höchstwahrscheinlich nicht. Der blockierte Verstand weist die Vorstellung, er könne nicht das Nonplusultra sein, meist vehement von sich. (»Dieses Buch sollte nicht leichthändig beiseite gelegt, sondern mit voller Wucht fortgeschleudert werden«, sagte Dorothy Parker.)

Wenn Sie dieses Buch noch immer lesen und ernsthaft über die Möglichkeit nachdenken, daß der Verstand nicht Ihr ganzes Ich

Joe, schäme dich niemals, menschliche Gefühle für einen anderen Menschen zu empfinden.

BEN CARTWRIGHT
BONANZA

ist, dann ist Ihr Geist offensichtlich offen genug, die Vorstellung zu akzeptieren, daß er nicht der Dreh- und Angelpunkt ist. Menschen, die für neue Ideen nicht aufgeschlossen sind, lesen nur selten Bücher, die neue Ideen enthalten. Sie fassen sie nicht einmal an. Allein der Titel genügt, damit sie sich abwenden. Der Verstand dieser Leute lehnt das Buch mit der Verallgemeinerung ab: »Das ist eins *dieser* Bücher.«

Schon die entsprechenden Regale in den Buchhandlungen genügen. Manche Leute treten nie vor *diese* Regale. Für andere reicht schon die schlichte Tatsache aus, daß es sich um ein *Buch* handelt, um sich nicht damit zu befassen.

Wir haben nicht die Absicht, Ihren Verstand zu verunglimpfen. Der Verstand ist ein unschätzbares Instrument, wenn es darum geht, Informationen aufzunehmen, zu speichern, begrifflich zu erfassen und wiederzugeben. Der Verstand ist ein ganz ausgezeichneter Diener, aber ein armseliger Meister.

*Die Frage ist unbeantwortet,
aber lassen Sie uns weiterhin
an ihre Wichtigkeit glauben.*

TENNESSEE WILLIAMS

Vielleicht sind Sie mehr als Ihre Gefühle

Emotionen sind eine feine Sache – wenn es einem gutgeht. Nichts fühlt sich so gut an wie Gefühle, wenn man sich gut fühlt.

Wenn es einem allerdings schlechtgeht, wünscht man sich mitunter, gar keine Gefühle zu haben. Wenn wir Emotionen dazu benutzen, uns auf Trab zu bringen und das zu verändern, was die schlechten Gefühle in uns verursacht, damit wir uns wieder wohl fühlen können, sind selbst schlechte Gefühle eine gute Sache. (Mehr über diese These in Teil drei: »Verkappte Meisterlehrer«.)

Emotionen sind wie die Schwingungen der Geigensaiten: wesentlich für die Melodie, aber nicht das Wesentliche der Violine.

Freuden und Leiden des Lebens erfahren wir durch unsere Emotionen. Und weil das so ist, sind manche Menschen davon überzeugt, sie *wären* ihre Gefühle. »Ich fühle, also bin ich.«

Das Dumme daran ist nur, daß Emotionen oft zu unwahr sind, um wirklich »wir« zu sein.

Haben Sie schon einmal geglaubt, jemandem trauen zu können, und dann konnten Sie es doch nicht? Hatten Sie schon mal das Gefühl, es müßte etwas Furchtbares geschehen, das dann doch nicht eintraf? Hatten Sie schon mal das Gefühl, einen Menschen für den Rest Ihres Lebens lieben zu können und – nun ja, Sie wissen, was dann geschah. (Es ist aber wahrscheinlicher, daß Sie nicht wissen, was dann geschah.)

Unsere Emotionen sind wie Jo-Jos: Manchmal sind sie oben, manchmal sind sie unten. Wir können eine Runde mit dem Hund drehen, auf Weltreise gehen oder »schlafen«. Es macht Spaß, mit Jo-Jos zu spielen, aber wer hält die Schnur in der Hand?

Wenn jemand die Schnur hält, dann müssen Sie mehr als die Schnur sein – oder die Saite einer Violine.

*Jean-Paul Sartre (bei der
Ankunft im Himmel):
Es ist nicht das, was ich
erwartet habe.*
Gott: *Was hast du denn
            erwartet?*
Sartre: *Nichts.*

Wer oder was sind Sie also?

Wenn Sie weder Ihr Körper noch Ihr Verstand oder Ihr Gefühl sind – wer oder was sind Sie?

Manche werden vielleicht sagen, unsere Selbstvorstellung sei eine Verbindung aus allen dreien und daß das Zusammenspiel von Körper, Geist und Emotionen das Ganze ausmache – ein Ganzes, das größer ist als die Summe der Teile, und dieses größere Ganze nennen wir Selbst.

Mit dieser Definition können wir uns einverstanden erklären, wie auch mit etwaigen religiösen, geistigen oder metaphysischen Vorstellungen vom Ego, die Sie unter Umständen haben. (Wir werden zu ihnen allen – ja, allen! – in wenigen Augenblicken kommen.)

Wir sind nicht angetreten, um die Frage zu beantworten, wer Sie sind. Wir sind angetreten, um darauf hinzuweisen, daß es da ein »Ich« für Sie geben könnte, das es zu entdecken gilt.

Die Entdeckung dieses »Ichs« ist Ihre ureigene Angelegenheit – auch wenn die ganze Welt gerne mitmachen wird.

*Ich liebe Gott, und wenn
Sie sich mit ihm vertraut
machen, werden Sie feststellen,
daß er ein feiner Kerl ist.*

JANE RUSSELL

Die Nische:
Gott, Religion, Wiedergeburt, Atheismus, Agnostizismus und das alles

Wir vertreten einen ganz klaren, eindeutigen und unumwundenen Standpunkt gegenüber Gott, Religion, Wiedergeburt, Atheismus, Agnostizismus und so weiter. Unser klarer, unumwundener und eindeutiger Standpuntk lautet: Wir haben ganz klar, eindeutig und unumwunden keinen Standpunkt.

Es ist keineswegs so, daß wir keine Meinung zu all diesen Themen hätten. Es ist nur so, daß die Informationen in diesem Buch unabhängig von unseren, Ihren und allen anderen Standpunkten gelten. Es gibt gewisse Dinge – die Schwerkraft, der Appetit auf Eiscreme, die Notwendigkeit des Luftholens –, die sich auf alle Menschen unabhängig von ihren Anschauungen auswirken.

Wir würden Sie gern mit einem Bestandteil des Lebens bekanntmachen, den wir Die Nische nennen. Die Nische ist für uns der Ort, an dem wir die vielen (einander oft widersprechenden) Ansichten der Menschen zur Frage »Was ist eigentlich die große Kraft hinter allem, und wie interagiert diese große Kraft mit menschlichen Wesen?« deponieren.

Die Nische kann groß oder klein sein. Für einige ist sie schmal wie ein Haarriß und für andere so groß, daß sie mühelos Welten darin unterbringen können. Es kommt uns nicht zu, Kommentare über den Inhalt der Nischen anderer Menschen abzugeben. Der Inhalt Ihrer Nische geht nur Sie etwas an, sonst niemanden.

Ausdrücklich lehnen wir es ab, bestimmte Anschauungen zu teilen, zu ermutigen oder zu unterstützen. Diese Erklärung finden die meisten Menschen durchaus befreiend. »Sie meinen also, es sei nicht notwendig, den Inhalt meiner Nische zu ordnen, bevor ich mein Leben ordne?« Das meinen wir in der Tat. Ein geordnetes, glückliches, erfülltes Leben kann die Nischen-Erforschung sogar wesentlich fruchtbarer machen.

*Meine Religion besteht in
einer demütigen Bewunderung
des nicht zu beschränkenden
überlegenen Geistes, der sich in
den winzigen Details zeigt, die
wir mit unserem kargen,
schwachen Verstand
wahrnehmen.*

ALBERT EINSTEIN

Es gibt jedoch Menschen, die sehr entschiedene Meinungen vertreten, was in den Nischen anderer Leute enthalten sein sollte und was nicht. Andererseits gibt es Menschen, die allein die Existenz dieser Nischen entschieden ablehnen. Unsere militant meinungslose Haltung wird uns mit Sicherheit herbe Kritik aus beiden Lagern bescheren.

Die einen könnten sagen:»Ich kann doch kein Buch lesen, dessen Autoren nicht kategorisch und nachdrücklich feststellen, daß es Gott gibt, und die nicht auf meine Weise an meinen Gott glauben.« Wir könnten diese Leute nun fragen, ob sie denn noch nie ein Kochbuch, einen Straßenatlas oder ein Handbuch für Autoreparaturen gelesen haben. In diesen Werken werden die theologischen Ansichten der Verfasser nur selten wiedergegeben, und doch werden sie tagtäglich von den Rechtschaffenen gelesen.

Wiederum könnte die andere Seite erklären:»Ich kann doch kein Buch in die Hand nehmen, dessen Autoren der Vorstellung nicht entschieden widersprechen, es könnte so etwas wie einen Gott geben.« Wir fragen uns, ob diese Menschen auch die Anschauungen ihres Arztes, ihres Dentisten und Postboten überprüfen – und deren Dienste ablehnen, wenn einer von ihnen zufällig nichts gegen den Allmächtigen hat.

Wir glauben jedoch fest daran, daß jeder Mensch die Freiheit haben sollte, an das zu glauben, was er auch immer glauben möchte. Die Methoden im *1 x 1 des Lebens* können sowohl Gläubigen wie Zweiflern – sowie allen Varianten dazwischen – helfen, ein gesünderes, erfüllteres, glücklicheres Leben zu führen.

Wir werden diese Methoden so direkt und sachlich erörtern wie Kochrezepte, Autoreparaturen, Kartenlesen und Postzustellung. Doch im Gegensatz zu Kochrezepten, Autoreparaturen, Kartenlesen und Postzustellung wurden die Methoden zur Führung eines glücklicheren, gesünderen, produktiveren Lebens in etlichen Fällen mit bestimmten religiösen (und nicht-religiösen) Überzeugungen in Verbindung gebracht.

In diesem Kapitel geht es uns vor allem darum, diese Methoden (die unabhängig von Glauben oder Unglauben funktionieren) von

Früher oder später atmet
jeder von uns ein Atom,
das zuvor schon von
irgendeinem
geatmet worden ist,
der vor uns gelebt hat –
Michelangelo,
George Washington
oder Moses.

JACOB BRONOWSKI

dem Anspruch zu befreien – »religiös« oder »wissenschaftlich« zu sein –, mit dem sie mitunter von den Vertretern gewisser Geisteshaltungen befrachtet worden sind.

Ein Arzt, der eine Schutzimpfung vornimmt, sagt vielleicht: »Gott sei Dank, dieses Kind ist vor den Pocken sicher«, während ein anderer bei der gleichen Tätigkeit meint: »Pasteur sei Dank, dieses Kind ist vor den Pocken sicher.« Beide geben die gleiche Spritze. Einige werden meinen, der gläubige Arzt sei der bessere Mediziner, während andere mehr von jenem halten, der streng wissenschaftlich denkt, aber in jedem Fall – Gott oder Pasteur sei Dank – kann das Kind beruhigt sein.

Im Verlauf der Geschichte haben einige »wissenschaftliche« Erkenntnisse ihre Zeit gebraucht, um von bestimmten religiösen Organisationen anerkannt zu werden, wohingegen etliche »mystische« Entdeckungen Geduld aufbringen mußten, bis sie von der Wissenschaft akzeptiert wurden. Meinen Sie, wir wären »reif genug«, einmal Quelle, Geschichte sowie das Drum und Dran bestimmter Methoden beiseite zu lassen und im Zusammenhang mit ihnen nur eine Frage zu stellen: Funktionieren sie? (Liefern sie das gewünschte Resultat? Geben sie uns das, was wir wünschen und brauchen?)

In unserem Dreivierteljahrhundert der Forschung war das die entscheidende Frage, die wir gestellt haben.

Selbstverständlich brauchten wir ein paar Jahre, um herauszufinden, daß das die Frage war, die wir stellen mußten. Es ist übrigens interessant, daß wir diese Frage auch an uns stellen können.

Wenn Sie also in diesem Buch auf eine Feststellung treffen, die sich anhört wie etwas, das Ihnen aus dem Kindergottesdienst bekannt vorkommt, kann das durchaus daran liegen, daß Sie sie dort gehört haben. Und wenn Sie meinen: »Das klingt genau wie eins der Zehn Gebote«, dann ist es vielleicht eines der Zehn Gebote. Und wenn Sie sich sagen: »Da berufen sie sich doch schon wieder auf diese gottlose Wissenschaft«, dann liegt das sehr wahrscheinlich daran, daß wir uns wieder einmal auf die gottlose Wissenschaft berufen.

Wir scheren uns nicht nur darum, woher die Dinge stammen; es geht uns auch darum, wohin sie uns bringen können.

Welche Religion ich bekenne?
Keine von allen, die du mir
nennst.
Und warum keine? Aus
Religion.

FRIEDRICH VON SCHILLER

Es geschieht mehr, als unsere Sinne wahrnehmen

Unser Weltbild formt sich vor allem an dem, was wir durch unsere fünf Sinne wahrnehmen. Was wir von der Welt wissen, haben wir entweder gesehen, berührt, geschmeckt, gerochen oder gehört.

Bedauerlicherweise sind unsere Sinne beschränkt, daher ist auch unser Weltbild beschränkt. Das muß kein Problem sein, solange wir nicht davon überzeugt sind, daß das, was wir wahrnehmen, alles ist, was wahrgenommen werden kann. Das ist es nicht.

Das ist eine beunruhigende Nachricht für jene, die da meinen: »Was ich nicht sehen, schmecken, riechen, hören oder fühlen kann, existiert nicht.«

Wenn wir Ihnen nun sagen, daß in diesem Moment Hunderte von Stimmen, Bildern und Melodien die Luft um Sie erfüllen, Sie aber nicht in der Lage sind, sie zu sehen oder zu hören – was würden Sie darauf sagen?

Meinen Sie, wir würden Ihnen irgendeinen metaphysischen Humbug erzählen? »Wenn da Hunderte von Stimmen, Bildern und Melodien um mich sind, müßte ich doch wenigstens ein paar von ihnen sehen oder hören können.«

Nicht unbedingt.

»Okay, dann erklären Sie.«

In diesem Augenblick sind Sie von Energieschwingungen umgeben . . .

»Klingt schon reichlich verdreht.«

. . . die zu Übertragungen in Rundfunk, Fernsehen, Funkgeräten, drahtlosen Telefonen und vielen anderen Kommunikationsgeräten genutzt werden. Daß Sie nicht wissen, daß sie da sind, liegt daran, daß Ihre Sinne diese Signale nicht empfangen können.

Aber wenn Sie ein Fernsehgerät haben, könnten Sie es dazu benutzen, diese »Energiewellen« zu »empfangen«. Der Fernseher würde übersetzen, was Sie nicht sehen oder hören können. Die Tatsache, daß wir ohne Fernsehgerät diese Schwingungen weder se-

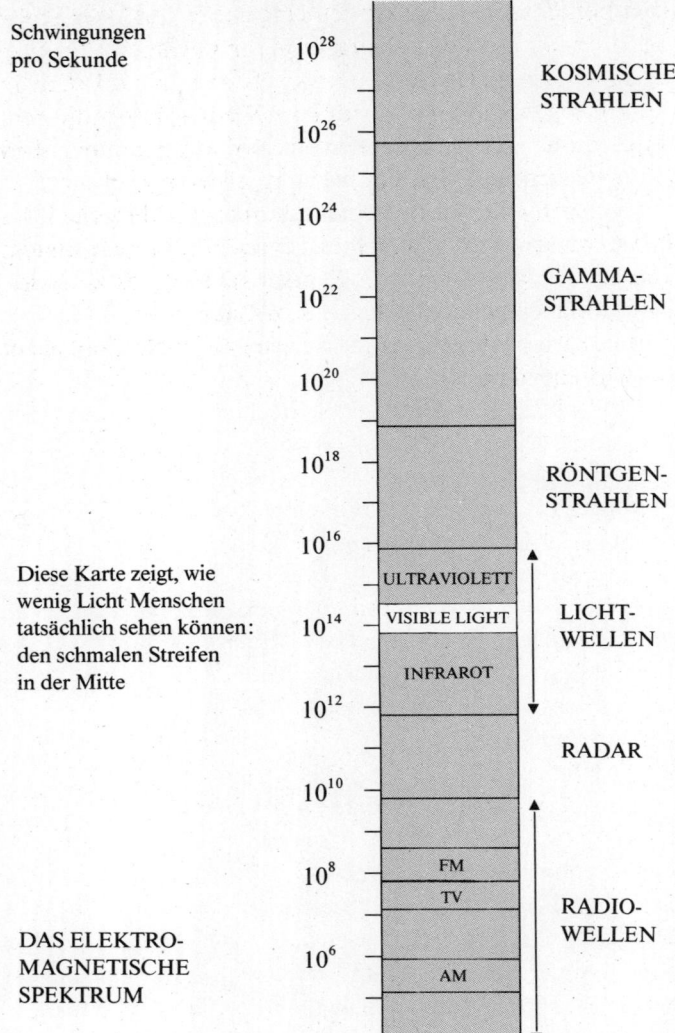

Schwingungen
pro Sekunde

10^{28}

KOSMISCHE
STRAHLEN

10^{26}

10^{24}

GAMMA-
STRAHLEN

10^{22}

10^{20}

10^{18}

RÖNTGEN-
STRAHLEN

10^{16}

Diese Karte zeigt, wie
wenig Licht Menschen
tatsächlich sehen können:
den schmalen Streifen
in der Mitte

ULTRAVIOLETT

10^{14}

VISIBLE LIGHT

LICHT-
WELLEN

INFRAROT

10^{12}

RADAR

10^{10}

10^{8}

FM

TV

RADIO-
WELLEN

DAS ELEKTRO-
MAGNETISCHE
SPEKTRUM

10^{6}

AM

68

hen noch hören können, heißt noch lange nicht, daß sie nicht da sind. Wir sind nur nicht dazu fähig, sie wahrzunehmen.

Und das gleiche gilt für alle möglichen Arten natürlicher und von Menschen geschaffener Phänomene. Wenn wir über die richtigen Instrumente verfügen, können wir sie wahrnehmen. Wenn nicht, sind wir uns ihrer Existenz meistens nicht bewußt.

Hunde riechen und hören besser als die meisten Menschen. Katzen können besser in der Dunkelheit sehen. Vögel reagieren empfindlicher auf Bewegung. Selbst Fliegen scheinen es zu wissen, wenn wir vorhaben, ihnen den Garaus zu machen.

Im Grunde ist es ganz einfach: Am Leben ist mehr dran als nur das, was wir sehen können.

*Der Mensch ist dem Atom
geringfügig näher als den
Sternen.
Von seiner zentralen Position
aus kann der Mensch durch
den Astronomen die
gewaltigsten Errungenschaften
der Natur erforschen und mit
dem Physiker die winzigsten.*

SIR ARTHUR STANLEY

Leben ist Energie

Bevor wir das Leben so gestalten, wie es uns gefällt, lassen Sie es uns in seine Bestandteile zerlegen – oder vielleicht teilen.

Von alters her haben Mystiker und Weise behauptet, daß das feste stoffliche Leben in Wahrheit nur Energie ist – Vibrationen, die auf bestimmte Weise schwingen und unseren beschränkten Sinnen als feste Formen erscheinen.

Die »Materialisten« der grauen Vorzeit (die Naturwissenschaft als solche war noch nicht erfunden) lachten Hohn. Sie wußten schließlich, daß ein Schlag auf den Kopf weh tut und daß ein Stein nun mal härter ist als reine »Schwingungen«.

Ein paar Jahrtausende später, etwa vor 2500 Jahren, behaupteten die Griechen, daß alles Leben aus Atomen besteht (das griechische Wort *atomos* heißt »unteilbar«) und daß Atome aus Energie bestehen. So war die Physik geboren. (Der Begriff Physik kommt von dem griechischen Wort *physis*, dem Versuch, der eigentlichen Beschaffenheit der Dinge auf den Grund zu gehen.)

Zu dieser Theorie meinten einige: »Selbstverständlich ist Leben Energie«, aber andere sagten: »Leben soll Energie sein? Das muß erst einmal bewiesen werden.« Bedauerlicherweise erwiesen sich die verfügbaren Werkzeuge als zu unzulänglich, um etwas in dieser Art beweisen zu können. Der Beweis stützte sogar die Annahme, daß Leben keineswegs Energie ist, sondern aus kleinen Stücken eines recht massiven Zeugs besteht.

Folglich vertiefte sich die Kluft zwischen Glauben und Wissenschaft. Die Gläubigen konnten nicht »beweisen«, daß Leben Energie ist, und die Instrumente der Wissenschaft waren zu grob, um nachzuweisen, daß Leben etwas anderes ist als feste Materie.

Die Kluft vertiefte sich weiter bis zum Beginn des 20. Jahrhunderte, als Einstein mathematisch nachwies, daß Energie Materie ist. ($E = mc^2$ – Energie ist gleich der Masse multipliziert mit dem Quadrat der Lichtgeschwindigkeit.)

*Ein Physiker ist
die Möglichkeit eines Atoms,
mehr über Atome zu erfahren.*

GEORGE WALD

Jetzt hatten die Physiker eine Formel, mit deren Hilfe sie die geeigneten Mechanismen entwickeln konnten, um einen Blick auf die subtileren Funktionen des Universums zu werfen.

Sie stellten fest, daß Atome einerseits sehr viel kleiner sind als ursprünglich angenommen, andererseits aber sehr viel größer.

Um sich eine Vorstellung davon zu machen, wie klein ein Atom ist, stellen Sie sich bitte eine Kirsche vor. Und dann stellen Sie sich Billionen und Billionen von Kirschen vor, alle in einer ungeheuren Kugel. Stellen Sie sich eine Kugel von Erdgröße vor – nur aus Kirschen. (Falls jemand auf den Gedanken kommen sollte, wir wollten uns einen bösen Scherz erlauben – etwa in der Art, in einer solchen Welt sei schlecht Kirschen essen, so irrt er sich.)

Diese erdgroße Kugel voller Kirschen wäre ein ziemlich genaues Modell der Struktur der Atome einer Orange. Das heißt, wenn Sie eine Orange auf das Volumen der Erde vergrößern würden, hätten die Atome in dieser riesigen Orange die Größe von Kirschen.

Ein anderes Beispiel für die Winzigkeit eines Atoms: Gold kann sehr dünn gewalzt werden. Dann nennt man es Blattgold. Blattgold ist ungefähr so dick wie fünf Goldatome. Wenn dieses Buch und drei ähnlich dicke Bücher auf Blattgold gedruckt wären, hätten die vier Bände insgesamt die Dicke von einem einzigen Blatt Papier.

So klein sind Atome. Aber Atome sind auch verblüffend groß.

Erinnern Sie sich an die Atommodelle, die man uns in der Schule gezeigt hat? Sie sahen aus wie kleine Sonnensysteme. (In manchen Schulen haben sie vermutlich dasselbe Modell sowohl für Atome als auch für Sonnensysteme benutzt.) In der Mitte waren die Protonen und Neutronen. Sie, erläuterte der Lehrer, bilden den Kern. Etwa dreißig Zentimeter entfernt und an etwas baumelnd, das aussah wie ein Kleiderbügeldraht, war das Elektron, etwas kleiner als der Atomkern.

Diese Proportionen waren, gelinde gesagt, ungenau. Nehmen wir an, der Atomkern hätte die Größe eines Tennisballs, dann befände sich das Elektron erstens 15 *Kilometer* entfernt (je nach Größe des Atoms). Hätte der Kern die Größe eines Tennisballs,

In der Wissenschaft geht es nicht so sehr darum, neue Fakten zu erhalten, sondern darum, neue Wege zu entwickeln, um über sie nachzudenken.

SIR WILLIAM BRAGG

würde das Atom zweitens über einen Durchmesser von dreißig Kilometern verfügen.

Bei den Modellen, die man uns in der Schule gezeigt hat, besaß das Elektron, das da am Bügeldraht hing, in etwa die Größe des Kerns. In Wirklichkeit ist ein Elektron sehr viel kleiner als der Kern, etwa zweitausendmal kleiner. Bei unseren präziseren Modellen wäre das Elektron kaum zu sehen, wenn der Kern die Größe eines Tennisballs hätte.

Um Ihnen noch ein Beispiel für die Größe zu geben: Stellen Sie sich die Kuppel des Petersdomes in Rom vor. (Falls Sie noch nicht im Petersdom gewesen sein sollten, stellen Sie sich einfach die größte Kuppel vor, die Sie gesehen haben, und vergrößern Sie sie.) Bei einem Atom von der Größe der Kuppel des Petersdomes wäre der Kern so groß wie ein Salzkorn und das Elektron kleiner als ein Staubfussel.

Was Elektronen an Größe fehlt, machen sie an Schnelligkeit wett. Sie rasen mit einer Geschwindigkeit von fast 900 Kilometern pro Sekunde um den Kern. Wenn Sie sich klarmachen, wie oft ein Elektron um den Atomkern herum muß, um nur einen Kilometer zurückzulegen, multiplizieren Sie das mit 600 und stellen Sie sich vor, daß das jede Sekunde geschieht. Dann bekommen Sie vielleicht einen Eindruck davon, wie das Elektron sein Täuschungsmanöver abzieht.

Täuschungsmanöver? Aber sicher. Das Elektron bewegt sich so schnell um den Kern, daß es die Illusion einer festen Schale hervorruft. Wenn Sie schon einmal den Strahl einer Taschenlampe in der Dunkelheit schnell hin und her bewegt haben, werden Sie wissen, daß er dabei die Illusion einer geraden Linie erweckt. Schwenken Sie die Taschenlampe im Kreis, täuscht der Lichtstrahl einen geschlossenen Kreis vor. Und genau das macht das Elektron, wenn es um den Atomkern flitzt.

Ein Atom mit einem Kern von der Größe eines Salzkorns scheint die Größe der Petersdomkuppel zu haben. 99,95 Prozent der Masse des Atoms ist Kern. Der Rest des Atoms ist Nichts, das aber wegen des sausenden Elektrons den Eindruck erweckt, sehr

Das Unbegreifliche an der
Welt ist, daß sie zu begreifen
ist.

ALBERT EINSTEIN

viel größer zu sein (ein Salzkorn, das so tut, als wäre es eine Kuppel). Die Protonen und Neutronen sind übrigens auch nicht gerade unbeweglich. Sie bewegen sich mit einer Geschwindigkeit von 60 000 Kilometern in der Sekunde durch den Atomkern.

Diese Entdeckung war Grund zu eitler Freude unter den Anhängern der These »Leben ist keine feste Materie, das scheint nur so«. Man wußte nun nicht nur, daß der Raum *zwischen* Atomen groß ist, sondern daß auch der *innerhalb* von Atomen – der Raum, in dem absolut nichts ist – sehr, sehr sehr viel größer sein muß, als das »feste Zeugs« von Elektronen, Protonen und Neutronen.

Danach war es für die Vertreter der Überzeugung »Das Leben ist Energie« sehr viel leichter und sehr viel schwerer für die »Leben ist feste Materie«-Anhänger. Das feste Zeugs – die Elektronen, Protonen und Neutronen – begann, äh, auseinanderzufallen. Sie fielen natürlich nicht wirklich auseinander, sie sind nur nicht so fest, wie manche Wissenschaftler das gern geglaubt hätten. Es scheint so, daß Protonen und Neutronen keine festen Sachen sind, sondern aus subatomaren Teilchen bestehen.

Dann war im Lager der »Festen« die Hölle los, und bei den Gläubigen frohlockte man. Es wurde festgestellt, daß die subatomaren Partikel unter Umständen gar keine Teilchen sind, sondern *Wellen.* Ja, Wellen. Wellen von Energie. Ganz und gar nichts Festes. Nirgendwo.

Und so steht die Physik vor der entscheidenden Frage: Sind subatomare Partikel feste Teilchen oder sind es lediglich Schwingungen, die wir als Teilchen wahrnehmen, weil die uns im Moment zur Verfügung stehenden Instrumente nicht ausgefeilt genug sind, um die Schwingungen bereits wahrzunehmen?

In manchen Experimenten verhielt sich die Grundsubstanz von Leben wie ein Teilchen. In anderen, identischen Experimenten verhielt sich die Grundsubstanz wie Wellen. Der einzige Unterschied, fand man heraus, waren die Wissenschaftler, die die Experimente ausführten.

Mit anderen Worten: Für manche Wissenschaftler erwies sich im Experiment das Leben als kleine Partikel, bei anderen als Wel-

*Da es beim Definieren,
was etwas ist, vor allem darum
geht, wie es ist, wurde der
eindrucksvollste Beitrag zur
Verständlichkeit durch die
Anwendung schlagkräftiger
Metaphern gemacht.*

JONATHAN MILLER

len. Das erschütterte das jahrhundertealte wissenschaftliche Prinzip, nach dem Experimente stets das gleiche Resultat erbringen – unabhängig davon, wer den Versuch ausführt.

Der Physiker Fritjof Capra beschreibt das in seinem Meilenstein-Buch »Das Tao der Physik« so:

Wenn wir in die Materie eindringen, zeigt uns die Natur keine isolierten Grundbausteine, sondern erscheint eher wie ein kompliziertes Geflecht von Beziehungen der verschiedenen Teile des Ganzen zueinander. Diese Beziehungen schließen den Betrachter auf eine grundsätzliche Weise mit ein. Der menschliche Betrachter stellte das letzte Glied in der Kette des Beobachtungsprozesses dar, und die Eigenheiten eines atomaren Objektes können nur begriffen werden unter den Bedingungen der Interaktion des Objektes mit dem Betrachter.

Capra schließt: »In der Atomphysik können wir nie über Beschaffenheit sprechen, ohne gleichzeitig von uns zu sprechen.«

Manche haben die Interaktion zwischen Wissenschaftler und dem Teilchen/Wellen-Mysterium so charakterisiert: Was der experimentierende Wissenschaftler zu finden erwartet, das findet er auch. Ging der Wissenschaftler davon aus, eine Welle zu finden, dann fand er eine Welle. Nahm der Wissenschaftler an, ein Partikel zu entdecken, dann entdeckte er ein Partikel.

Also steht die Entscheidung in der Kontroverse Welle kontra Teilchen noch aus. Aber wenn sich herausstellt, daß subatomare Partikel kleine Teilchen fester Materie sind, ist unbestreitbar, daß es mehr Räume in angeblich festen Dingen gibt als feste. Keine geringere Autorität als die Encyclopaedia Britannica sagt uns: »Ein Atom (und folglich alle Materie) ist vor allem leerer Raum.«

Das stimmt nun aber überhaupt nicht mit unserer Wahrnehmung der Dinge überein. Wie die Britannica sagt: »Manche Lebenskonzepte sind im atomaren Maßstab nicht mehr gültig.«

Beispielsweise gibt es in dem Buch, das Sie in der Hand halten, mehr leeren Raum als »Buch«. Die Elektronen in den Atomen des Buches bewegen sich so schnell, daß sie die Illusion fester Druckerschwärze auf festem Papier erwecken.

*Manche Probleme sind
einfach zu kompliziert
für rationale, logische
Lösungen.
Sie erlauben Einsichten,
keine Antworten.*

JEROME WIESNER

*Am besten gefällt mir die
wissenschaftliche Theorie
nach der die Ringe des Saturn
ausschließlich aus
verlorengegangenem
Fluggepäck bestehen.*

MARK RUSSELL

Es ist nichts. Nur eine Illusion. Wenn alle Elektronen auch nur für einen Moment innehielten, würde das Buch nicht nur zu Staub zerfallen, es wäre verschwunden. Puff!

Bitte denken Sie daran, daß wir hier nicht über metaphysischen Unsinn reden. Wir reden über harte wissenschaftliche Fakten. Was Sie gerade lesen, ist schwingende Energie, die vortäuscht, ein Buch zu sein. Die meisten von uns sehen die Wellen nicht, weil unsere Sinne Vibrationen in dieser Geschwindigkeit nicht wahrnehmen können.

Das gleiche trifft auf das zu, worauf Sie gerade sitzen (oder liegen), auf alles in dem Raum oder dem Fahrzeug, in dem Sie sich gerade aufhalten, sowie auf alles, was Sie je gesehen, berührt, geschmeckt, gehört oder gerochen haben.

Es trifft übrigens auch auf Ihren Körper zu.

Willkommen im Leben.

Jede genügend fortschrittliche Technologie ist von Magie nicht zu unterscheiden.

ARTHUR C. CLARKE

Was sollte mit dem letzten Kapitel eigentlich gesagt werden?

Also was hat ein Kapitel über Atomphysik in einem Buch über das Leben zu suchen? Dem Studium eines Atoms können durchaus ein paar Fakten entnommen werden:

1. Es gibt mehr »Nichts« als »Etwas« – selbst in Dingen, die den Anschein erwecken, mehr »Etwas« zu enthalten als »Nichts«.
2. Alles bewegt sich. Sogar Dinge, die sich scheinbar seit Millionen von Jahren nicht bewegt haben.
3. Die Wahrnehmung, daß Dinge fest und ortsgebunden sind, ist Illusion.
4. Leben ist Energie, die vorgibt, sie wäre »Etwas«.
5. Diese Energie reagiert auf irgendeine Weise auf menschliche Interaktion.

Wenn wir Ihnen in diesem Buch vorschlagen, Dinge zu versuchen, die Sie noch nie versucht haben, und eine scheinbar verdrehte Erläuterung liefern, wie sie wirken könnten, dann vergessen Sie nicht, daß unsere Erläuterungen mehr mit Atom- als mit Metaphysik zu tun haben könnten.

Leben, so stellt sich heraus, ist kein Kampf. Es ist eine Raserei.

Der einzige Gott ist das Wissen, das einzige Böse die Dummheit.

SOKRATES

Sind Menschen grundsätzlich gut oder grundsätzlich schlecht?

Gut.

Jedenfalls ist das unsere Antwort. Unser Beweis? Nun, wir könnten zwar Philosophen zitieren, Psychologen und Poeten, aber jene, die den Menschen für grundsätzlich schlecht halten, könnten ebenfalls Philosophen, Psychologen und Poeten zitieren – ihre P-P-P-Liste würde wahrscheinlich sogar länger sein als unsere.

Unser Beweis ist ganz simpel und dringt zur Quelle menschlichen Lebens vor: zum Baby.

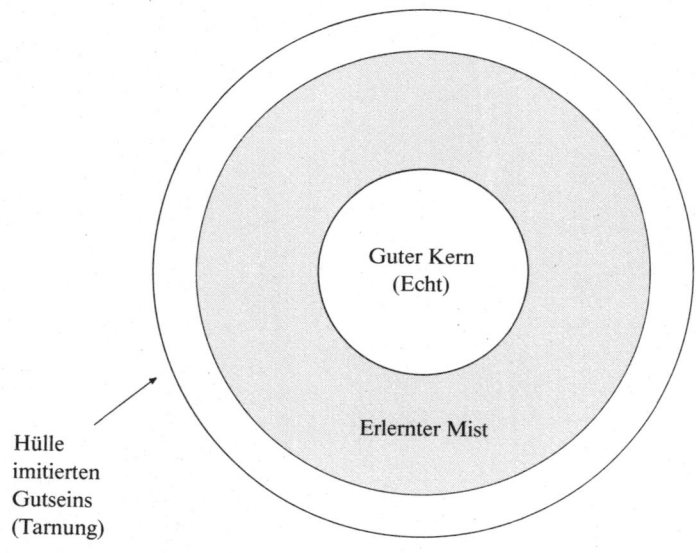

Wenn Sie einem Säugling in die Augen blicken, was sehen Sie da? Wir haben einer ganzen Reihe von ihnen in die Augen gesehen, warten aber immer noch darauf, grundsätzlich Böses aus Babyaugen strahlen zu sehen.

85

*Wenn ich zwischen zwei Übeln
wählen muß, entscheide ich
mich immer gern für das, das
ich noch nie probiert habe.*

MAE WEST

Da scheint es nur Reinheit zu geben, Freude, Klarheit, Glanz, Funkeln, Staunen, Glück, Zufriedenheit – Sie wissen schon: das Gute.

Aber wenn wir grundsätzlich gut sind, warum entdecken wir, wenn wir entspannen und unseren Gedanken lauschen, unsere Emotionen erspüren oder unsere Körper fühlen, häufig soviel Negatives? Hier ist unsere Antwort, in Form eines Diagramms:

Kleine Kinder sind wie Schwämme; sie nehmen alles auf. Im Alter von zwei Jahren haben sie 10 000 Stunden lang das Leben beobachtet: das Gute, das Schlechte, das Häßliche – plus dem, das im Fernsehen gezeigt wird.

Wenn sie anfangen, diese Vielfalt an Beobachtungen umzusetzen, sind sie darüber informiert, daß ein Verhalten »gut« und anderes »schlecht« ist – und »bei uns« wird nichts Schlechtes getan, nur Gutes.

Was meinen wir mit »schlecht«? Das Schlechte sind unnötige Lebenserfahrungen. Alles, was wir tun müssen, um eine Lektion zu lernen, ist Leben – auch wenn es »keinen Spaß macht«. Aber wenn das Keinen-Spaß-Machen fortdauert, nachdem die Lektion gelernt ist, dann ist das schlecht. Einem Hund (wenn nötig) den Schwanz abzuschneiden ist Leben. Das aber zentimeterweise zu tun ist schlecht.

Anfangs hat das Kind Probleme zu verstehen, warum manche Dinge »richtig«, andere aber »falsch« sind. (In einigen Erziehungsratgebern wird dieses Stadium als Die Schrecklichen Zwei bezeichnet.) Aber schließlich lernt das Kind – mit unterschiedlichem Erfolg –, das Schlechte mit dem Guten zu kaschieren, das Falsche mit dem Richtigen.

Das »Schlechte« lernt es durch Beobachtung seiner Umgebung, und das »Gute« wird ihm beigebracht, um dieses Schlechte zu tarnen. Es wird uns beigebracht, so zu tun, als wären wir gut, und wenn wir die Tarnkappe anheben, stellen wir fest, daß unter der Oberfläche das Schlechte lauert. Daher kann es kaum überraschen, daß die meisten Menschen denken, sie seien im Inneren schlecht. Das Ringen um den »schönen Schein« ist ein »nie enden-

Gute Menschen sind gut,
weil sie durch Fehlschläge
klug geworden sind.

WILLIAM SAROYAN

der Kampf um Wahrheit, Gerechtigkeit und die westliche Geistes-
haltung«.

Wenn Menschen genug Geduld (und Mut) aufbringen, das »innere Schlechte« zu durchdringen, finden sie darunter ausnahmslos
ein Meer des Friedens, der Ruhe und des Glücks. Sie sind zu dem
inneren Guten vorgestoßen, das ihre eigentliche Natur ist.

Ironischerweise ähnelt dieses innere Gute oft frappierend der
»guten Hülle«, den die »elterliche Konstruktionsfirma« für sie fa-
briziert hat. Der Unterschied besteht darin, daß Menschen aus diesem Innersten heraus das Gute tun, weil man es tut – nicht, weil es
von ihnen »erwartet« wird oder weil sie dafür bestraft werden
könnten, wenn sie es nicht tun.

Ihre Freunde könnten vielleicht der Ansicht sein, Sie wären ein
glücklicher Mensch, aber Sie denken: »Was wissen die schon?
Wenn die ahnten, wie unglücklich ich im Grunde bin. Ich tue nur
so, als wäre ich glücklich, und die fallen darauf herein. Was für
Freunde sind das eigentlich?« Die Wahrheit könnte sein, daß unter
der Depression ein echtes Glücksgefühl ist, und vielleicht erkennen Ihre Freunde das echte Glück, nicht das vorgetäuschte, das Sie
als Tarnung benutzen. Unter Umständen haben Ihre Freunde das
echte Glücksgefühl schon immer gesehen.

Das trifft auf jede »gute« Emotion zu: Liebe, Freude, Dankbarkeit, Begeisterung, Mitgefühl, Großzügigkeit, Zärtlichkeit, Mut,
Sauberkeit, Ehrfurcht und so weiter.

Wir haben noch mehr darüber zu sagen, wie Sie diesen Urquell
des Guten in sich entdecken können. (Das ist übrigens eines der
wichtigsten Anliegen dieses Buches. Im Moment nur soviel: Wenn
Sie annehmen, Sie könnten Menschen mit Ihrer Show des Gut-
seins täuschen, täuschen Sie sich vielleicht.)

Sei klüger als andere
Menschen
wenn du kannst.
Aber erzähle es ihnen nicht.

LORD CHESTERFIELD

T ▼ E ▼ I ▼ L Z ▼ W ▼ E ▼ I
Hochentwickelte Hilfsmittel für eifrige Lernende

Das Leben ist zumindest ein beharrlicher Lehrer. Es wiederholt eine Lektion wieder und wieder (und immer wieder und immer wieder), bis sie sitzt. Woher weiß das Leben, daß wir begriffen haben? Dadurch, daß wir unser Verhalten ändern (entweder das innere, das äußere oder beides). Bis es soweit ist, bleibt – selbst wenn wir intellektuell eine Sache »wissen« – Schule angesagt.

Die gute Nachricht: Wir lernen alles, was wir wissen müssen – letztendlich. Die schlechte Nachricht: Der Unterricht dauert so lange, bis es gelernt ist.

Für manche ist »letztendlich« nicht früh genug. Wenn es etwas gibt, das ihr Leben *letztendlich* glücklicher, gesünder und produktiver macht, warum sollten sie es nicht schon *jetzt* lernen? Das bringt uns das Glück, die Gesundheit und die Produktivität schneller – und verhindert eine Vielzahl (vermutlich schmerzhafter) Lektionen. Das leuchtet uns ein.

Anderen genügt nicht, nur das zu lernen, was sie wissen »müssen«. Ihnen reicht es nicht, nur »zurechtzukommen«. Sie wollen mehr. Sie sind wie wir »eifrige Lernende«, die Bücher mit Titeln wie *Das 1 x 1 des Lebens* lesen.

Irgend jemand hat einmal gesagt, daß Liebe und Neugierde die beiden einzigen Dinge sind, die einen aufgeklärten Menschen motivieren. Wir können zwar nicht für unseren Grad des Aufgeklärtseins sprechen, aber wir können immerhin sagen, daß es in Anbetracht unserer Neugierde gut ist, daß wir keine Katzen sind.

Vor mehr als hundert Jahren hat Anatole France betont: »Die ganze Kunst des Lehrens ist lediglich die Kunst, die natürliche Neugierde junger Köpfe mit dem Ziel zu wecken, diese danach auch zu befriedigen.«

Aber was ist, wenn wir neugierig sind bei Fragen, die offenbar

Welch herrlicher Tag war das doch.
Du hast etwas gelernt, ich habe etwas gelernt.
Zu dumm, daß wir es nicht früher gelernt haben.
Dann hätten wir statt dessen ins Kino gehen können.

BALKI BARTOKOMOUS
»PERFECT STRANGERS«

nicht beantwortet werden können? Mit einem solchen Dilemma konfrontiert, trösten wir uns gern mit den Überlegungen Emersons: »Wir haben eindeutig keine Fragen zu stellen, die nicht beantwortet werden können. Wir müssen insoweit auf die Vollkommenheit der Schöpfung vertrauen, daß wir glauben, die Wißbegierde, die durch die Ordnung der Dinge in unseren Köpfen geweckt wurde, könne von der Ordnung der Dinge auch befriedigt werden.«

»Das Leben ist dazu da, gelebt zu werden«, hat Eleanor Roosevelt in ihrer Autobiographie geschrieben. »Und die Neugierde muß wachgehalten werden. Nie darf man, egal aus welchem Grund, dem Leben den Rücken zuwenden.«

Dieser Abschnitt des Buches beinhaltet eine ganze Reihe von Hilfsmitteln, um die Neugierde wach und lebendig zu halten. Die gleichen Werkzeuge können auch dazu benutzt werden, befriedigende Antworten auf Fragen zu erhalten, die sich Ihnen bei der Lektüre vielleicht stellen. Es sind Methoden, die dazu geschaffen wurden, den Lernprozeß zu beschleunigen.

Alle Hilfsmittel sind übrigens fakultativ. Niemand *muß* eines von ihnen kennen oder anwenden, um die notwendigen Lektionen des Lebens zu lernen. Es besteht also keinerlei Veranlassung, sich mit ihnen herumzuschlagen, weil Sie vielleicht annehmen, Ihr Leben könnte ein Fehlschlag werden, wenn Sie sie nicht beherrschen. Gehen Sie in aller Ruhe an die verschiedenen Methoden und Techniken heran. Experimentieren Sie. Spielen Sie mit ihnen. Viel Spaß dabei!

Es besteht jedoch keine Veranlassung, diese Methoden und Techniken anderen beibringen zu wollen – schon gar nicht darauf zu beharren, Sie hätten sie schließlich auch gemeistert. Diese Hilfsmittel sind Wahlfächer in der Schule des Lebens. Wenn Sie entscheiden, ein paar oder alle für *Ihr* beschleunigtes Lernen einzusetzen, so ist das in Ordnung. Aber erwarten Sie nicht (oder verlangen Sie gar), daß andere ihr Lernen ebenfalls beschleunigen.

Bevor wir anfangen, lassen Sie uns überlegen, warum Menschen soviel Zeit damit verbringen, sich gegen das Lernen zu wehren, warum wir als Gattung so strikt gegen die Erklärung neuer Dinge sind. Hat Sie das nicht schon immer neugierig gemacht?

Der einzige Grund, aus dem ich die Eltern kennenlernen möchte, ist der, daß mir das hilft, ihren Kindern zu verzeihen.

LOUIS JOHANNOT

Warum sträuben wir uns gegen das Lernen?

Wenn wir auf der Welt sind, um zu lernen, wenn wir dieses offensichtlich angeborene Verlangen nach Lernen (Neugierde) haben, warum sträuben wir uns dann so energisch gegen das Lernen? Ein klassisches Beispiel ist der Streit, der sich so anhört: »Hör mir zu!« »Nein, hör du mir zu!« »Nein, du hörst mir jetzt zu!« und so fort.

Es scheint so, daß ungefähr um den achtzehnten Geburtstag herum (plus-minus zehn Jahre) etwas in uns entscheidet: Jetzt reicht's. Ich bin fertig. Ich weiß alles, was ich wissen muß, und ich denke gar nicht daran, noch mehr zu lernen.

Warum?

Stellen wir uns wieder das kleine Kind vor, das von seinen Eltern über das Leben belehrt wird. Eltern sind Götter für kleine Kinder – die Quelle für Essen, Schutz, Trost, Liebe.

Eltern sind auch so groß! Sie sind vier- bis fünfmal größer als Kinder. Stellen Sie sich vor, wieviel Respekt (Ehrfurcht, Angst?) Sie vor jemandem hätten, der fünfzehn bis zwanzig Meter groß ist und 400 bis 500 Kilogramm wiegt.

Wir wollen uns ein Kind vorstellen – zwei oder drei Jahre alt –, das in einem Zimmer spielt. Die Eltern lesen, das Kind spielt, alles ist in Ordnung. Nach ungefähr einer Stunde: Rumms! Das Kind ist gegen einen Tisch gestoßen, und eine Lampe ist zu Boden gefallen.

Wo gerade eben noch fast keine Interaktion mit den Eltern bestand, gibt es nun jede Menge – und nahezu nur negative. »Wie oft haben wir dir nicht schon gesagt...« »Kannst du denn gar nichts richtig machen?« »Was denkst du dir eigentlich?« »Das war meine Lieblingslampe!« »Schäm dich!« Die verbale Attacke wird unter Umständen sogar durch körperliche Bestrafungen verschärft.

Was behält das Kind von einem Abend zu Hause im trauten Familienkreis im Gedächtnis? Erinnert es sich an die Stunden, in denen es erfolgreich gespielt (nichts zerbrochen) hat, während Mama

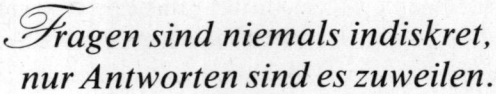

*Fragen sind niemals indiskret,
nur Antworten sind es zuweilen.*

OSCAR WILDE

und Papa gelesen haben, oder erinnert sich das Kind an die intensiven zehn Minuten, in denen es hörte:»Böser Junge!«»Ungezogenes Mädchen!«»Schäm dich, schäm dich!«

Selbstverständlich erinnert es sich an das Negative. Es war laut, und es war angsteinflößend. (Stellen Sie sich vor, von zwei fünfzehn bis zwanzig Meter großen, zehn Zentner schweren Göttern angeschrien zu werden.) Es könnte durchaus die einzige Interaktion gewesen sein, die das Kind an diesem Abend mit den »Göttern« erlebt hat. (Besonders dann, wenn es als Bestandteil der Strafe auch noch früh ins Bett gesteckt wurde.)

Wenn die Erinnerung eines Kindes an die Kommunikation mit den Eltern vor allem darin besteht, Abwertendes zu hören (»Nein, laß das! Hör auf damit! Das darfst du nicht! Du bist ungezogen, böse, böse, böse!«), was wird dann einem Kind über sich selbst beigebracht? Daß es zu nichts nutze ist, daß es jeden Moment damit rechnen muß, einen Fehler zu machen (den es dann auch prompt macht), daß es eine Enttäuschung für die Eltern ist, ein Versager.

Kurz gesagt: Ein Kind beginnt zu glauben, es sei grundsätzlich nicht gut genug, zum Scheitern verurteilt, überflüssig. Mit einem Wort nichts wert.

Und im herkömmlichen Erziehungssystem gibt es nur sehr wenig, was diese irrige Ansicht korrigieren könnte. Die Schule vertieft womöglich diesen Eindruck noch. (Wenn wir alles, was wir wissen müssen, im Kindergarten lernen würden, würde es uns in der ersten Klasse prompt ausgetrieben.) Ihnen wird beigebracht, daß Sie etwas leisten müssen, nicht nachlassen dürfen, »das Klassenziel erreichen« müssen – oder Sie taugen nicht viel. Und wenn Sie dann büffeln, um das Klassenziel zu erreichen, baut sich todsicher irgendeine Autorität vor Ihnen auf, die wissen will: »Warum lernst du eigentlich pausenlos? Warum gehst du nicht raus und spielst ein bißchen? Was ist eigentlich mit dir los? Hast du denn gar keine Freunde?«

Selbstverständlich ertragen wir es nicht, uns unablässig wertlos vorzukommen. Das wäre zu qualvoll. Und so entwickeln wir Verteidigungsmechanismen, die Sicherheit vorgaukeln. Sehr schnell stellen wir dann fest, daß andere Menschen nicht nur ähnliche Defen-

*Ich habe festgestellt, die beste
Art und Weise, seinen Kindern
Ratschläge zu geben, ist die,
sich danach zu erkundigen, was
sie wollen, und ihnen dann zu
raten, das zu tun.*

HARRY S. TRUMAN

sivstrukturen übernommen, sondern diese auch erheblich verfeinert haben. Der Unterricht in Beschränkung beginnt.

Wir fangen an, uns Gleichgesinnten anzuschließen, uns mit Mitgliedern desselben Clubs zu umgeben. Nun sind wir nicht mehr allein. Und wir beginnen sogar, uns wertvoll zu fühlen. Jetzt haben wir Gefährten, Genossen, Kollegen, Vertraute, Ebenbilder und Kumpel.

Die Clubs? Es gibt im Grunde vier Filialen des großen Schutz-vor-der-quälenden-Wertlosigkeit-Vereins. Und die sind:

Die Rebellen

Rebellen halten sich gern für »unabhängig«. Sie lehnen sich ganz automatisch gegen jede Regel auf, der sie begegnen. Sie sind ideale Kandidaten für die Gegenteil-Psychologie (»Die beste Methode, Kinder davon abzuhalten, sich Bohnen in die Ohren zu stecken, ist der Hinweis, sie *müßten* sich Bohnen in die Ohren stecken.«) Sie sind Konformisten des Nonkonformismus.

Ihr gefürchtetster Sinnspruch: »Ein junger Mensch sollte Ehrfurcht vor Älteren haben.«

Ihr Slogan: »Autoritäten, ihr sagt uns, wir seien mies. Nun, darauf sagen wir: Ihr seid mies!«

Motto: »Ihr könnt uns . . .«

Wenn jene, die einem sagen, man sei schlecht, selbst schlecht sind, dann macht einen das irgendwie gut. Irgendwie.

Die Ahnungslosen

Das sind Leute, die offenbar überhaupt nicht da sind, weil sie meistenteils überhaupt nicht da sind. Sie sind nicht einfältig, sie sind irgendwo anders: auf einer Insel, einem Rockkonzert, in einer Eisdiele. Sie sind Meister der Imagination. Sie sind nicht dumm, tun aber ihr Bestes, einfältig, betäubt oder weggetreten auf alle zu wirken, mit denen sie nichts zu schaffen haben wollen. Sie möchten ganz einfach vor allen Autoritäten ihre Ruhe haben.

Beliebtester Sinnspruch: »Es ist das Beste, zu wissen, daß man nichts weiß.«

Slogan: »Von mir ist nicht viel zu erwarten, also besteht auch kein Anlaß zur Kritik, weil . . . äh, was habe ich gerade gesagt?«

*Ich bin vom College geflogen,
weil ich im Metaphysikexamen
geschummelt habe.
Ich sah dem Jungen neben mir
in die Seele.*

WOODY ALLEN

Motto: »Äh?«

Die reale Welt löst sie in ihre Bestandteile auf, daher ziehen sie sich in eine Traumwelt zurück, um von der ein fester Bestandteil zu sein.

Die Komfortsüchtigen

Das sind jene, die sich in der Behaglichkeit verstecken. Alles, was unbequem ist (oder sein könnte), wird sorgsam vermieden (es sei denn, dieses Vermeiden ist noch unbequemer), während alles, was Behaglichkeit bietet (Essen, Zerstreuung, Fernsehen, tragbare Tonbandgeräte, Alkohol, Drogen) dringend gesucht werden. (Es sei denn, dieses Suchen ist unbequem.) Gefürchtetster Sinnspruch: »Der Gelehrte, der sich der Behaglichkeit hingibt, ist es nicht wert, ein Gelehrter genannt zu werden.«

Slogan: »Bequemlichkeit um jeden Preis!« (Es sei denn, es ist zu teuer.)

Motto (entlehnt von Tolkien): »In einer Höhle in der Erde, da lebte ein Hobbit. Nicht in einem schmutzigen, nassen Loch, in das die Enden von irgendwelchen Würmern herabbaumelten und das nach Schlamm und Modder roch. Auch nicht etwa in einer trockenen Kieshöhle, die so kahl war, daß man sich nicht einmal niedersetzen und gemütlich frühstücken konnte. Es war eine Hobbithöhle, und das bedeutet Behaglichkeit.«

Sie lernen von ihrem Motto gerade so viel auswendig, wie bequem ist.

Die Anerkennungs-Sucher

Am besten kann man (sich) den eigenen Wert beweisen, wenn einem von möglichst vielen Leuten versichert wird, wie wunderbar man doch ist. Diese Menschen arbeiten so hart daran, die Anerkennung (vorzugsweise) und Akzeptanz (mindestens) anderer Leute zu erringen, daß sie wenig oder gar keine Zeit haben, nach ihrer eigenen zu trachten. Aber ihre eigene ist auch nicht so wichtig. Sie selbst sind schließlich wertlos, und was wäre die Anerkennung einer wertlosen Person schon wert? Sie nehmen die Gegenposition der Rebellen ein. Rebellen halten die Meinungen anderer Menschen für unwichtig; Anerkennungssucher nehmen sie zu wichtig.

Ich bin eine erfahrene Frau;
ich bin herumgekommen.
Also gut, ich mag vielleicht
nicht viel herumgekommen sein
– aber ich war in der Nähe.

MARY RICHARDS
»THE MARY TYLER MOORE
SHOW«

Sie würden gern für das Amt des Clubpräsidenten kandidieren, befürchten aber einen Rückschlag und enden nach einem erdrutschartigen Wahlsieg für gewöhnlich als Kassenwart.

Gefürchtetster Sinnspruch: »Schöne Worte und einschmeichelndes Verhalten gehen selten mit wirklichen Werten einher.«

Slogan: »Und wie kann ich dir heute zu Diensten sein?«

Motto: »Sehr schicker Pullover!«

Vermutlich können Sie alle Ihre Freunde und Bekannten in ihren betreffenden Clubs unterbringen. Sollten Sie Probleme haben, sich selbst einzuordnen, fragen Sie ein paar Freunde. Tendieren deren Meinungen zur Übereinstimmung, haben Sie Ihre Antwort. Unter Umständen wird sie Ihnen nicht gefallen, aber es ist Ihre Antwort.

(Anmerkung: Sollte es Ihnen widerstreben, sich in irgendeine der Kategorien einzuordnen, sind Sie wahrscheinlich ein Rebell. Wenn Sie die Einschätzung Ihrer Freunde allzu bereitwillig hinnehmen, könnten Sie ein Anerkennungssucher sein. Wenn Sie vergessen, überhaupt zu fragen, handelt es sich bei Ihnen vermutlich um einen Ahnungslosen, und wenn Sie die Frage scheuen, könnten Sie ein Komfortsüchtiger sein. Sagt ein Freund zu Ihnen: »Du paßt doch in keine dieser Schubladen. Du scheinst sie alle zu übertreffen«, ist dieser Mensch wahrscheinlich auf Ihre Anerkennung aus.)

Die meisten von uns tendieren dazu, für jeden der Clubs zu diesem oder jenem Zeitpunkt Mitgliedsbeiträge zu zahlen – aus diesem oder jenem Grund. Beispielsweise können wir durchaus Rebellen sein, wenn es um Geschwindigkeitsbeschränkungen geht, ahnungslos, wenn Steuerzahlungen anstehen, komfortsüchtig im Hinblick auf unsere Lieblingsuntugend und Anerkennungssucher im sehr privaten Bereich.

Als Mitglieder dieser Clubs haben die Menschen auch die besten Möglichkeiten, das Lernen zu vermeiden. Die Rebellen haben es nicht nötig zu lernen, die Ahnungslosen erinnern sich nicht, warum sie eigentlich lernen sollen, die Bequemen halten es für allzu riskant, und die Anerkennungssucher wollen keine schlafen-

*Ein Junge wird erwachsen
drei Jahre, bevor seine
Eltern dieser Meinung sind,
und zwei Jahre, nachdem er
selbst sich dafür hält.*

LEWIS B. HERSHEY

den Hunde wecken. (»Laß bloß die Finger davon!«) Die meisten von uns haben ihre ganz persönliche Mischung von alldem – ein bißchen von dem, ein bißchen von jenem –, die uns wahrscheinlich davon abgehalten hat, all das zu lernen, was wir gern wissen würden.

Wie sind diese überkommenen Barrieren zu überwinden? Mit Hilfsmitteln, Methoden und Übung, Übung, Übung. Wo finden wir die Hilfsmittel? Der Rest des Buches ist voll davon.

Regel Nr. 1:
Schufte dich nicht
mit Kleinkram ab.
Regel Nr. 2:
Alles ist Kleinkram.

Regeln als Werkzeuge

Eines der wirksamsten Hilfsmittel für emsig Lernende ist eines der ältesten – und eines der ersten, denen widerstanden wird: Regeln.

Sobald wir dazu in der Lage waren – Spätentwickler etwa im Alter von zwei Jahren –, haben wir begriffen, wie man Regeln umgeht. Die Rebellen rebellierten, die Ahnungslosen vergaßen, die Bequemen wollten mit ihnen nicht belästigt werden und die Anerkennungssucher befolgten sie sklavisch genau – natürlich vorausgesetzt, es sah jemand zu.

In den meisten Fällen wurden Regeln als etwas Feindliches angesehen; als etwas, das von einer unpersönlichen (und höchstwahrscheinlich tyrannischen) Welt erfunden wurde, um uns zu beschränken, zu bestrafen oder wütend zu machen.

Es ist höchst einsichtig, warum Regeln als feindlich angesehen werden konnten. Vom Standpunkt eines Kindes aus betrachtet, brauchten Eltern ohne Regeln nie erzürnt zu sein. Nur wenn wir gegen eine Regel verstoßen hatten, entzogen sie uns ihre Liebe. Wenn es diese Regeln nicht gegeben hätte, hätten sie uns immer und jederzeit lieben können. Das ist die Logik eines Kindes.

Darüber hinaus schien es so, als wären Regeln irgendeine Art von Kindheitsgeißel wie Windpocken, Ziegenpeter oder Masern. Erwachsene durften lange aufbleiben und fernsehen. Erwachsene durften die Straße überqueren. Erwachsene brauchten keinen Mittagsschlaf zu halten. Erwachsene konnten zwei Portionen Pudding essen, wenn sie wollten. »Wann dürfen wir das auch?« haben wir gefragt. »Wenn du älter bist«, erhielten wir zur Antwort.

Also nahmen wir an, daß Regeln vorübergehende Belästigungen waren – wie Spinat oder Geschwister –, die wir zu erdulden hatten, die aber eines Tages vorüber sein würden. Rufen Sie sich unsere Verblüffung ins Gedächtnis, die wir empfanden, als wir älter wurden – drei, vier oder fünf – und feststellten, daß die Zahl und Vertracktheit der Regeln und Vorschriften noch zunahmen.

Ausstieg den Regeln
entsprechend Beine voran.
Legen Sie vor der Evakuierung
Schuhe mit hohen Absätzen
und synthetische Strümpfe ab.
Öffnen Sie die Tür, holen Sie
die Rettungsleine heraus und
werfen Sie sie weg.
INSTRUKTIONEN FÜR DEN
NOTFALL DER
STAATLICHEN RUMÄNISCHEN
FLUGGESELLSCHAFT

Es ist verboten,
Handtücher zu entwenden.
Sollten Sie ein Mensch sein,
der so etwas nicht tut, lesen
Sie diesen Hinweis bitte nicht.
SCHILD IN EINEM HOTEL IN
TOKIO

Und dann kam dieser Hort der Regeln: die Schule. Nach dem ersten Schock schluckten wir und akzeptierten mehr oder weniger unser Schicksal. Die Belästigungen durch Bestimmungen, Regeln und Vorschriften würden für weitere zwölf Jahre unvermindert andauern. Aber dann, *dann* würde es endlich damit vorbei sein.

Kaum. Wir haben die vielen Regeln aus der Kindheit lediglich verinnerlicht. Sie verschwanden nicht, sie wurden zu einer Gewohnheit. Wir spielten zwar nicht auf verkehrsreichen Straßen – aber nicht, weil das eine Regel war, sondern weil wir die Konsequenzen kannten. Wir blieben nicht die ganze Nacht auf und sahen fern – weil wir genau wußten, wie wir uns am nächsten Morgen fühlen würden. Wir aßen nicht zwei Portionen Pudding – nun ja, vielleicht doch. Aber wir wußten, welche Folgen das haben würde (und hatte).

Als wir klein waren, bestand der Grund für unsere Verwirrung über Regeln in der Tatsache, daß wir wußten, daß manche nützlich für uns waren, andere jedoch nicht. Von uns wurde aber erwartet, daß wir alle ausnahmslos befolgten, sonst . . . Jene, die wir für nützlich hielten, waren keine Regeln mehr, sie wurden ein Bestandteil von uns. Aber jene, die das nicht wurden, blieben »Regeln«, und wir haßten, vergaßen, ignorierten oder befolgten sie aus Anerkennungssucht heraus.

Nehmen Sie beispielsweise das Laufen. Das Laufen steckt voller Regeln. In Anbetracht unserer Fußmaße und der Größe unserer Körper steht es dem Menschen eigentlich gar nicht zu, stehen zu können. Versuchen Sie doch einmal, eine Barbie-Puppe ohne Unterstützung aufrecht stehen zu lassen . . .

Wer beim Stehen und Laufen auch nur eine Regel vergißt, den bestraft das Leben. Schnell, unfehlbar und beständig schlägt die Schwerkraft zu. Und so lernen wir die Vorschriften des Laufens und machen sie uns zu eigen.

Auch wenn wir sie nicht als Regeln ansehen, bleiben es doch Regeln. Ähnliches trifft auch auf das Sprechen zu, den Gebrauch unserer Hände, die allgemeine Koordination des Körpers und so weiter. Alle diese Fähigkeiten besitzen wir nicht von Geburt an, wir

*Robin: Batgirl! Was hast
du so lange gemacht?
Batgirl: Du hast ja keine
Ahnung, wie verstopft die
Straßen waren.
Und an jeder Ampel hatte ich
Pech.
Und du wolltest doch sicher
nicht, daß ich rase, oder?
Robin: Deine guten
Fahrgewohnheiten
haben uns fast das Leben
gekostet!
Batmann: Nein, Robin, sie hat
recht.
Regeln sind Regeln.*

müssen sie lernen. Und wenn wir sie gelernt (verinnerlicht) haben, vergessen wir, daß es Regeln sind. Wir tun das Erforderliche einfach.

Einige Regeln sind unabdingbar, andere beliebig. »Atme«, ist eine unabdingbare Regel. »Fahr rechts«, ist eine beliebige Regel. Es gibt keinen besonderen Grund, auf der rechten Seite der Fahrbahn zu fahren; ungefähr die Hälfte der Erdbewohner fährt links. Diese Regel wurde vor langer Zeit von Menschen erdacht, die wir nie kennengelernt haben. Daß es eine »gute« Regel ist, liegt an der Tatsache, daß sie funktioniert, wenn sich alle an sie halten. Wir müssen nicht bei jedem entgegenkommenden Auto entscheiden, auf welcher Seite wir an ihm vorbeifahren wollen. Das spart Zeit, Konzentration, Sorgen und – nicht unwichtig – rettet Leben.

Mitunter gehört das Befolgen von Regeln zum »Zahlen der Mitgliedsbeiträge«. Sie mögen vielleicht eine bessere Art und Weise kennen, mit einer Sache fertig zu werden – das heißt, Sie könnten eine »neue Regel« haben, die besser ist als die alte –, aber um die bessere Regel einzuführen, müssen Sie sich eine Zeitlang an die alte halten. Wenn Sie die herkömmliche Regel beherrschen, sind Sie Meister – und Meister können Dinge verändern. Es wird als innovativ betrachtet, wenn man trotz seines Erfolges Aufgaben auf neue Weise löst. Tut man das jedoch, ohne die traditionellen Methoden zu meistern, wird das oft für Rebellion gehalten.

Wir sagen keineswegs: »Passen Sie sich an, und Sie werden das Glück finden.« (Auf Dauer glücklich zu sein, ist, nebenbei bemerkt, das Nonkonformistischste, was Sie tun können. Ständig froh zu sein ist nicht nur revolutionär, es ist *radikal*.) Herkömmliche Regeln zu ändern erfordert Zeit, Energie, Hartnäckigkeit und eine Menge harter Arbeit. Nur Sie haben so viele dieser Aktivposten zur Verfügung, also wählen Sie die Regeln sorgfältig aus, die Sie verändern wollen.

Wir schlagen Ihnen also vor, Ihre *Ansicht* über Regeln zu ändern. Dieses Buch steckt voller Dinge, die Sie als »Regeln« betrachten könnten. Wenn Sie auf sie so reagieren wie viele Menschen – mit Auflehnung, Ahnungslosigkeit, Unbehagen oder

111

*Die Ideen, die ich vertrete,
stammen nicht von mir.
Ich habe sie von Sokrates
entlehnt.
Ich habe sie von Chesterfield
geborgt.
Ich habe sie von Jesus
gestohlen.
Und ich habe sie in einem Buch
zusammengefaßt.
Wenn Ihnen ihre Vorstellungen
nicht gefallen –
wessen würden Sie benutzen?*

DALE CARNEGIE

Beflissenheit, um anerkannt zu werden –, werden diese Methoden vermutlich nicht besonders nützlich sein. Dann sind sie lediglich weitere Gebote – »Du sollst«, »Du mußt«, »Du könntest aber«. Und wenn es Ihnen ähnlich geht wie uns, kennen Sie davon bereits mehr als genug.

Wie gesagt, schlagen wir vor, daß Sie jeden Vorschlag als Vorschlag betrachten. Probieren Sie es mit ihm, finden Sie heraus, ob er in Ihrem Fall wirkt. Und wenn das so ist, dann bleiben Sie dabei. Dann ist er ein Hilfsmittel, keine Regel. Wenn er aber nichts für Sie ist, dann gehen Sie zu einem anderen Vorschlag über, der Ihnen mehr entspricht. Dann ist der »übergangene« Vorschlag einfach ein Hilfsmittel, für das Sie aus diesem oder jenem Grund im Moment keinen Bedarf haben.

Hier nun drei »Regeln«, die wir als Grundlage all der anderen Regeln ansehen, die wir für uns übernommen haben. Wenn »Regeln« für Sie ein zu einengendes Wort ist, dann halten Sie sich vielleicht besser an »Leitlinien«. Für uns haben sie sich in jeder Situation als nützlich erwiesen, in der wir sie ausprobiert haben. Wenn Sie es mit ihnen versuchen, und sie funktionieren bei Ihnen, dann sind es Ihre Regeln – Hilfsmittel – nicht unsere. Sie sind sehr einfach, aber wir haben festgestellt, daß sich in ihrem Rahmen nie endende Herausforderungen stellen.

1. **Fügen Sie weder sich noch anderen Schaden zu.** Das beginnt beim Körperlichen: Greifen Sie andere Menschen nicht an; bestehlen Sie sie nicht; schlagen Sie sich nicht mit dem Hammer auf den Kopf. Das dürfte einsichtig genug sein. Dann geht es auf eine subtilere Ebene: Traktieren Sie Ihren Körper nicht mit Dingen, von denen Sie wissen, daß sie nicht gut für ihn sind; halten Sie sich aus Situationen heraus, in denen Sie körperlich zu Schaden kommen könnten.

Weiter geht es auf geistigem und emotionalem Niveau. Richten Sie nicht über sich und andere; legen Sie Schuldgefühle und Vorurteile ab. Hier beginnt der »nie endende« Bereich der Herausforderungen. Unablässig scheinen sich neue Bereiche aufzutun, in denen wir aufhören können, uns und anderen Schaden zuzufügen.

*Suchen Sie sich Schlachten,
die groß genug sind, um zu
zählen, und klein genug, um
gewonnen werden zu können.*

JONATHAN KOZOL

2. Sorgen Sie für sich, damit Sie dazu beitragen können, für andere zu sorgen. In körperlicher Hinsicht: Essen und trinken Sie ausreichend und achten Sie darauf, genügend Sport zu treiben und ausreichend Schlaf zu bekommen. Mental und emotional: Loben Sie sich, wenn Sie eine Aufgabe gut bewältigt haben, genießen Sie den Augenblick, entwickeln Sie eine positive Einstellung sich selbst gegenüber. Auch das ist leicht gesagt, es kann aber durchaus lebenslanges Üben erfordern, das zu erreichen.

Der zweite Teil des Satzes (»damit Sie dazu beitragen können, für andere zu sorgen«) heißt keineswegs, daß Sie anderen helfen *müssen.* Er stellt lediglich eine Voraussetzung für den Fall dar, daß Sie das Gefühl haben, sich um andere kümmern zu müssen. Wenn Sie sich nicht zunächst um sich selbst kümmern, werden Sie kaum dazu in der Lage sein, anderen Menschen zu helfen. Wenn Sie sich nicht um sich kümmern, werden sich andere um Sie kümmern (müssen).

3. Nutzen Sie alles zur Verbesserung Ihrer Situation, zum Lernen und zur Weiterentwicklung. Alles. Alles. *Alles.* Ganz egal, was Sie auch tun, unabhängig davon, für wie stupide, sinnlos oder sogar schädlich Sie es auch halten mögen – aus allem ist etwas zu lernen. Gleichgültig, was Ihnen zustößt, wie unfair, mißlich oder falsch das Ihnen erscheinen mag – irgend etwas können Sie der jeweiligen Situation entnehmen, um es für Ihre Weiterentwicklung zu nutzen.

Wir sagen nicht, daß Sie absichtlich unsinnige Dinge tun sollen, um aus ihnen lernen zu können, oder daß Sie die Widrigkeiten dieser Welt suchen sollen, um Ihren Nutzen daraus zu ziehen. Nein, keineswegs. Uns allen unterlaufen unsinnige Dinge, und die Welt steckt voller Widrigkeiten, so daß es absolut überflüssig ist, so etwas auch noch anzulocken. Doch wenn Sie ganz unabsichtlich etwas Absurdes tun – oder wenn es Ihnen zustößt –, dann halten Sie Ausschau, was Sie damit für Ihre Entwicklung tun, was Sie daraus lernen können. Denken Sie an das Credo der Schriftsteller: Wenn dir die Welt Saures gibt, dann schreib ein Zitronen-Kochbuch.

Diese drei Ratschläge sollten ausreichen, Sie für den Rest Ihres

*So laßt uns denn
schicksalsergeben zu Werke
gehn;
nie nachlassend, stets strebend,
das Arbeiten lernen – und das
Warten.*

HENRY WADSWORTH
LONGFELLOW
1839

Lebens auf Trab zu halten. Für den Rest dieses Buches werden wir uns damit beschäftigen, die vielen Facetten dieser Regeln zu beleuchten – sowie die Art und Weise, auf die Sie aus ihnen Gewinn ziehen können.

Sehen Sie, ich will ja nicht
philosophisch
werden, möchte aber doch
sagen, daß Sie mit
Armen und Beinen fuchteln,
auf und ab springen
und jede Menge Lärm machen
sollten, wenn Sie
lebendig sind, da das Gegenteil
von Leben der
Tod ist. Wenn Sie sich ruhig
verhalten, leben
Sie demzufolge nicht. Also
müssen Sie laut sein,
zumindest sollten Ihre
Gedanken unüberhörbar,
farbenfroh und lebhaft sein.

MEL BROOKS

Teilnahme

Eins der wirksamsten – und einfachsten – Hilfsmittel, um mehr zu lernen und sich fortzuentwickeln besteht darin, mehr zu *tun*. Das heißt nicht unbedingt, in hektische Betriebsamkeit zu verfallen. Wir reden hier nicht von Action, wir reden von Teilnahme.

Wenn wir teilnehmen, lernen wir mehr. Wenn Sie also mehr lernen wollen, werden Sie ein emsiger Teilnehmer. Beteiligen Sie sich. Nehmen Sie Anteil. Seien Sie mutig. Machen Sie neue Erfahrungen. Nehmen Sie teil an Ihrem Leben.

Es ist nicht leicht, hier besondere Aktivitäten zu empfehlen. Was einen Menschen wirklich begeistert, kann für einen anderen eher seichte Unterhaltung sein. Das gängige Klischee ist natürlich der Rat, einen Spaziergang dem Fernsehen vorzuziehen. Doch nach der Videorevolution mit zig Kabelkanälen, Videoausleihe und dem allem kann Fernsehen ähnlich fordernd wie vieles andere sein.

Es geht weniger darum, was Sie tun, sondern mehr darum, wie Sie auf das *reagieren*, was Sie tun. Beschäftigt Sie die Aktivität auf aktive Weise? Beansprucht sie Ihren Geist, Körper und Ihre Emotionen? (Schon die Beanspruchung eines dieser »Teilgebiete« ist Teilnahme in unserem Sinne, aber lernen Sie, auch jene einzuspannen, die Sie weniger beanspruchen.) Ist das eine Herausforderung für Sie? Macht es Ihnen Appetit, noch mehr zu tun? Wenn ja, dann nehmen Sie teil.

»Das Experimentieren ist eine aktive Wissenschaft«, hat Claude Bernard gesagt. Experimentieren Sie. Machen Sie aus Ihrem Leben eine aktive Wissenschaft.

Die letzte der menschlichen
Freiheiten ist es, seine Haltung
in jeder Situation selbst zu
wählen, sich für seine eigene
Art und Weise zu entscheiden.

VICTOR FRANK

Im Griff haben ...

In Kreisen der Persönlichkeitsentfalter wird viel davon geredet, »etwas in den Griff zu bekommen«. Wohin wir auch kommen, überall rufen die Leute: »Das bekomme ich in den Griff!« – »Warum bekommst du das nicht in den Griff?« – »Ich will endlich mein Leben in den Griff bekommen!«

Etwas im Griff zu haben, ist sicherlich eine feine Sache, aber viele Menschen mißverstehen mitunter, was sie eigentlich in den Griff bekommen können.

Soweit uns bekannt ist, kann man lediglich das in den Griff bekommen, was sich unter der eigenen Haut befindet. Alles andere (besonders andere Menschen) gehören nicht zu dem, was man »in den Griff bekommen kann«.

Angesichts der Unendlichkeit des Universums hört sich das ziemlich geringfügig an, aber bedenken Sie, was sich »unter Ihrer Haut« befindet: Ihr Geist, Ihr Körper, Ihre Gefühle und das, was Sie an Verstand mitbekommen haben. Das sind, um mit Thomas Moore zu sprechen, nicht die schlechtesten Kreise.

Aber auch wenn wir Menschen, Dinge und Ereignisse außerhalb unseres Ich in den Griff bekommen könnten, wäre es dennoch unsere vorrangige Aufgabe, erst einmal uns in den Griff zu bekommen.

Und wie sähe das aus?

Sie würden Ihre Gedanken im Griff haben. Nie würden Sie etwas denken, das Sie nicht denken wollen. Ihr mentaler Fokus wäre unablässig auf kreative und positive Dinge gerichtet.

Sie hätten Ihren Körper im Griff. Sie wären kerngesund, tatkräftig, produktiv, überschwenglich und quicklebendig.

Sie hätten Ihre Gefühle im Griff. Nie würden Sie etwas empfinden, das Sie nicht empfinden wollen. Sie wären froh, glücklich, erfüllt, zufrieden, begeistert und liebevoll.

Doch wenn wir unseren Geist, unseren Körper und unsere Ge-

*Computer sind sinnlos.
Sie können uns nur
Antworten geben.*

PABLO PICASSO

fühle nicht im Griff haben, haben wir eine Menge zu tun. Bleibt uns da wirklich noch Zeit dafür, andere Menschen in den Griff bekommen zu wollen?

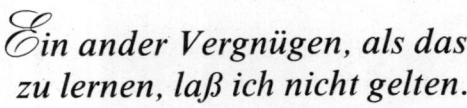

*Ein ander Vergnügen, als das
zu lernen, laß ich nicht gelten.*

FRANCESCO PETRARCA

Erschließen Sie den Geist, stärken Sie den Körper, ermutigen Sie die Gefühle

Häufig lassen wir einen der großen Drei den Laden schmeißen. Was wir bereits über den Geist gesagt haben, trifft ebenso auf Körper und Gefühle zu: Es sind hervorragende Diener, aber klägliche Meister.

Vermutlich wissen Sie längst, mit welchem der großen Drei Sie sich am besten identifizieren können; dem, der Ihnen den größten Einfluß gibt, dem, der Sie allzu häufig »in Versuchung führt«, dem, der Sie davon abhält, die Dinge zu tun, die Sie am liebsten tun würden.

Wenn Sie *sich* den Laden schmeißen lassen, werden Sie wahrscheinlich mehr lernen, und selbst wenn das nicht der Fall sein sollte, wird das Ganze wesentlich mehr Spaß machen. (Würden Sie denn nicht lieber selbst darüber entscheiden, welche Videos Sie sehen?) Hören Sie auf Ihren Geist, Ihren Körper, Ihre Emotionen (mehr darüber in Teil drei, »Verkappte Meisterlehrer«), aber treffen *Sie* die Entscheidung und gehen Sie in die Richtung, in die *Sie* wollen. Wie? Hier sind ein paar Vorschläge.

Erschließen Sie den Geist. Wir alle sind vermutlich jeder Menge kleiner Descartes' begegnet – denen, die da denken, sie sind, weil sie denken. (Erinnern Sie sich an Descartes? »Cogito, ergo sum.« Wir wußten, daß Sie es nicht vergessen haben.) Und Sie hätten jedem von ihnen sicher gern das gesagt, was Sorbas seinem »mentalen« jungen Freund erklärt hat: »Du denkst zuviel, das ist dein Problem. Schlaue Leute und Lebensmittelhändler legen alles auf die Waage.«

Diese Menschen verbringen sehr viel Zeit mit Einschätzungen, Bewertungen, Kritiken, Urteilen, Überzeugungen, Gesetzen, Regeln, Vorstellungen und Entschlüssen. Doch wenn sie zu einem Entschluß gekommen sind, dann war's das auch schon. Es gibt nicht viel, was den dann noch umstoßen könnte.

*$\mathcal{D}$u bist ein Mitglied
der britischen Königsfamilie.
Wir sind NIE erschöpft, und
wir alle LIEBEN
Krankenhäuser.*

QUEEN MARY

Es sind die Leute, die sich die größten Sorgen um eine mögliche Gehirnwäsche machen. Aber ach, es sind auch diejenigen, deren Hirne ein bißchen Wäsche durchaus vertragen könnten.

Ihnen allen sagen wir ganz einfach und unumwunden: Der Geist ist wie ein Fallschirm. Er funktioniert am besten, wenn er offen ist. Die Vergeistigten unter uns könnten das als kalifornischen Simpelspruch abtun. Also gut, wie ist es dann mit diesem Satz von Henry James: »Halte stets ein Fenster im Oberstübchen offen; nicht nur einen Spaltbreit – offen.«

Stärken Sie den Körper. Wenn Sie etwas nicht tun, was Sie tun möchten, weil Sie »zu müde« sind oder weil Sie befürchten, daß irgendein Mensch, Virus oder eine verhängnisvolle Schicksalswendung nur darauf lauert, Ihnen eins auszuwischen, hat Sie Ihr Körper sehr wahrscheinlich voll im Griff.

Allerhöchste Zeit, Ihren Körper in *Ihren* Griff zu bekommen. Also los, setzen Sie sich in Bewegung, starten Sie durch. Ihr Körper ist Ihr Fahrzeug wie Ihr Auto. Wenn Sie Ihrem Körper nicht die Richtung vorgeben, ist das ungefähr so vernünftig, als würden Sie Ihren Wagen die Richtung wählen lassen. Also raus aus der Garage, geben Sie Gas, und ab geht's.

Es ist Ihr Körper – gebrauchen Sie ihn, oder er ist bald nicht mehr zu gebrauchen. Unter der Voraussetzung, daß Sie ihm genügend Ruhepausen einräumen, blüht Ihr Körper in der Aktivität geradezu auf. Lassen Sie sich von ihm nicht davon abhalten, das zu tun, was Sie tun wollen. Tun Sie es trotzdem.

Wenn Sie sich in Bewegung setzen, wird die nötige Energie da sein – aber keine Sekunde früher. Warten Sie also nicht auf einen Energieschub, bevor Sie etwas beginnen. Tun Sie es, und die Energie wird kommen.

Ermutigen Sie die Gefühle. Die übertrieben Emotionalen neigen dazu, ihr Herz auf der Zunge zu tragen. Sie handeln (oder – häufiger! – eben nicht) aufgrund von Empfindungen. Und was empfinden sie für gewöhnlich? Angst (»Was ist, wenn nun . . .«), Schuld (»Wenn ich nicht, dann . . .«) und Enttäuschung (»Das wird ja doch wieder nicht klappen . . .«).

*Wenn du nicht willst, daß
dein Zorn ausbricht,
laß ihn dir nicht zur
Gewohnheit werden,
führe ihm nichts zu, was ihn
vergrößern könnte.
Bleibe ganz ruhig, und zähle
die Tage, an
denen du nicht zürnst:
Früher erregte ich mich jeden
Tag, dann jeden zweiten,
schließlich jeden dritten und
jeden vierten Tag.
Und wenn du es schaffst,
dreißig Tage vergehen zu
lassen, bringe den Göttern ein
Dankopfer.*

EPIKTET

Diese Menschen halten sich von allen Ereignissen fern, in denen ihre Gefühle geweckt werden *könnten* – besonders die Gefühle Angst, Schuld und Enttäuschung. Sie *fürchten* Angst, Schuld und Enttäuschung, also halten sie sich fern.

Zu diesen Angsthasen sagen wir: Seien Sie mutig, und halten Sie stand. Los. Empfinden Sie Ihre Ängste, und überwinden Sie sie. Obwohl die sehr Emotionalen häufig das Bild »zu Tode erschreckt« im Mund führen, sind nur sehr wenige Menschen tatsächlich an der Angst gestorben. Emotionen sind keine zerbrechliche Ware. Sie sind dazu da, auch benutzt zu werden.

Indem Sie empfinden, verstärken Sie Ihren Einfluß auf Ihre Emotionen. Lassen Sie sich ganz bewußt auf Situationen ein, die Sie wegen Ihrer Gefühle im Grunde lieber vermeiden würden. Fühlen Sie alles, was es da zu empfinden gibt, und erinnern Sie sich später daran, daß Sie überlebt haben.

Nach einer Weile werden Sie nicht nur überleben, Sie werden aufblühen. Denn die Kehrseite der Angst ist die Spannung. Und der Lohn für Ihre Überwindung der Angst sind die positiven Empfindungen, die Sie suchen.

Andererseits sollten jene, die dazu neigen, zu oft wütend auf andere zu werden, ihre Gefühle *weniger* ausleben. Wenn wir etwas weniger trainieren, wird es schwächer. Wenn Sie eine Neigung zum Aufbrausen haben, sobald die Dinge nicht nach Ihrem Kopf gehen, versuchen Sie einmal statt Ihrer Gefühle Ihren Körper zu trainieren. Laufen Sie ums Karree. Machen Sie ein paar Kniebeugen. Legen Sie eine Platte auf, und tanzen Sie ein paar Takte. Vielleicht wird das auf Ihre Freunde oder Kollegen einen seltsamen Eindruck machen, aber ihnen sind Ihre kurzen Übungen mit Sicherheit lieber als die Zornesausbrüche, die sie sonst von Ihnen gewohnt sind. (Mehr darüber, wie Sie Geist, Körper und Gefühle »in den Griff bekommen« können, später.)

Dann und wann neigen wir alle dazu, allzu mental zu reagieren, zu körperlich oder zu emotional. Wenn Sie in solchen Fällen »zweiseitig« reagieren und Schwierigkeiten haben, sich für eins von bei-

*Sie leiden offenbar
unter der falschen Vorstellung,
tauglich zu sein.*

ALEXIS CARRINGTON

dem zu entscheiden, besitzen Sie vielleicht Doppelloyalitäten. Das ist durchaus nicht ungewöhnlich.

Manche Menschen haben beispielsweise eine Mischung aus physischen und emotionalen Loyalitäten. Sie belasten die übliche Trägheit des Körpers mit Gefühlen. Diese Leute sind häufig Hypochonder und zeigen problemlos die erforderlichen Symptome.

Andere kombinieren Körper und Geist. Sie unternehmen nicht gerade viel und wissen genau, warum sie es nicht tun. Dabei würde es ihnen sehr guttun, sowohl körperlich wie auch geistig mehr in Bewegung zu sein. Sie könnten beim Joggen Kreuzworträtsel lösen oder ähnliches tun.

Aber am häufigsten sind offenbar jene anzutreffen, die Geist und Gefühl verbinden. Eine Kombination aus Intellekt und Emotionen bildet das, was gemeinhin als Ego bezeichnet wird – nicht unbedingt in Freuds klinischer Definition, sondern eher im Sinne weitverbreiterer Äußerungen wie »Er hat da ein Egoproblem« oder »Ihr Ego ist außer Kontrolle«. Die Geist/Gefühl-Kombination ist eine sehr starke. Zu lernen, sie nur auf das Positive zu konzentrieren – Ihr eigenes Gutes und das anderer Menschen – ist eine Herausforderung von epischen Ausmaßen und epischen Leistungen.

Es gibt Zeiten im menschlichen
Dasein, in denen in der Seele
neue Tiefen aufzubrechen
scheinen, in denen sich Neues
in großer Zahl entfalten
möchte und nach einem neuen
und unbestimmten Guten
verlangt wird. Es gibt Phasen,
in denen Wagemut die größte
aller Weisheiten ist.
WILLIAM ELLERY CHANNING
1829

Uns ist aufgegeben,
unablässig und neugierig
neue Einstellungen zu erproben
und uns um neue Eindrücke zu
bemühen.
WALTER PATER
1873

Probieren Sie etwas Neues aus

Je mehr wir tun, desto mehr lernen wir. Auch wenn wir es nicht »richtig« machen, ist uns doch zumindest dabei klar geworden, wie man es *nicht* machen sollte. Das heißt lernen; das ist Entfaltung und Weiterentwicklung.

Sie wissen also (noch) nicht, wie Sie etwas tun sollen? Wirklich nicht? »Denn die Dinge, die wir erst lernen müssen, bevor wir sie tun, lernen wir beim Tun.« Das hat kein Geringerer als Aristoteles gesagt.

Wir erwarten von Ihnen nicht, daß Sie mehr von dem tun, was Sie schon jetzt bereitwillig erledigen. Wir wollen dazu anregen, die Dinge zu ergründen, die Sie unwillig (oder gar nicht) tun, vor denen Sie eine gewisse Angst haben, für die Sie nicht genug Energie aufzubringen glauben, oder bei denen Sie mit Kritik von anderen rechnen, wenn Sie sie tun.

Die entscheidende Frage beim Erproben neuer Dinge lautet: Würde es mir körperlich (nicht emotional, nicht mental) schaden, wenn ich das täte? Nicht *könnte* (wir *können* uns bei nahezu allem schaden, das wir anfangen), sondern *würde*. Wenn die Antwort nein ist, dann machen Sie sich ans Werk.

Es wird vielleicht nicht gerade bequem sein (das soll es auch gar nicht sein), und Sie werden unter Umständen eine Menge Fehler machen (darauf können Sie sich verlassen!), aber Sie werden mehr lernen, als würden Sie weiter in diesem »trägen, aber angenehmen Zustand des Nichtstuns« zu Hause hocken bleiben, wie Plinius der Jüngere das vor ein paar tausend Jahren genannt hat.

Und wie es ist, so ist es.

WALTER CRONKITE

134

Akzeptierenkönnen

Etwas akzeptieren zu können ist eine so wichtige Fähigkeit, daß sie von manchen als »erste Voraussetzung zur persönlichen Entwicklung« bezeichnet worden ist.

Etwas zu akzeptieren heißt schlicht und einfach, etwas so zu sehen, wie es nun einmal ist, und zuzugeben: »So ist es.«

Akzeptieren ist kein Zustimmen, Anerkennen, Genehmigen, Erlauben, Billigen, Übereinstimmen, Einwilligen oder auch nur die Tatsache, etwas zu *mögen.*

Zu akzeptieren heißt: »Es ist, wie es ist, und so wie es ist, so ist es.« Große Philosophen von Gertrude Stein (»Eine Rose ist eine Rose ist eine Rose«) bis Popeye (»Ich bin, was ich bin«) haben das Akzeptieren begriffen.

Bevor wir nicht *alles* akzeptieren, können wir nichts klar erkennen. Dann können wir nur immer durch die Filter der »Du mußt«, »Du solltest«, »Du hast zu . . .« und der Vorurteile blicken.

Wenn die Realität mit unserer Vorstellung, wie die Wirklichkeit sein *sollte*, zusammentrifft, trägt die Realität immer den Sieg davon. Das paßt uns nicht (das heißt, wir haben unsere Probleme, es zu akzeptieren), also hadern wir entweder mit der Wirklichkeit und werden wütend, oder wir wenden uns von ihr ab und werden ignorant. Wenn Sie feststellen, daß Sie wütend oder ignorant sind (oder zwischen beidem wechseln), sollten Sie sich vielleicht fragen: »Was kann ich daran eigentlich nicht akzeptieren?«

Etwas zu akzeptieren ist keineswegs ein Zustand der Passivität oder Untätigkeit. Wir behaupten keineswegs, daß Sie die Welt nicht aus den Angeln heben, Falsches nicht richtig machen oder das Negative nicht durch Positives ersetzen können. Etwas zu akzeptieren ist sogar der erste Schritt zu erfolgreichen Taten.

Aber wenn Sie eine Situation nicht ganz so akzeptieren, wie sie nun einmal ist, werden Sie Ihre Schwierigkeiten haben, sie zu verändern. Mehr noch: Wenn Sie die Situation nicht voll akzeptieren,

Erziehung ist die Fähigkeit,
sich nahezu alles anzuhören,
ohne die Geduld oder das
Selbstvertrauen zu verlieren.

ROBERT FROST

werden Sie gar nicht wissen, ob sie überhaupt verändert werden sollte.

Wenn Sie etwas akzeptieren, entspannen Sie sich, werden ruhiger und gelassener. Und das ist eine höchst erfreuliche (und erfolgversprechende) Basis für Teilnahme oder Ausstieg. Sich zu stellen und zu kämpfen (selbst um Spaß und Vergnügen: Wie oft haben Sie sich nicht schon angestrengt bemüht, sich zu amüsieren?) oder angewidert und furchtsam davonzulaufen sind nicht gerade die angenehmsten Lebensformen. Sie sind jedoch das unausweichliche Resultat des Nicht-akzeptierens.

Nehmen Sie sich ein paar Augenblicke Zeit, und denken Sie an eine Situation, mit der Sie nicht zufrieden sind – nicht unbedingt die größte Belastung ihres Lebens, sondern ein eher schlichtes Ereignis, über das Sie sich ärgern. Und nun akzeptieren Sie *alles* an dieser Situation. Sehen Sie die Lage so, wie sie nun einmal ist. Denn so ist sie nun einmal, oder nicht? Darüber hinaus werden Sie sich wesentlich wohler fühlen, wenn Sie sie akzeptieren.

Wenn Ihnen das gelungen ist, wird Ihnen das Ganze zwar noch immer nicht gefallen, aber Sie werden unter Umständen aufhören, es zu verabscheuen oder sich davor zu fürchten.

Und das ist der eigentliche Wert des Akzeptierens: Sie gewinnen eine bessere Einstellung zum Leben und zu sich selbst. Alles, was wir über das Akzeptieren gesagt haben, läßt sich auch auf Dinge anwenden, die Sie getan haben (oder an denen Sie gescheitert sind). Alles, was wir über das Akzeptieren gesagt haben, betrifft Ihr Urteil über sich selbst sogar in besonderem Maße.

Akzeptieren Sie, daß Sie vieles tun wollten, aber nicht getan haben, sowie alle Dinge, die Sie getan haben, aber nicht tun wollten. Das ist geschehen. Die Vergangenheit läßt sich nicht ändern. Sie können mit der Vergangenheit hadern, Sie können so tun, als würde sie nicht existieren, Sie können Sie aber auch akzeptieren. Wir raten zum letzteren. Ein Leben in Schuld, Angst und Ignoranz ist im besten Fall keine reine Freude.

Sogar ein so gestrenger Lehrmeister wie Paulus hat eingeräumt: »Das, was ich tun sollte, tue ich nicht, und was ich tue, sollte ich

*Wenn du einen Fehler begehst,
gib ihn zu. Wenn du das nicht
tust, machst du alles nur
schlimmer.*

WARD CLEAVER

*Ganz gleich, wie zynisch
man wird – es ist unmöglich
stehenzubleiben.*

LILY TOMLIN

nicht tun.« Und das war ein Mann, der seine Pflichten kannte! Wenn Sie sich das nächste Mal dabei ertappen, etwas zu tun, was Sie nicht tun sollten, oder etwas nicht zu tun, das Sie tun sollten, können Sie es auch gleich akzeptieren. »Was für einen Paulus gut ist, kann für mich nicht schlecht sein.«

Und wenn Sie gerade dabei sind, können Sie auch gleich alle Ihre künftigen Überschreitungen der »Du sollst«, »Du mußt« und »Du hast zu . . .« akzeptieren. Es ist nicht so, daß wir die Überschreitungen *billigen* würden. Wir akzeptieren jedoch die Tatsache, daß Menschen so etwas nun einmal tun, und falls Sie die Tatsache noch nicht akzeptiert haben, daß Sie ein menschliches Wesen mit all der dazugehörenden Erhabenheit und Torheit sind, dann könnte jetzt der dazu geeignete Zeitpunkt sein.

Wenn Sie sich wehren (nicht akzeptieren), werden Sie kaum lernen können. Mit geballter Faust kann man kein Geschenk annehmen, und eine »geballte« Seele – fest um *das* geschlossen, das nicht akzeptiert werden darf – lernt Neues nicht leicht.

Entspannen Sie sich also. Akzeptieren Sie das, was ohnehin stattfindet – entweder von Ihnen oder anderen bewirkt. Und dann suchen Sie nach der Lektion. Ihnen wird vielleicht nicht alles gefallen, was so im Leben passiert, aber Sie können sich zumindest an der Tatsache erfreuen, daß – ganz gleich, was auch geschieht – in allem eine Lektion steckt.

Ich fordere ihn auf,
in die Leben der Menschen
zu blicken wie in einen Spiegel
und sich an anderen ein
Beispiel für
sich selbst zu nehmen.

PUBLIUS TERENTIUS AFER
190–159

Der Spiegel

Immer, wenn wir etwas betrachten, neigen wir zu Einschätzungen. (Eigentlich neigen wir zu Urteilen, aber der Begriff Einschätzung ist für den Anfang eines Kapitels verbindlicher.) Diese Einschätzungen informieren uns über die Menschen und Dinge um uns herum.

Aber was ist, wenn uns diese Einschätzungen auch wichtige Informationen über uns selbst vermitteln? Das ist das Konzept des »Spiegels«.

Und dabei geht es darum, daß alles, was wir im Hinblick auf Menschen und Dinge in unserer Umgebung für »wahr« halten, auch auf uns zutrifft. Wenn wir irgend etwas außerhalb von uns selbst einschätzen, sehen wir in einen Spiegel: Er reflektiert Informationen über uns selbst.

Zunächst mag dieses Konzept vielleicht ein bißchen weit hergeholt wirken. Aber wenn Sie sich erst einmal damit vertraut gemacht haben, werden vielleicht auch Sie es erstaunlich finden. Ihnen mag durchaus nicht immer alles gefallen, was Sie in diesem Spiegel sehen, aber wenn Sie schneller etwas über sich selbst lernen wollen (und dazu sind die Methoden in diesem Teil des Buches gedacht), ist die Selbstbetrachtung im Spiegel der Menschen und Dinge ein wertvolles Handwerkszeug.

Erinnern Sie sich noch an das erste Mal, als Sie Ihre Stimme von einem Tonband gehört oder sich auf einem Videoband gesehen haben? »So klinge ich nicht«, haben Sie vielleicht abgewehrt, während Ihre Freunde sagten: »Aber sicher. Genauso hörst du dich an. Ja, genauso verhältst du dich.«

Das erste Mal, als wir uns auf einem Videoband sahen, fragten wir uns vermutlich, warum wir überhaupt Freunde haben. Doch mit der Zeit, nach wiederholtem Hinschauen, lernten wir es, die Bilder von uns auf dem Band zu akzeptieren. Und von diesem Zeitpunkt des Akzeptierens konnten wir anfangen, bestimmte Veränderungen vorzunehmen. (Wir nennen das gern *Verbesserungen*.)

*Wenn wir Menschen mit
anderem Charakter begegnen,
sollten wir Einkehr halten und
uns selbst erforschen.*

KONFUZIUS

Und so ist es auch mit dem Spiegel des Lebens. Ihnen wird vermutlich nicht alles gefallen, was Sie in dem Spiegel erblicken, aber bevor Sie nicht in den Spiegel schauen und das akzeptieren, was Sie da von sich selbst sehen, werden Sie nicht dazu fähig sein, die Veränderungen (Verbesserungen) einzuleiten, die Sie gern bewirken würden.

Wenn Sie jemanden sehen und feststellen: »Er ist aufgebracht, und das gefällt mir nicht«, könnte es immerhin sein, daß es Ihnen nicht gefällt, wenn *Sie* aufbrausen. Und wenn Sie einen anderen sehen und sagen: »Der ist ängstlich. Ich wünschte, er würde endlich etwas tun«, könnte es durchaus sein, daß Sie sich vor irgend etwas ängstigen, daß es etwas gibt, das Sie gern tun würden.

Einzuschätzen und anderen Schuld zuzuweisen hilft uns wenig. Was lernen wir daraus? Einschätzen und Schuld zuweisen zu können? Wir wissen wahrscheinlich längst, daß wir darin bereits recht fähig sind.

Wenn wir den Spiegel benutzen, dann erkennen wir, daß wir uns selbst beurteilen, uns selbst Schuld zuweisen. Nun, das ist immerhin eine Information, mit der wir etwas anfangen können. Wir können beispielsweise aufhören, uns zu beurteilen und schuldig zu sprechen oder doch zumindest akzeptieren, daß wir uns beurteilen und Schuld geben.

(Die meisten Menschen fangen bei der Feststellung, daß sie sich verurteilen und Schuld zuweisen, an, diese Tatsache zu verurteilen. Sobald sie sich bewußtmachen, daß sie sich verurteilen und Schuld zuweisen, verurteilen sie sich dafür, daß sie sich verurteilen und Schuld zuweisen. Das kann eine Kette ohne Ende werden.)

Mitunter müssen wir unseren Fokus ein bißchen verschieben, um erkennen zu können, was durch andere von uns reflektiert wird. So könnten Sie unter Umständen sehen, wie jemand raucht, und das gefällt Ihnen nicht. Wenn wir Sie nun auffordern, in den Spiegel zu blicken, könnten Sie entgegnen: »Aber ich bin Nichtraucher. Was hat das mit mir zu tun?«

Was behagt Ihnen am Rauchen des anderen nicht? »Es ist ungesund.« Da ergibt sich natürlich die Frage, was *Sie* tun, das nicht im

Es hat keinen Sinn,
dem Spiegel die Schuld zu
geben, wenn das Gesicht
entstellt ist.

NIKOLAI GOGOL
1836

Es gibt kein menschliches
Problem, das unlösbar wäre,
wenn die Leute einfach das tun
würden, was ich
ihnen rate.

GORE VIDAL

Interesse Ihrer Gesundheit ist. »Rauchen ist rücksichtslos.« Und welche Rücksichtslosigkeiten begehen Sie? »Rauchen ist eine schlechte Angewohnheit.« Was ist Ihre größte Untugend? »Es ist Geldverschwendung.« Wofür verschwenden Sie Ihr Geld? »Es ist ein Zeichen für mangelnde Selbstbeherrschung.« Was an Ihnen hätten Sie gern mehr unter Kontrolle?

Verstehen Sie? Da sind die Handlungen anderer Menschen, und da sind die Urteile, die wir diesen Handlungen verpassen. Und wenn wir die Handlungen mal beiseite lassen und uns die Beurteilungen ansehen, stellen wir oft fest, daß wir ähnliche Urteile über uns selbst fällen.

Es hat einen großen Reiz, diesen Gedanken über Menschen hinaus auch auf Dinge anzuwenden. »Dieses Auto funktioniert aber auch nie, wenn ich es brauche.« Ist es vorstellbar, daß auch Sie nie »funktionieren«, wenn Sie es unbedingt wollen? »Es regnet aber auch immer zu den unmöglichsten Zeiten.« Was machen Sie zu den unmöglichsten Zeiten? »Dieses Steak ist zu zäh.« Ist es allzu abwegig, daß auch Sie einen Weichmacher brauchen könnten?

Was nutzt dieses Wissen über einen selbst? Erst einmal gibt es Ihnen jede Menge Material an die Hand, um das Akzeptieren zu üben. Können Sie alles akzeptieren, was Sie schon über sich wissen, sowie alles, was Sie über sich erfahren, indem Sie in den Spiegel des Verhaltens anderer Menschen schauen? Ihre härtesten Urteile über andere sind genau die, die Sie über sich akzeptieren müssen. Können Sie das? Wir wissen, daß Sie es können. *Wollen* Sie es? Die Antwort darauf wissen nur Sie.

Zum zweiten richtet der Spiegel Ihren Blick auch auf etwas, das Sie verändern können. (Haben Sie schon einmal bemerkt, wie wenig Wirkung Ihre Urteile auf andere hatten?) Und das bringt uns zu unserem ersten Quiz. (Ja, *Das 1 x 1 des Lebens* bietet Quizfragen, wie jede Fernsehshow, die etwas auf sich hält.)

Ständig »gute Ratschläge« für eine Welt bereitzuhalten, die sich gegenüber Ratschlägen aller Art größtenteils desinteressiert (mitunter sogar feindselig) verhält, ist:
A Zeitverschwendung

Was siehest du aber den
Splitter in deines Bruders Auge
und wirst nicht gewahr des
Balkens in deinem Auge?
Oder wie darfst du sagen zu
deinem Bruder: Halt, ich
will dir den Splitter aus deinem
Auge ziehen; und siehe,
ein Balken ist in deinem Auge,
Du Heuchler, zieh am ersten
den Balken aus
deinem Auge; darnach siehe
zu, wie du den Splitter
aus deines Bruders Auge ziehst.

MATTHÄUS 7, 3/5

B Verschwendung guter Ratschläge
C Dazu angetan, einem andere Menschen zu entfremden
D Dazu angetan, andere Menschen einem selbst zu entfremden
E Fördert Selbstgerechtigkeit beim Ratgeber
F Fördert Verärgerung beim Ratempfänger
G Alles Genannte trifft zu.

Raten Sie mal, wer all diese guten Ratschläge wirklich brauchen könnte. Als Antwort zitieren wir aus Michael Jacksons Schlager »Man in the Mirror«: »Wenn du die Welt verbessern willst, sieh dich selbst im Spiegel an.« Die ganzen guten Ratschläge, die Sie anderen gegeben haben (oder anderen geben würden, wären die nur klug genug, darum zu bitten), haben ausschließlich eine Adresse: Sie.

Und da Sie das einzige sind, das Sie wirklich verändern können, ist der einzige, der all diese guten Ratschläge nutzen kann, Sie selbst. Ist es nicht hervorragend, daß der Ratgeber und der beste Nutznießer der Ratschläge ein und dieselbe Person ist? (Hinweis: Wenn Sie jetzt denken: »Das muß ich So-und-so sagen. Er/Sie sollte sich ein paar seiner/ihrer eigenen Ratschläge zu Herzen nehmen«, denken Sie an den Spiegel. Vermutlich sind Sie es, der ein paar mehr von seinen eigenen Ratschlägen beherzigen sollte.)

Wir wiederholen uns: Manchmal müssen wir den Blickpunkt verändern und eine umfassendere Frage stellen, um zu erkennen, wie der Rat, den wir einem anderen geben, auf uns passen würde.

Wenn Sie So-und-so den Rat geben wollen, umsichtiger beim Geldausgeben zu sein, und fest überzeugt sind, diesen Rat selbst nicht nötig zu haben, weil Sie mit Ihrem Geld umsichtig genug umgehen, wobei müssen Sie dann umsichtiger sein? Wenn Sie Dem-und-dem raten, vielleicht ein bißchen mehr Sport zu treiben, Sie aber brav Ihre Kniebeugen machen, welcher Teil von Ihnen (mit Ausnahme Ihres Körpers) könnte dann ein paar zusätzliche Trainingsstunden nötig haben?

Wenn Sie in den Spiegel des Lebens schauen und dort all das erblicken, was in uns, nun ja, verbesserungsbedürftig ist, dann wird

Spiegel sollten ein bißchen reflektieren, bevor sie Bilder zurückwerfen.

JEAN COCTEAU

Ehrliche Kritik ist schwer zu ertragen – besonders von einem Verwandten, einem Freund, einem Bekannten oder einem Fremden.

FRANKLIN P. JONES

uns klar, daß wir ganz schön zu tun haben werden – das zu verändern, was wir ändern können, das Beste aus dem zu machen, was
nicht zu ändern ist, alles zu akzeptieren und zu verzeihen, wann
immer wir uns daran erinnern. (Wir wissen beispielsweise, daß wir
dieses Buch im Grunde für uns selbst schreiben, und falls Sie Lust
haben, uns über die Schulter zu sehen, wie wir aus unseren eigenen
»guten Ratschlägen« lernen, so sind Sie uns herzlich willkommen.)
    Wir erkennen auch, daß wir immer uns meinen, wenn wir zu
Schlägen gegen andere ausholen. In diesem Zusammenhang sind
Hiebe gegen andere ähnlich absurd wie Schläge gegen den Badezimmerspiegel, weil der etwas widerspiegelt, das uns nicht gefällt.
Wir können nur hoffen, daß wir bei unseren Hieben den Spiegel
nicht beschädigen – besonders, wenn der Spiegel ein anderer
Mensch ist. Könnte es sein, daß daher der Aberglaube kommt, es
bringe »sieben Jahre Pech«, wenn man einen Spiegel zerbricht?
    Bisher haben wir nur über die »dunkle« Seite des Spiegel-Kon-
zepts gesprochen. Es hat auch eine hellere. Badezimmerspiegel reflektieren auch das, was positiv an uns ist. Und das macht auch der
Spiegel des Lebens.
    Alle Menschen und Ereignisse, die Sie liebenswert, liebevoll,
zärtlich, hingebungsvoll, umsichtig, mitfühlend, schön, bewundernswert, attraktiv, großartig und herrlich finden, spiegeln das wi-
der, was an Ihnen liebenswert, liebevoll, zärtlich, hingebungsvoll,
umsichtig, mitfühlend, schön, bewundernswert, attraktiv, großartig
und herrlich ist.
    Die hellere Seite des Spiegel-Konzepts ist mitunter schwerer zu
akzeptieren als die dunklere. »Ich weiß, daß ich ungeduldig bin,
wenn ich einem anderen vorwerfe, ungeduldig zu sein«, könnten
Sie vielleicht zugeben. »Aber wenn ich die Erhabenheit eines Berges sehe – was hat das mit mir zu tun?« Alles. Auch diese prächtige
Erhabenheit ist in Ihnen.
    Im Berg ist sie sogar überhaupt nicht vorhanden. Alles am Berg
ist Stein und Fels. Und genau das ist einer der Gründe für das
Funktionieren des Spiegel-Konzepts. Fast immer projizieren wir
irgend etwas in fast alles hinein. Wenn das Projizierte dann zu uns

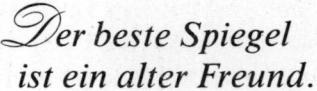

*Der beste Spiegel
ist ein alter Freund.*

GEORGE HERBERT
1651

zurückkehrt, können wir es als Spiegelbild sehen (was es ja auch ist), oder wir können so tun, als ginge es von der Sache aus, die in mir die Reflektion projiziert hat.

Die Illusion, das von uns Projizierte käme von der Sache, in die wir es projiziert haben, ist irreführend. Wir neigen dazu, uns an die Illusion zu verlieren, so wie wir den Hang dazu haben, uns den Illusionen der Bilder zu ergeben, die auf eine Filmleinwand projiziert werden. Sie sind nichtsdestotrotz eine Illusion, und die Quelle der Bilder auf der Leinwand ist der Projektor. Die Quelle dessen, was wir von uns und anderen Menschen halten, sind wir selbst.

Doch durch die Anwendung des Spiegel-Konzepts können wir anfangen, die eigentliche Quelle der Projektionen zu erkennen, die wir aussenden. Wir beginnen einzusehen, daß dieser oder jener im Grunde so schlimm nun wieder auch nicht ist. Wir haben sie oder ihn nur so gesehen. Oder wir stellen fest, daß andere gar nicht so wunderbar sind, wie wir angenommen haben. Wir haben lediglich unsere eigene »Wunderbarkeit« auf sie projiziert.

Je häufiger Sie es anwenden, desto überzeugter werden Sie vermutlich davon sein, daß das Spiegel-Konzept funktioniert. Vergessen Sie bitte nicht, daß es ein hochentwickeltes Hilfsmittel zum Lernen ist. Es gibt jedoch noch eine sehr viel weiter entwickelte Version. Man nennt sie Beziehungen.

*Was die inneren Stimmen
sagen, wird die hoffende Seele
nicht enttäuschen.*

FRIEDRICH VON SCHILLER
1797

*Ich danke dir für deine
Stimmen, dank dir für deine
süßesten Stimmen.*

WILLIAM SHAKESPEARE

Beziehungen

Die meisten Menschen suchen Beziehungen, um sich selbst zu entfliehen. Aber eifrige Lernende nicht! Wir nutzen alles für unsere Weiterentwicklung, unser Lernen, die Entfaltung unserer Persönlichkeit – auch Beziehungen. Eines der wichtigsten Dinge, die wir aus einer Beziehung lernen können, ist das, was uns eine Beziehung über uns selbst lehrt.

Beziehungen können die verblüffendsten Spiegel überhaupt sein. Einige sind wie die in den Spiegelkabinetten: Sie reflektieren zwar etwas, doch man kann annehmen, daß das verzerrt ist. Andere Beziehungen sind wie Vergrößerungs- oder Verkleinerungsspiegel: Sie lassen alles größer oder kleiner erscheinen, als es in Wahrheit ist.

Manche Beziehungen sind präzise Spiegel unserer dunklen Seiten, andere reflektieren nur die lichten Seiten. Das sind die Beziehungen, denen wir am liebsten entfliehen würden oder jene, die wir fest ins Herz schließen.

Den Begriff Beziehungen meinen wir im weitestgefaßten Sinn. Beziehungen werden in unserem Inneren geknüpft. Wir haben eine Beziehung zu allem, dem wir begegnen. Haben Sie nicht auch schon einmal ein Buch von einem Autoren gelesen, der den Staub dieser Erde längst von den Füßen geschüttelt hat, und doch eine Beziehung empfunden? Oder sich einer Filmfigur sehr verbunden gefühlt, obwohl Ihnen die ganze Zeit klar war, daß diese Person nie gelebt hat?

Was wir aus den Menschen (und Ereignissen) machen, zu denen wir in Beziehung treten, kann eins der wichtigsten Lernmittel im gesamten Angebot sein – besonders in Verbindung mit dem Spiegel-Konzept.

Wenn Sie das nächste Mal über einen anderen Menschen denken: »Ich verabscheue ihn«, dann fragen Sie sich: »Was hat dieser Mensch an sich, das mich an etwas erinnert, das ich an mir selbst

Die Stimme der Turteltaube
erhebt sich. Sie sagt:
Der Tag bricht an,
welchen Weg wirst du geh'n?
Laß ab, kleiner Vogel,
mußt du mich schelten?
Ich fand meinen Geliebten
auf seinem Bett
und mein Herz floß über.
LIEBESLIEDER AUS DEM NEUEN
REICH
1550–1080 v. Chr.

Ich werde mich weder dem
Gesang der Sirene ergeben
noch der Stimme der Hyäne.
Den Tränen des Krokodils
nicht und auch nicht dem
Heulen des Wolfs.
GEORGE CHAPMAN
1605

154

verabscheue?« Und das nächste Mal, wenn Sie über einen Mitmenschen denken: »Der gefällt mir«, dann sollten Sie sich fragen: »Was finde ich an mir besonders sympathisch, das dieser Mensch auch an sich hat?«

Die Antworten – und das Akzeptieren der Antworten – sind die Fundamente für positive, sinnvolle Beziehungen zu anderen, aber auch zu uns selbst.

*Mehr als zu irgendeinem
anderen Zeitpunkt
der Geschichte sieht sich
die Menschheit
heute an einem Kreuzweg.
Ein Weg führt in
Verzweiflung und äußerste
Hoffnungslosigkeit,
der andere in totale
Vernichtung. Wir wollen
hoffen, daß wir klug genug
sind, die richtige
Wahl zu treffen.*

WOODY ALLEN

Innere Stimmen

Es bedarf keiner besonderen inneren Hörfähigkeit, um zu wissen, daß es da viele Stimmen gibt: sprechende, singende, schreiende und flüsternde. Zu bestimmten Zeiten sind wir fast davon überzeugt, einen ganzen Chor in uns zu haben.

Einige dieser »Stimmen« sprechen, andere zeigen Bilder. Etliche drücken sich durch Gefühle aus, während andere uns das Gefühl vermitteln, einfach zu »wissen«. Wenn wir von »Stimmen« reden, schließen wir alle ein – auch die, die wir zu erwähnen vergessen haben.

Diese Stimmen haben Informationen für Sie – ausnahmslos nützliche. Einige können Sie nutzen, indem Sie ihnen gehorchen, andere können Sie nutzen, indem Sie genau das Gegenteil tun. Es ist Erfahrungssache, ob eine bestimmte Stimme auf Ihrer Seite ist oder nicht.

Woher Sie das erfahren sollen? Durch Zuhören. (Zuhören ist vielleicht nicht ganz treffend. Wahrnehmen ist vermutlich besser oder auch Einsicht gewinnen oder sich innerer Abläufe bewußt werden. Wir werden beim »Zuhören« bleiben, weil das dem Bild von den »Stimmen« mehr entspricht. Aber vergessen Sie nicht, daß wir auch immer Beobachten, Spüren, Wahrnehmen und Bewußtwerden meinen.)

Beginnen Sie mit dem Zuhören und achten Sie darauf, welche Stimme was sagt. Sie können ihnen Charaktere zuschreiben, wenn Sie das wollen. Hier sind vier unserer Favoriten:

Der Kritiker. Diese Stimme ist für uns ein Geier. Dauernd muß er auf etwas herumhacken. Nichts, was wir oder ein anderer tun, ist gut genug. (Bis auf die seltenen Ausnahmen, daß jemand etwas unbestreitbar Großartiges vollbringt. Dann sagt der Geier: »Nun, so etwas Glänzendes hast du noch nie fertiggebracht.«) Düsternis und Verderben umschweben den Geier. Er ernährt sich von der Minderwertigkeit, und seine Exkremente sind die Zweifel, Ängste

Nun, wenn du etwas zu tun
hast, Wallace,
dann will ich mich da nicht
einmischen.
Neulich habe ich in einem
Zeitungsartikel
gelesen, daß ein gewisses Maß
an Verantwortung
im Haushalt ein gutes
Charaktertraining
ist. Auf Wiedersehen, Mister
und Mrs. Cleaver.

EDDIE HASKELL

und Vorurteile, die uns davon abhalten, unseren Zielen näher zu kommen.

Der Lobliedsänger. Ihn sehen wir als Adler. Stolz teilt er uns alles das Prachtvolle über uns mit. Großzügig preist er Charakter, Leistungen und Aktivitäten anderer. Er ist derjenige, der uns sagt, daß wir auf jeden Fall wertvoll sind, daß dieser Wert nicht erst bewiesen, erworben oder verteidigt werden muß. Schon durch unser Sein sind wir wertvoll. Alles, was wir sind, haben und tun ist schlicht gut. Wohlwollen und Dankbarkeit fliegen ihm nach. Er nährt unser Sein.

Der Verhaltene. Er ist ein Truthahn und derjenige, der auf nahezu jede Frage antwortet: »Ich weiß nicht.« Der Truthahn ist es, der uns all die dummen Sachen tun läßt, die wir anstellen, dann aber sagt: »Verdammt! Ich habe es doch gewußt!« Wir mögen es gewußt haben. Aber dem Verhaltenen hat es niemand gesagt. Truthähne fliegen nicht. Läßt man sie bei Regen draußen, ertrinken sie. Sie haben nichts, für das es sich lohnte, am Erntedanktag dankbar zu sein.

Der Wissende. Der Wissende ist wie ein Ei. Ein Ei? Ja, in dem Sinn, in dem W. S. Gilbert sagte: »So unschuldig wie ein frischgelegtes Ei.« Das ist eine der Eigenschaften unseres Wissenden – stets und ständig neu, frisch und unschuldig. Wie erzählte Hans Christian Andersen? »Sein Abbild war nicht mehr die Spiegelung eines unbeholfenen, schmutzig-grauen Vogels, häßlich und anstößig. Es war ein Schwan! Es ist nicht entscheidend, auf einem Entenhof zur Welt gekommen zu sein. Entscheidend ist, daß man aus einem Schwanenei geschlüpft ist.« Unser Wissender weiß, wer wir sind, und kennt die Beschaffenheit des Vogels im Ei. (Ein Tip: Es ist kein Geier.) Er verfügt über ausreichend Eigenliebe, es sich in der Schwangerschaft warm und gemütlich zu machen. Er weiß, daß das Schlüpfen genau zum richtigen Moment erfolgen wird. Bis dahin ist er glücklich und himmlisch geduldig. Robert Burns schrieb über sein Ei: »Die Stimme der Natur ruft laut, und viele Botschaften kommen aus dem Himmel, daß etwas in uns nie sterben wird.«

Wenn es zu einer emotionalen
Verletzung gekommen ist, leitet
der Körper einen Prozeß ein,
der so natürlich ist wie das
Heilen einer physischen
Wunde. Wehren Sie sich nicht
gegen diesen Prozeß.
Erkennen Sie, daß der Schmerz
vergehen wird, und danach
werden Sie stärker, glücklicher,
sensibler und bewußter sein.

WIE MAN DEN VERLUST EINER
LIEBE ÜBERWINDET

Es ist besser, auf das zu hören, *was* die Stimmen sagen, als darauf, *wie* sie es sagen. Schon Lord Byron hat uns gemahnt: »In seines Köchers Vielfalt hat der Teufel keinen solchen Pfeil für das Herz wie eine süße Stimme.« Und Freud schrieb ein Jahrhundert später: »Die Stimme des Intellekts ist sanft, aber sie gibt keine Ruhe, bis sie sich Gehör verschafft hat. Letztlich, nach zahllosen Abweisungen, hat sie Erfolg. Das ist einer der wenigen Punkte, in denen man hinsichtlich der Zukunft des Menschen optimistisch sein kann.«

Falls all diese Vögel Sie ein bißchen überfordern, halten Sie sich vielleicht eher an die Metapher vom Einstellen eines Radios oder des Programmwechsels im Fernsehen. Sobald Sie Ihren Verstand einschalten, verfügen Sie über sichere, eindeutige und direkte Leitlinien. (Sie werden Ihnen vielleicht nicht immer folgen wollen, aber Sie werden wissen, daß sie trotzdem da sind.)

*In der dunkelsten Stunde wird
die Seele aufgetankt und
gestärkt, um ertragen und
weitermachen zu können.*

HEART WARRIOR CHOSA

Verantwortlichkeit

Wenn wir davon ausgehen, daß uns auf dieser Welt Dinge einfach zustoßen, sind wir ohnmächtige Steine in einem Glücksspiel. Uns bleibt nur die Hoffnung, der Abschluß möglichst vieler Versicherungen und der Einkauf von Notrationen für den Ernstfall.

Doch wenn wir zu erkennen beginnen, daß *wir* etwas damit zu tun haben, was uns geschieht, erlangen wir Autorität, Einfluß auf und Kontrolle über unser Leben. Wir begreifen, daß wir durch eine Veränderung unserer Einstellungen und Handlungen das ändern können, was uns zustößt.

Mit drei Worten: Wir werden verantwortlich.

Wenn Ihnen dann etwas geschieht, können Sie es erklären und werden höchstwahrscheinlich erkennen, daß Sie etwas damit zu tun haben, daß es passiert ist. Sie haben das entweder verursacht, gefördert oder – zumindest – zugelassen.

Wenn Sie nach Bereichen Ausschau halten, in denen Sie verantwortlich sein könnten, dann raten wir Ihnen, nicht gleich mit der größten Opferstory Ihres Lebens zu beginnen. Fangen Sie mit den Tücken und Fallstricken des Alltags an. Die Suche nach der Verantwortung ist wie sportliche Betätigung – versuchen Sie nicht, an den Marathon-Start zu gehen, nachdem Sie zwanzig Jahre im Sitzen verbracht haben.

Picken Sie sich ein einfaches Erlebnis heraus – das Verlegen Ihrer Schlüssel, die Tatsache, daß der Klempner Sie versetzt hat oder daß plötzlich Ihr Benzintank leer war – und erkunden Sie, auf welche Weise Sie etwas damit zu tun gehabt haben könnten, diese Situation zu verursachen, zu fördern oder zuzulassen, daß es dazu gekommen ist. Ein paar hilfreiche Hinweise:

1. **Gehen Sie chronologisch vor.** Wir beginnen unsere »Opferstories« gern an dem Punkt, an dem sie akut wurden, als das Kind also bereits in den Brunnen gefallen war. Wenn Sie aber an einem früheren Punkt einsetzen, werden Sie feststellen, daß Sie sich ganz fest

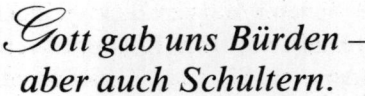

Gott gab uns Bürden –
aber auch Schultern.

JÜDISCHES SPRICHWORT

vorgenommen hatten, Ihre Schlüssel immer an einen bestimmten Platz zu legen, das jedoch nicht getan haben; daß der Klempner nicht gerade für seine Verläßlichkeit berühmt war oder Ihr Auto bereits so lange auf Reserve lief, daß Sie schon annahmen, es fahre mit Sonnenenergie.

2. **Was wollten Sie nicht wissen?** Welche intuitiven Einfälle wurden von Ihnen ignoriert? »Ich sollte mir einen Satz Reserveschlüssel anfertigen lassen« – als Sie vor einem Monat bei einem Schlüsseldienst vorbeikamen? »Dieser Bursche kommt doch nie und nimmer«, als Sie den Termin mit dem Klempner vereinbarten? »Ich sollte endlich tanken«, als Sie nach Aufleuchten der roten Warnanzeige an der fünfunddreißigsten Tankstelle vorbeikamen? Wir alle wissen wesentlich mehr, als wir vorgeben zu wissen.

Hierhin paßt ein ausgezeichnetes Wort, dem ein schlechter Beigeschmack anhaftet: Verantwortlichkeit. Verantwortlich zu sein heißt nichts anderes, als für etwas geradezustehen. Die meisten Menschen benutzen diesen Begriff jedoch dann, wenn es darum geht, anderen Schuld zuzuweisen. »Wer ist dafür verantwortlich?« heißt nichts anderes als: »Wem kann ich das in die Schuhe schieben?«

Wir können in jeder Situation reagieren (Ver-antworten), und unsere Reaktion wird die Lage entweder verbessern oder verschlechtern. Wird sie dadurch schlimmer, haben wir erneut die Möglichkeit zum Reagieren. Und immer wieder. Und wenn wir unsere Reaktionsfähigkeit üben und die Ergebnisse genau analysieren, können wir – wenn wir wollen – nahezu jede Lage verbessern.

Eine Fähigkeit haben wir jedoch immer: unsere *innere* Reaktion auf äußere Vorgänge. Auch wenn um uns die Welt in Trümmer geht, brauchen wir deshalb noch längst nicht innerlich zusammenzubrechen. Vergessen Sie nicht: Es ist in Ordnung, sich wohl zu fühlen, wenn die Dinge schieflaufen. (Kapitel »Im Griff haben . . .«)

Wahre Verantwortlichkeit hat drei Teile: Erstens das Eingeständnis, daß Sie etwas mit den Geschehnissen zu tun haben. Auch

*Ich will den Käse gar nicht,
ich will nur aus der Falle
heraus.*

SPANISCHES SPRICHWORT

wenn Sie sich nicht sicher sind, auf welche Weise Sie damit zu tun haben könnten, fragen Sie sich: »Wenn ich das verursacht, gefördert oder zugelassen habe – auf welche Weise könnte das sein?« Die Antwort könnte Sie überraschen.

Erkunden Sie zweitens Ihre Möglichkeiten zur Reaktion. Werden Sie reaktions-fähig.

Nehmen Sie drittens Korrekturen vor. Je größer sich Ihre Verantwortlichkeit bei Punkt eins erwiesen hat, desto mehr korrigierende Aktionen werden Sie unter Umständen vornehmen müssen. Andererseits könnten Ihre Korrekturbemühungen Sie auch entlasten, um anderen Aufgaben zuzuweisen, die verantwortlicher sind als Sie. Um Ihnen ein Beispiel zu geben: Wenn Sie ein Glas Milch umgestoßen haben, wischen Sie die Milch auf. Wenn ein Milchlaster auf der Fernstraße seinen Tankinhalt verloren hat, machen Sie, daß Sie von der Straße kommen.

Und vergessen Sie bitte nicht: Sie verursachen, fördern oder gestatten auch all die guten Dinge, die Ihnen passieren.

*Es ist nicht nötig, dein Zimmer
zu verlassen. Bleib an deinem
Tisch sitzen und lausche.
Lausche nicht einmal, warte.
Warte nicht einmal, verhalte
dich still und einsam.
Die Welt wird sich dir offen
darbieten, um ihr wahres
Gesicht zu zeigen; es bleibt ihr
keine Wahl, sie wird verzückt
vor deine Füße rollen.*

FRANZ KAFKA

Keine Angst vor Traurigkeit

Das Leben besteht aus Abschieden. Im Lauf der Zeit müssen wir von geliebten Menschen, Dingen und Vorstellungen Abschied nehmen. Und schließlich verabschieden wir uns mit dem Tod vom Leben selbst. Gestatten Sie es sich, jeden Verlust zu beklagen. Wie bei einer körperlichen Wunde verfügt der Körper über einen Plan für die Genesung. Er wird Ihnen sagen, wann der Verlust verschmerzt ist.

Dieser Prozeß der Heilung einer emotionalen Wunde ist wertvoll – nicht unbedingt als Methode, um den Heilungsablauf zu beschleunigen – sondern eher als Versicherung, daß – ganz gleich, in welchem Stadium der Rekonvaleszenz Sie sich auch befinden – alles in Ordnung ist.

Es gibt drei unterschiedliche und doch überlappende Phasen der Wiederherstellung. Ganz unabhängig von der Qualität des Verlustes müssen wir alle drei Stadien durchlaufen. Die einzigen Unterschiede sind die Intensität der Empfindung und die Dauer. Bei einem kleineren Verlust können wir alle drei Phasen innerhalb von wenigen Minuten hinter uns bringen. Bei schwerwiegenderen Ereignissen kann der Heilungsprozeß Jahre dauern.

Das erste Stadium ist *Schock* und *Ablehnung*. Unsere Gefühle betäuben sich, um den Schmerz nicht zu empfinden. Der Geist leugnet den Verlust. Eine unserer häufigsten Spontanäußerungen, nachdem wir von einem Verlust erfahren haben, ist »O nein!« oder »Das kann nicht sein!«

Das zweite Stadium ist *Zorn* und *Depression*. Wir sind wütend auf den- oder dasjenige, was den Verlust verursacht hat (auch auf den Menschen, der uns verlassen hat). Oft richten wir unseren Zorn nach innen und haben Schuldgefühle über etwas, was wir getan oder unterlassen haben. (Diese Schuldzuweisung, sowohl innerlich wie äußerlich, ist nicht immer rational.) Die Depressionsphase des Heilungsprozesses ist die Trauer, die häufig mit dem

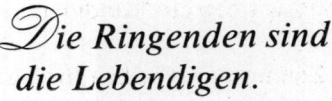

*Die Ringenden sind
die Lebendigen.*

GERHART HAUPTMANN

Verlust verbunden ist: Tränen, Schmerz, Verzweiflung. Wir befürchten, nie wieder lieben zu können oder nie wieder geliebt zu werden.

Die dritte Phase ist *Einsicht* und *Akzeptieren*. Wir sehen ein, daß das Leben weitergeht, daß Verlust ein Bestandteil des Lebens ist, daß unser Leben auch ohne das Verlorene wieder »vollkommen« sein kann und wird. Wir begreifen auch, daß wir beim Durchlaufen der ersten beiden Phasen der Gesundung viel über uns selbst gelernt haben, daß wir bessere Kandidaten für Experimente geworden sind.

Wenn wir uns nicht die Zeit und die Freiheit für den Heilungsprozeß nehmen, wird etwas von unserer Fähigkeit, das Leben zu erfahren, eingefroren (weggeschlossen) und unerreichbar für das, was wir doch offenbar so sehr erstreben: Glück, Zufriedenheit, Liebe, Frieden. Der Mechanismus, der Zorn und Depression empfindet, ist derselbe, der Frieden und Liebe fühlt. Wenn Sie sich gegen den Zorn und den Schmerz eines Verlustes wehren, werden Sie auch kaum in der Lage sein, etwas anderes zu empfinden, bevor dieser Bereich geheilt ist.

Früher haben wir den Schmerz über einen Verlust unter Umständen durch übermäßige Arbeit, Drogen (einschließlich Alkohol und Zigaretten) und andere suchterzeugende Aktivitäten sowie reine Willensstärke geleugnet. (»Ich will darüber nicht mehr trauern!« Wenn das so ist, kann es Bereiche früherer Verluste geben, die ungeheilt bleiben.)

Wenn Sie sich aber öffnen und bereit sind, mehr über sich selbst zu erfahren und zu lernen, dann können diese Bereiche »auftauen« und Trauer, Angst und Zorn an die Oberfläche bringen. Dann bringen Sie genügend Eigenliebe auf, sich endlich dem Heilungsprozeß zu unterwerfen, den Sie sich zuvor nicht gestattet haben. Sie brauchen nicht unbedingt zu erkennen, welcher Verlust das nun eigentlich war – es kann durchaus eine Kombination von mehreren sein, die Sie im Lauf der Jahre erlitten haben –, Sie müssen nur zulassen, daß Sie gesunden.

Mit anderen Worten: Stehen Sie sich nicht selbst im Weg. Füh-

Ich höre, daß du dein Haus
inmitten der Wüste baust.
Lebst du jetzt für nichts?
Ich hoffe, du machst
wenigstens ein paar Notizen.

LEONARD COHEN

len Sie sich schlecht, wenn Sie sich schlecht fühlen wollen. Empfinden Sie aber auch Freude. Der Heilungsprozeß setzt ein. Ein bisher unzugänglicher Bereich Ihrer Empfindungen wird für künftige Freuden wiederhergestellt.

Mitunter kann ein aktueller Verlust einen früheren, noch nicht ausgeheilten Verlust in Erinnerung bringen. Wenn Sie sich beispielsweise fragen: »Warum rege ich mich derart über eine Zurückweisung eines Menschen auf, den ich gerade erst kennengelernt habe?« könnte es durchaus sein, daß gerade die Heilung des Auseinanderbrechens einer früheren Beziehung – die Ihnen wesentlich mehr bedeutet hat – stattfindet.

Wie Sie den Gesundungsprozeß unterstützen können? Wenden Sie alle in diesem Buch genannten Methoden an. Die meisten Techniken zur Weiterentwicklung, zum Lernen sind für Heilung und Rekonvaleszenz hervorragend geeignet.

Entscheidend ist: Nutzen Sie Ihre Erkenntnisse, entwickeln Sie Eigenliebe, verzeihen Sie sich und allen Beteiligten (all das wird ausführlich in den folgenden Kapiteln erörtert), und akzeptieren Sie, was ist.

Kleine Taten, die man ausführt, sind besser als große, die man plant.

GEORGE MARSHALL

Lernen Sie loszulassen

Wie kann man Verluste von vornherein vermeiden? Im Gegensatz zur gängigen Annahme verursachen Beziehungen keine Verluste – Beziehungen sind positive Erfahrungen. Es ist das Ende von Beziehungen, das Schmerzen bringt. Lernen Sie loszulassen.

Einige meinen, um Verluste zu umgehen, dürfe man keinerlei Bindungen eingehen. Meist verweisen sie dann auf das Beispiel einer Hand im Wasser. Wenn eine Hand aus dem Wasser gezogen wird, hinterläßt sie keinerlei Spuren. Die Leute meinen, die Hand hinterlasse keine Spuren, weil das Wasser mit der Hand keine Bindung eingegangen sei.

Ganz im Gegenteil. Während sich die Hand im Wasser befindet, ist das Wasser mit der Hand sehr verbunden. Es umgibt sie, umhüllt sie, umspült sie. Gestatten Sie es sich, das Leben so umfassend zu erfahren, wie das Wasser die Hand »erlebt«, und dann lassen Sie so vollständig los wie das Wasser.

Ja, das Wasser hinterläßt an der Hand ein bißchen von sich, so wie auch wir etwas von uns bei den Menschen und Dingen hinterlassen, mit denen wir in Berührung kommen. Aber lassen Sie, wenn die Zeit gekommen ist, los.

Die Hand kann das Wasser nicht mehr halten als das Wasser die Hand. Sobald jemand gehen *möchte*, ist da keine Bindung mehr, weil es keine andere Bindung geben kann als den gemeinsamen Wunsch zusammen zu sein. Hand und Wasser akzeptieren die Unausweichlichkeit und nehmen eine »saubere« Trennung vor.

Ein Buchtitel über Kindererziehung hat uns schon immer besonders gut gefallen: »Sei ihnen sehr nahe und laß sie geh'n.« Das halten wir für einen guten Rat für alle möglichen Erfahrungen: »Sei ihnen sehr nahe und laß sie geh'n.«

Woher wissen Sie, wann es Zeit ist, ihnen sehr nahe zu sein? Wenn sie vor Ihnen stehen (oft buchstäblich), wenn irgendein aktuelles Ereignis Ihr Bewußtsein beschäftigt. Wann ist es Zeit, loszu-

175

*Ich werde Licht machen, und
dann sind wir zwei Menschen
in einem Raum, die sich fragen,
warum sie sich bloß in der
Dunkelheit gefürchtet haben.*

GALE WILHELM

lassen? Wenn Sie auf dem Weg zur Tür sind, oder Sie sich im Aufbruch befinden.

Sagen Sie Lebewohl, lassen Sie los und wenden Sie sich neuen Dingen zu.

*Das Unerwartete zu erwarten
beweist einen durchaus
modernen Intellekt.*

OSCAR WILDE

Beobachtung

Ein paar Kapitel zuvor haben wir davon gesprochen, Körper, Geist und Gefühle »in den Griff zu bekommen«. Unter Umständen haben Sie sich gefragt, wie Sie das anstellen sollen. Eine Methode ist die Beobachtung.

Sie können die Beobachtung als meditatives Akzeptieren betrachten. Sie sitzen einfach da und akzeptieren all das, was innerlich wie äußerlich abläuft. Beachten Sie: Der nahezu einzige Zeitpunkt, an dem Sie auf etwas reagieren wollen, das äußerlich abläuft, ist der, an dem *in* Ihnen etwas danach verlangt.

Was ist dieses innere Verlangen? Wer ist diese Stimme (oder die Stimmen), die darauf beharrt, daß Sie dies tun oder vor dem davonlaufen? Warum gehorchen Sie dieser Stimme mitunter so automatisch (vielleicht sogar unbewußt)? Die Antworten auf diese Fragen sind unterschiedlich. Sie gründen sich auf Beobachtung.

Um beobachten zu können, brauchen Sie gar nichts zu tun. Achten Sie einfach auf das, was in Ihnen abläuft. Die Stimmen können unter Umständen zu einem Crescendo anschwellen. Machen Sie gar nichts, beobachten Sie einfach weiter.

Anfangs wird die Beobachtung am besten allein praktiziert. Stellen Sie sich einen Wecker auf einen bestimmten Zeitraum ein (beginnen Sie beispielsweise mit fünf Minuten und steigern Sie dann). Setzen Sie sich bequem hin, schließen Sie die Augen und sagen Sie sich: »Ich werde mich keinen Zentimeter rühren, bevor der Wecker klingelt.« Dann beobachten Sie.

Die inneren Stimmen können leise beginnen, aber wenn sie sich »ignoriert« fühlen, haben sie die Neigung, sehr viel lauter zu werden. Eine wird vielleicht verlangen, daß Sie sich bewegen. Tun Sie das nicht. Beobachten Sie die Stimme, die von Ihnen Bewegung verlangt. Eine andere wird vielleicht verlangen, daß Sie sich kratzen, weil irgend etwas juckt. Tun Sie es nicht. Beobachten Sie das Jucken, beobachten Sie Ihre gefühlsmäßige Reaktion darauf, daß

179

$\mathscr{D}$er Mensch ist sein eigener
Stern.
Und die Seele, die einen
aufrechten und vollkommenen
Menschen hervorbringt, birgt
Wissen, Einfluß und Schicksal
in sich.

JOHN FLETCHER
1647

Sie sich nicht kratzen. (»Es ist mein Körper. Ich kratze mich, wann ich will!«) Beobachten Sie einfach alles. Falls das Telefon klingelt, beobachten Sie das Bedürfnis, den Hörer abzunehmen. Gehen Sie nicht an den Apparat. Beobachten Sie. Beobachten Sie Ihre innere Reaktion auf ein Klingeln von außen.

Das liest sich so leicht. Die inneren Stimmen, die nicht gern das Sagen verlieren, betonen an diesem Punkt häufig: »Das ist doch kein Problem für uns. Wir brauchen das nicht zu tun.« Versuchen Sie es und sehen Sie, was geschieht.

Zunächst steigern wir den Zeitraum, in dem wir sitzend beobachten, doch dann können wir auch beobachten, während wir uns bewegen.

Höchste Zeit für ein neues Quiz:

Durch Beobachtung erkennen wir
A Unsere innerlichen Reaktionen auf äußere Erlebnisse
B Daß es unsere Reaktion auf Ereignisse um uns herum ist, die uns motiviert, nicht diese Ereignisse
C Die Forderungen, die die Stimmen in uns stellen
D Daß wir mit den oder gegen die Stimmen nichts unternehmen müssen
E Daß wir gegen die meisten äußerlichen Ereignisse nichts zu unternehmen brauchen
F Alles oben Genannte.

Beobachtung führt uns zu einem Punkt der Neutralität: Wir brauchen weder positiv noch negativ auf irgend etwas zu reagieren. Wir brauchen einfach nur zu »sein«.

Neutralität ist weder intransitiv noch der Leerlauf eines Motors. Wir *können* den Gang einlegen und vorankommen. Wenn wir jedoch nicht – fast reflexiv – auf dies, das und alles reagieren, werden unsere Aktionen effektiver sein. Wir können eine innere Gelassenheit bewahren und doch dynamisch involviert sein.

Durch Beobachtung stellen wir fest, daß es nicht der Druck auf den Knopf ist, sondern unsere Reaktion auf den Knopfdruck, die

Sieh vor dir goldene Tage,
voll von herrlichen Taten,
Tage, in denen Freude
und Liebe triumphieren.

JOHN MILTON
1667

unser Handeln beeinflußt. Durch absichtliches Nicht-Reagieren und das Beobachten des Knopfdrückens und unserer Reaktion löst sich die Verbindung zwischen Drücken und Reagieren schließlich auf. (Methoden, wie der Knopf mit der Reaktion gekoppelt werden kann, die Sie wünschen, werden wir in Teil vier und Teil fünf erörtern.)

Sehen Sie die Beobachtung als offensichtlichen »Dienst an sich selbst« an und die Neutralität als einen »neuen Weg« zu Freiheit, Lust und Abenteuer.

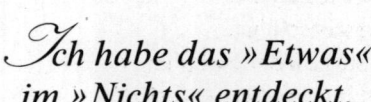

*Ich habe das »Etwas«
im »Nichts« entdeckt.*

BARBRA STREISAND

Halten Sie Ihre Fortschritte fest

Notieren Sie auf irgendeine Weise

* Die Lektionen, die Sie gelernt haben
* Die positiven Dinge, die Sie tun
* Das Gute, das Ihnen widerfährt
* Die Einsichten, die Sie gewonnen haben
* Und alles, das Ihnen interessant erscheint.

Die klassische Methode, solche Dinge aufzuzeichnen, ist natürlich ein Tagebuch. (»Führe ein Tagebuch, und eines Tages wird es dich führen.« Mae West) Es muß jedoch nicht so formvollendet sein. Sie können sich auch eine Schachtel anschaffen, in die Sie Notizen, Briefe und datierte Mitteilungen an sich selbst werfen.

In unserem elektronischen Zeitalter können Sie Ihre Daten auch in Ihren Computer eingeben. Mit Hilfe Ihres Textverarbeiters können Sie Abschriften Ihrer besten Briefe, Gedichte und so weiter in Ihr Tagebuch-Programm aufnehmen und das Beste aus Ihrem elektronischen Tagebuch in Ihre Briefe, Manuskripte und ähnliches übernehmen.

Sie können ein Tonbandgerät nehmen, um abends »Bericht zu erstatten«, oder einen Recorder mit sich herumtragen, um die Dinge aufzunehmen, »wenn sie geschehen«.

Sie können es aber auch mit einem Video-Journal versuchen. Setzen Sie sich jeden Tag vor eine Videokamera und sprechen Sie über die vergangenen vierundzwanzig Stunden, oder machen Sie eine Tonaufnahme, während die Kamera die Denkwürdigkeiten des Tages aufnimmt.

Der springende Punkt ist hier wie bei allen unseren Vorschlägen (und im Leben an sich): Flexibilität und Spaß.

Der zweite springende Punkt: Bleiben Sie bei dem einmal gewählten Vorgehen. Starten Sie kein Mammutunternehmen, das Sie

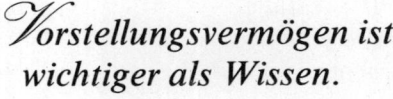

*Vorstellungsvermögen ist
wichtiger als Wissen.*

ALBERT EINSTEIN

nach ein paar Tagen aufgeben müssen (selbstverständlich mit der Absicht, es sobald wie möglich wieder aufzunehmen). Vorerst könnten Sie damit beginnen, am Rand dieses Buches Notizen zu machen, während Sie es lesen.

Der Arzt kann seinen Fehler begraben, aber der Architekt kann seinem Klienten nur empfehlen, Reben anzubauen.

FRANK LLOYD WRIGHT
1869–1959

Erleuchtung

Wenn wir Erleuchtung sagen, dann meinen wir diese unsichtbare Kraft, die auf menschliche Interaktion reagiert.

Es könnte auch das geheimnisvolle Etwas sein, das den Wissenschaftlern subatomare Materie als Quarks erscheinen läßt, obwohl sie Partikel erwarten und als Wellen jenen, die Wellen erwarten.

Es könnte die Kraft im Mittelpunkt fast aller religiösen und geistigen Bestrebungen sein. (Um dieses Phänomen zu beschreiben, wird oft die Bezeichnung »Licht« gewählt.)

Wir wollen hier keine Partei beziehen – so etwas gehört in Die Nische. Wir haben jedoch festgestellt, daß – aus welchem Grund auch immer – das Licht wirkungsvoll einzusetzen ist. Warum es funktioniert, ist nicht das Thema dieses Kapitels. Dieser Buchabschnitt befaßt sich damit, *daß* es wirkt, sowie damit – noch wichtiger! –, wie es zum Funktionieren gebracht werden kann.

Wenn Sie das Licht schon einmal eingesetzt haben, dann wissen Sie, daß es wirkt. Aber wenn Sie das Licht noch nie eingesetzt haben, dann betrachten Sie dieses Kapitel als den Parameter eines Experiments. Bitte versuchen Sie gar nicht erst, an die Wirksamkeit dieses Hilfsmittels zu glauben oder nicht zu glauben. Probieren Sie es aus, und warten Sie ab, was geschieht.

Die Anwendung des Lichtes ist sehr einfach. Sie bitten darum, daß das Licht (Sie können es sich als klares, weißes Licht vorstellen) zum größten Nutzen aller Betroffenen geschickt wird. Das war's schon. So setzt man das Licht ein.

Natürlich kann Licht nicht »geschickt« werden – es ist immer und überall da. Im gewissen Sinn ist es ähnlich absurd, Licht zu schicken, als würde man Luft »schicken«. (Allerdings erinnern wir daran, daß man in Israel – »Luft aus dem Heiligen Land« – und Berlin – »Eine Tüte Luft aus Berlin« – kaufen und nach Hause schicken kann.) Wir bitten darum, daß Licht, das bereits da (oder hier) ist, zum größten Nutzen wirkt.

*Wenn du Luftschlösser gebaut
hast, ist deine Arbeit nicht
vergeudet;
sie sind am richtigen Ort.
Und jetzt gib ihnen
Fundamente.*

HENRY DAVID THOREAU

Woher wissen wir, daß das Licht »gewirkt« hat? Manchmal verändert sich unsere Situation, manchmal unsere Einstellung, aber mitunter auch beides.

Die Dinge müssen sich nicht unbedingt so verändern, wie wir uns das wünschen. Das Licht ist kein Lakai. Es wird nicht tun, was Sie auf Kosten anderer – oder Ihre eigenen – fordern. Oscar Wilde hat gesagt: »Wenn die Götter uns strafen wollen, erhören sie unsere Gebete.« Alle Wünsche erfüllt zu bekommen kann ein Fluch sein.

Und hier kommt der »größte Nutzen« ins Spiel. Wir wissen durchaus nicht immer, was der größte Nutzen ist. (Auch wenn wir häufig annehmen, es zu wissen oder zu spüren – aber haben sich unser Wissen und unsere Gefühle in der Vergangenheit nicht häufig als irrig herausgestellt?) Daher schlagen wir vor, daß Sie jedesmal, wenn Sie das Licht anwenden wollen, »zum größten Nutzen aller Betroffenen« hinzufügen. Der »größte Nutzen« ist eine Sicherheitsklausel. Wir wollen nicht zum Zauberlehrling unseres Lebens werden.

Die Anwendung des Lichtes bedarf keines ausgefeilten Rituals, keines besonderen Vorgehens. Es nimmt nahezu keine Zeit in Anspruch. Sie können sich auf wenige Worte der Ansprache beschränken. Und wenn Sie sich Sorgen über etwas oder jemanden machen, dann fügen Sie der Ansprache diese Sorgen hinzu und belassen es dabei. Dann können Sie, wenn Sie wollen, darangehen, die Situation zu verbessern. Wenn Sie das aber nicht wollen, dann können Sie sich auch auf die Ansprache des Lichtes beschränken. Sie haben getan, was Sie tun konnten. Und das ist eine ganze Menge, wie Sie vielleicht feststellen werden.

In welchen Situationen Ihnen das Licht von Nutzen sein kann? In welchen Situationen ist Ihnen Luft nützlich? Wir jedenfalls können uns keine Situation vorstellen, in der Ihnen das Licht keine Hilfe sein könnte. Vor dem Einschlafen bitten manche Menschen darum, daß sie von diesem Licht umgeben, erfüllt, beschützt, gesegnet und geheilt werden: zum größten Nutzen aller Betroffenen. Und wenn sie dann erwachen, bitten sie darum, daß das Licht wie-

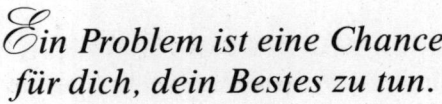

*Ein Problem ist eine Chance
für dich, dein Bestes zu tun.*

DUKE ELLINGTON

der bei ihnen ist, daß es jeden ihrer Schritte zu einem guten Ende führt.

Der »Gebrauch« des Lichtes ist nicht mehr Religion als das Atmen. Menschen, die es zum ausschließlichen Bestandteil ihrer Doktrin erklären, könnten genausogut behaupten, daß sich lediglich ihre Anhänger an den Vorzügen der Luft erfreuen dürfen. Das Licht kann als Ergänzung und Bereicherung genutzt werden, ganz gleich, auf welchem religiösen oder geistigen Weg Sie sich gerade befinden oder in Zukunft befinden könnten. Es kann jedoch auch auf eine rein säkulare Weise angewendet werden.

Schließlich ist der Gebrauch des Lichtes ebenso automatisch wie das Atmen.

*Soll ich einen dieser alten
Witze reißen, Meister, bei
denen das Publikum immer
lacht?*

ARISTOPHANES
405 v. Chr.

Veranschaulichung

In gewissem Sinne ist es bedauerlich, daß der Begriff Veranschaulichung fast ausschließlich im Zusammenhang mit der Imagination benutzt wird. Das Wort kommt natürlich von schauen, sehen. Die Menschen versuchen einen oder zwei Augenblicke lang, sich etwas zu veranschaulichen, erklären, sie hätten nichts *gesehen* und geben auf. Hören sie von den Wundern der Veranschaulichung, nehmen sie an, das sei nun wieder so etwas, das anderen geschehen sei, ihnen aber nicht.

Und tatsächlich *sehen* viele Menschen nie etwas. Anderen erscheinen verschwommene Bilder. Einige haben ein »Gespür« für die Dinge. Und wieder andere »hören« die Bilder. Nur sehr wenige sehen wirklich die klaren eindeutigen Technicolor-Bilder, von denen wir leicht annehmen, daß sie (bis auf uns) fast alle sehen.

Wir alle »veranschaulichen«. Verlangt man von uns, einen Kreis zu ziehen, dann können wir es. Ein Kreis ist eine visuelle Sache. Man muß ihn sich irgendwie vorstellen. Und so, wie Sie den Kreis in Ihrer Phantasie »sehen«, so sehen Sie während einer Veranschaulichung.

Wissen Sie nicht mehr, wie Sie den Kreis *gesehen* haben? Versuchen Sie es mit einem Dreieck. Wie wäre es mit einem Quadrat? »Es ist einfach da«, könnten Sie uns sagen, oder: »Es dauert eine Weile, aber dann taucht es vor meinem inneren Auge auf.« Na prächtig.

Jetzt etwas Anspruchsvolleres. Denken Sie an den Eiffelturm, die Freiheitsstatue. Den Mond. Eine Orange. Eine Zitrone. Einen See. Eine Rose. Welche Farbe hat die Rose? Ist es eine tiefrote Rose oder eine gelbe? Manche Menschen erhalten sofort ein »Bild«, bei anderen dauert das jedesmal bis zu fünf Sekunden. (Und fünf Sekunden können eine sehr lange Zeit sein.) Aber wie auch immer: Es kommt – als Gefühl, Gespür, verbale Beschreibung oder Bild. Und so veranschaulichen Sie.

195

*Erfahrung ist der Name,
den jeder seinen Irrtümern gibt.*

OSCAR WILDE

*Fehler sind die Pforten
zur Erkenntnis.*

JAMES JOYCE

Die meisten von uns glauben fest und hartnäckig an einge*bild*ete Lügen. Wir haben eine Vorstellung unserer Minderwertigkeit, und die bringt einen Fehlschlag nach dem anderen hervor. Die Minderwertigkeit ist eine Lüge, aber die projizierten Fehlschläge können wahr werden: Das, auf das wir uns konzentrieren, können wir werden.

Doch mit der Veranschaulichung beginnen Sie, sich visuelle Wahrheiten zu sagen.

*Strebe nach Erfolg, nicht nach
Vollkommenheit.
Gib nie dein Recht auf Irrtum
auf, da du sonst
die Fähigkeit verlierst, Neues
zu lernen und
dich weiterzuentwickeln.
Bedenke, daß hinter
dem Perfektionismus die Angst
lauert. Dich deinen
Ängsten zu stellen und dir das
Recht einzuräumen,
menschlich zu sein, kann dich
paradoxerweise
zu einem weitaus glücklicheren
und leistungsfähigeren
Menschen machen.*

DR. DAVID M. BURNS

Die Zufluchtsstätte

Die Zufluchtsstätte ist ein innerer Schlupfwinkel, den Sie sich in Ihrer Phantasie veranschaulichen. In ihr können Sie die Wahrheit über sich erfahren und an ihrer Festigkeit arbeiten.

Wir nennen das Zufluchtsstätte. Andere bezeichnen es als Werkstätte oder einen inneren Unterrichtsraum. Sie können den »Ort«, an den Sie sich begeben, um in Harmonie und Ruhe Ihre Lektionen zu lernen, nennen wie Sie wollen: Asyl, Hafen, Oase, Hort. Wir nennen ihn Zufluchtsstätte.

Es gibt absolut keine Beschränkungen für Ihre Zufluchtsstätte, auch wenn es ein ganz guter Einfall sein könnte, ein paar Grenzen zu setzen. Auf diese Weise ist die Zufluchtsstätte ein Übergang von den Beschränkungen unserer physischen Existenz und der Grenzenlosigkeit.

Die Zufluchtsstätte kann jede Größe, Form oder Dimension haben, die Ihnen gefällt – groß und raffiniert, klein und gemütlich. Sie kann sich überall befinden – im Weltraum, auf dem Gipfel eines Berges, am Meer, in einem Tal. (Wenn Sie wollen, können Sie das alles natürlich auch kombinieren.) Das Schöne an einer Zufluchtsstätte: Sie können sie jederzeit verändern oder verlegen.

In der Zufluchtsstätte kann alles enthalten sein, was Sie sich wünschen. Wir werden hier ein paar Dinge vorschlagen; betrachten Sie sie aber nur als einen Beginn Ihrer Einrichtungsliste. Bevor wir unsere Planungstips geben (Sie können uns durchaus als Innenarchitekten bezeichnen, mit der Betonung auf »Innen-«), werden wir Methoden ansprechen, mit denen Sie Ihre Zufluchtsstätte vielleicht errichten wollen.

Manche Leute werden sie sich einfach bei der Lektüre der Vorschläge aufbauen: Wenn Sie sie lesen, ist sie da. Andere werden sich die Informationen holen, dann ein bißchen Musik auflegen, die Augen schließen und mit der Konstruktion beginnen. Wieder andere machen unter Umständen daraus einen *aktiven* Prozeß.

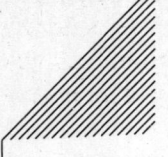

Ich hasse Zitate.

RALPH WALDO EMERSON

Mit geschlossenen Augen (aber Vorsicht, daß Sie nicht gegen allzu viele Möbel stoßen!) vollziehen sie physisch nach, wie jeder Bereich der Zufluchtsstätte aussehen wird. Selbstverständlich sind alle Variationen (und jede beliebige Kombination) völlig in Ordnung.

Beim Lesen unserer Vorschläge werden Ihnen sicherlich Ideen für Ergänzungen oder Veränderungen kommen. Machen Sie sich Notizen, oder beziehen Sie sie gleich in die Konstruktion mit ein. Haben wir Ihnen schon vermittelt, daß es *Ihre* Zufluchtsstätte ist? Okay, lassen Sie uns loslegen.

Eingang. Das ist eine Tür oder irgendeine andere Vorrichtung, die nur auf Sie reagiert und ausschließlich Sie einläßt. (Wir werden gleich darüber reden, wie Sie anderen Zutritt zu Ihrer Zufluchtsstätte gewähren können.)

Hauptraum. Wie das Wohnzimmer eines Hauses oder die Halle eines Hotels ist dies der zentrale Bereich. Von hier aus gelangt man in viele Richtungen und kann vieles erkunden.

Beförderungsmittel. Das ist die Vorrichtung, die andere in Ihre Zufluchtsstätte hinein- und wieder herausbringt. Niemand kommt ohne Ihre ausdrückliche Erlaubnis und Einladung hinein. Sie können sich für einen Fahrstuhl entscheiden, ein Förderband, einen »Strahl« aus einem Weltraumfilm oder irgendein anderes Beförderungsmittel. Lassen Sie am Eingang Ihres Beförderungsmittels ein weißes Licht aufstrahlen, so daß die Menschen, die Ihre Zufluchtsstätte betreten oder verlassen, von diesem Licht umgeben, erfüllt, geschützt und geheilt werden, daß also nur das geschieht, was Ihrem größten Nutzen dient und dem aller Beteiligten.

Informationszentrale. Hier erhalten Sie alle möglichen Informationen – vorausgesetzt natürlich, es dient Ihrem größten Nutzen und dem aller Betroffenen, daß Sie sie erhalten. Die Informationszentrale kann ein Computerbildschirm sein, eine Reihe von Bibliothekaren, ein Telefon oder irgendeine andere Institution oder Anlage, der Sie sich gern bedienen, um auf Ihre Fragen Antworten zu erhalten.

Videoschirm. Das ist ein Bildschirm (oder eine Filmleinwand,

*Jeder große Fehler hat einen
Punkt, einen
Sekundenbruchteil, in dem er
widerrufen oder zumindest
korrigiert werden kann.*

PEARL S. BUCK

wenn Ihnen das lieber ist), auf dem Sie verschiedene Phasen Ihres Lebens sehen können – vergangene, gegenwärtige und künftige. Auch der Schirm ist von einem weißen Licht umgeben. Wenn Sie Bilder sehen, die Ihnen nicht gefallen, ist das Licht ausgeschaltet. Aber wenn der Schirm Bilder zeigt, die Ihnen gefallen und die Sie verstärken wollen, leuchtet es. (Jene, die alt genug sind, sich an den Humphrey-Bogart-Film »Wir sind keine Engel« zu erinnern, wissen genau, was wir meinen.)

Rollen-Kostüme. Das ist ein Schrank mit Kostümen, die Sie unverzüglich in die Lage versetzen, all das zu sein, was Sie sein wollen – großer Schauspieler, erfolgreicher Schriftsteller, perfekter Liebhaber, Musterschüler, Herr des Universums. Ihnen ist nichts unmöglich. Wenn Sie eine Rolle zur Genüge gespielt haben, werfen Sie den Anzug einfach in den Schrank. Rollen-Kostüme haben auch die Rolle übernommen, sich selbst auf den Bügel zu hängen.

Übungsgelände. Das ist der Bereich, an dem Sie Ihre neuen Fähigkeiten ausprobieren – oder alte verbessern – können. Bemessen Sie das Gelände großzügig, denn es gibt ein Rollen-Kostüm zum Fliegen und ein weiteres für Weltraumausflüge. Der Himmel über Ihrer Zufluchtsstätte ist grenzenlos.

Gesundheitszentrum. Hier sind alle Heilpraktiken der Welt versammelt – der Vergangenheit, Gegenwart, Zukunft, der Schulmedizin und der alternativen Medizin. Alle dienen Ihrer größeren Gesundheit. Das Gesundheitszentrum verfügt über die fähigsten Mediziner. Wer ist der größte Heiler, den Sie sich vorstellen können? Der leitet Ihr Gesundheitszentrum.

Spielzimmer. In ihm befinden sich alle Spielzeuge, die Sie sich schon immer gewünscht haben – als Kind und als Erwachsener. Es gibt ausreichend Spaß – und Zeit –, um mit ihnen zu spielen. Wie bei den Rollen-Kostümen brauchen Sie keinen Gedanken an das Aufräumen zu verschwenden. Die Dinge räumen sich selbst fort.

Innerer Bereich. Das ist eine besondere Zufluchtsstätte in Ihrer Zufluchtsstätte. Hierher kommen Sie zum Meditieren, Nachdenken und In-sich-Versenken.

Meisterlehrer. Das ist Ihr idealer Lehrer, der Mensch, dessen

*Alles, was uns an anderen
irritiert, kann zu einem
besseren Verständnis unseres
Selbst führen.*

CARL G. JUNG

Meisterschüler Sie sind. Der Meisterlehrer (oder ML) weiß alles über Sie (hat es sogar schon immer gewußt). Der ML weiß auch, was Sie alles lernen müssen, wann dafür der geeignete Zeitpunkt ist und welches die idealen Methoden sind. Ihren Meisterlehrer brauchen Sie sich nicht erst zu erschaffen – das ist bereits geschehen. Sie finden Ihren Meisterlehrer. Sie lernen ihn kennen, indem Sie zu Ihrem Beförderungsmittel gehen und darum bitten, daß Ihr Meisterlehrer erscheint – und aus dem klaren, weißen Licht, das Ihr Beförderungsmittel umstrahlt, tritt ihr Meisterlehrer.

(Wir werden Sie jetzt eine Weile mit ihm allein lassen. Weitere Regeln für die Zufluchtsstätte später. Bis gleich, in Teil drei!)

*Die äußerste Versuchung
ist der größte Verrat:
das Richtige aus den falschen
Gründen zu tun.*

T. S. Eliot

T ▼ E ▼ I ▼ L   D ▼ R ▼ E ▼ I

Verkappte Meisterlehrer

Ihr Meisterlehrer – so wunderbar Ihr ML auch sein mag – ist nicht der einzige Meisterlehrer in Ihrem Leben. Weit gefehlt.

Die meisten Leute glauben, Meisterlehrer gebe es nur im Himmel. Keineswegs. Sie sind hier, da und überall. Warum wir sie nicht erkennen? Weil sie auch Meister der Tarnung sind.

Wie sie sich tarnen? Als ein paar der potentiell wirksamsten Lernmittel unseres Lebens: Fehler, Schuldgefühle, Unwillen, Angst, Schmerz, Sturheit, Abhängigkeit, Krankheit, Tod, Depression, Übergewicht, Notfälle – all die Dinge, die Menschen am liebsten ausschalten würden, wenn sie könnten.

Manche strengen sich auch furchtbar an, sie auszuschalten. Sind Ihnen schon einmal die Themen einiger Bestseller aufgefallen? Wie wird man diesen Meisterlehrer los? Wie schafft man sich jenen Meisterlehrer vom Hals? Weitere 26 Methoden, ein paar weitere Meisterlehrer auszuschalten.

Doch warum sollten wir Quellen der Weisheit aus unserem Leben verbannen? Vielleicht haben wir vergessen, daß sie Lehrer sind – vielleicht hat es uns auch niemand erklärt.

Stellen wir uns vor, wir wären von Ihren Meisterlehrern geschickt, um Ihnen zu erläutern, was sie Ihnen alles zu bieten haben und welch großartige Freunde sie eigentlich sind. So werden Sie sie vielleicht nutzen und aufhören, sich von ihnen befreien zu wollen. Betrachten Sie uns also als Botschafter des guten Willens für verkappte Meisterlehrer.

Im Musical »Showboat« gibt es eine lustige Szene. Zwei Bergsteiger, die noch nie ein Theaterstück gesehen haben, stolpern auf die Bühne und sind sich nicht bewußt, daß da Schauspieler agieren. Sie plaudern mit der Heldin und feuern den Helden an. Als der Bösewicht seinen Auftritt hat, jagen sie ihn mit Schrotflinten von

*Fürchte dich nicht vor einem
großen Schritt, wenn einer
erforderlich ist.
Eine Schlucht kann man nicht
mit zwei kleinen Sprüngen
bewältigen.*

DAVID LLOYD GEORGE

der Bühne. Die Bergsteiger klopfen sich auf die Schultern, stolz, das Richtige getan zu haben.

Die Ironie dabei ist natürlich, daß das Publikum vergißt, daß die beiden Bergsteiger ebenfalls Schauspieler sind. Die Zuschauer lachen über die Naivität von Menschen, die Spiel mit der Realität verwechseln. Um den Witz schätzen zu können, müssen die Zuschauer von »Showboat« jedoch ebenfalls einer Illusion erliegen.

Und genau so funktioniert die Tarnung der Meisterlehrer. Wir vergessen – und sind nur selten daran interessiert, uns zu erinnern. Falls in einer Vorstellung von »Showboat« jemand aufstünde und riefe: »Das sind doch gar keine Bergsteiger! Das sind Schauspieler! Das sind keine richtigen Flinten! Das sind Attrappen!«, würde er ohne viel Federlesens unsanft vor die Tür gesetzt.

Die Meisterlehrer brauchen die Illusion von Wirklichkeit, um uns Lektionen zu erteilen. Je mehr wir an eine Rolle glauben, desto bewegender ist der Film, den wir uns ansehen. Je mehr wir der Tarnung des Meisterlehrers glauben, desto nachhaltiger und umfassender die Lehre.

Aber warum verraten wir dann alles?

Wenn Sie zu sehr mit dem Lehrer hadern, ist es Ihnen unter Umständen nicht möglich, sich zurückzuziehen und die Lektion zu lernen. Die in diesem Teil des Buches empfohlenen Methoden ermöglichen es Ihnen, diesen Schritt zu tun. Sie können aus vergangenen Unterrichtsstunden lernen (aus dem, was Sie als Verhängnis Ihrer Vergangenheit betrachtet haben). Sie können die Techniken aber auch dazu nutzen, um die Lektionen schneller zu lernen, die Ihnen von ihren Meisterlehrern erteilt werden.

Aber wenn wir die Meisterlehrer (die »Bösewichter« aus dem Stück) als die wunderbaren, freundlichen, liebevollen Freunde enttarnen, die sie nun einmal sind, riskieren wir da nicht die Wirksamkeit künftiger Unterrichtsstunden?

Kaum.

Sie werden das alles vergessen.

Jeder hat Talent.
Selten ist jedoch der Mut, dem
Talent zu den dunklen Orten zu
folgen, zu denen es uns führt.

ERICA JONG

Fehler

Zu den am wenigsten verkappten Meisterlehrern gehören Fehler. Fehler zeigen uns unverblümt jene unserer Handlungen, die verbessert werden müssen. Wie sollten wir ohne Fehler merken, woran gearbeitet werde muß?

Das ist offensichtlich eine unschätzbare Lernhilfe, und doch scheinen die Menschen Situationen zu umgehen, in denen es zu Fehlern kommen könnte. Sie leugnen oder verteidigen häufig genug die Fehler, die sie begehen.

Es gibt eine Geschichte von Edison, der etwa eintausend erfolglose Versuche hinter sich bringen mußte, bis die Glühlampe das Licht der Welt erblickte. »Was war das für ein Gefühl, tausendmal zu scheitern?« fragte ihn ein Reporter. »Ich bin keineswegs tausendmal gescheitert«, gab Edison zurück. »Die Glühlampe war eine Erfindung in tausendundeins Schritten.«

Warum können die meisten von uns das Leben nicht auf ähnliche Weise sehen? Wir sind der Ansicht, daß das auf Minderwertigkeitsgefühle zurückzuführen ist. In dem fruchtlosen Bemühen, unseren Wert zu beweisen, errichten wir eine Fassade der Vollkommenheit. »Wie sollte ein so vollkommener Mensch minderwertig sein?« fragt die Fassade. Aber ach, Menschen begehen Fehler. Fehler fügen der Fassade Risse zu. Die Fassade gerät ins Wanken, und es werden verzweifelte Versuche unternommen, das Furchtbare (die Minderwertigkeit) zu verstecken, das die Fassade verbergen sollte – vor uns und vor den anderen.

Wenn wir mit uns nicht dieses Versteckspiel spielen würden, dann würden wir Fehler begehen, sie freimütig eingestehen und nicht fragen: »Wer ist schuld daran?« oder »Wie kann ich das verbergen?«, sondern: »Wo steckt da die Lehre? Wie kann ich es besser machen?«

Unser Ziel wäre Vortrefflichkeit, nicht Vollkommenheit.

Eins der besten Beispiele dafür, wie sehr Fehler zum Tabu ge-

211

Er floh vor dem Loche
und fiel in den Brunnen.

MAROKKANISCHES
SPRICHWORT

worden sind, ist die Anwendung des Wortes Sünde. Bei den Römern war Sünde ein Begriff, der von den Bogenschützen benutzt wurde. Er bedeutete lediglich, das Ziel zu verfehlen. Beim Bogenschießen war ein Schuß entweder ein Treffer oder eben eine Sünde. Und wer eine Sünde beging, nahm Korrekturen vor und versuchte es noch einmal.

Heutzutage bedeutet Sünde natürlich, um »American Heritage« zu zitieren: »Zustand der Entfremdung von Gott infolge des Verstoßes gegen seine Gebote.« Kein Wunder, daß Menschen sich hüten, der Sünde auch nur nahe zu kommen. Manche Leute stehen Fehlern mit ähnlichem Respekt gegenüber.

Doch Fehler sind wertvoll, da sie uns zumindest zeigen, was wir *nicht* machen sollten. Joseph Ray hat einmal gesagt: »Beunruhigt über den Verfall ihrer Republik, fragten die Athener Demosthenes, was sie tun sollten. Seine Antwort: ›Unterlaßt das, was ihr jetzt tut.‹«

Ein Song aus Hollywood (Text von Dorothy Fields) faßt alles zusammen: »Steh auf, putz dich ab und fang von vorne an.« Oder, um ein afrikanisches Sprichwort zu zitieren: »Überprüfe nicht, wo du gefallen, sondern wo du ausgerutscht bist.«

Wenn Sie sich weiterentwickeln, lernen und neue Dinge erproben wollen, müssen Sie mit Fehlern rechnen. Sie sind ein natürlicher Bestandteil des Lernprozesses. Irgend jemand hat sogar einmal betont: »Wenn du nicht mindestens fünfzig Fehler am Tag machst, strengst du dich nicht genügend an.« Und damit ist unserer Meinung nach gemeint, daß Weiterentwicklung, Erfahrungen und Persönlichkeitsentfaltung eingebaute Fehler haben.

Situationen zu umgehen, in denen Sie Fehler begehen könnten, ist unter Umständen der größte Fehler.

*Auch wenn ich eine Formel
zum Vermeiden von
Schwierigkeiten hätte,
würde ich die nicht umgehen.
Probleme erzeugen Fähigkeiten
zu ihrer Bewältigung.
Ich sehne mich nicht nach
Problemen, das wäre ebenso
schlimm, als würde ich sie als
Feind ansehen.
Aber ich sage: Trete ihnen als
Freund entgegen, denn du wirst
vielen begegnen, und da ist es
besser, ein gutes Verhältnis zu
ihnen zu haben.*

OLIVER WENDELL HOLMES

Die beiden Gesichter des Zorns:
Schuldgefühle und Ressentiments

Schuldgefühle sind Zornempfindungen, die sich gegen uns selbst und gegen das richten, was wir getan oder unterlassen haben. Ressentiments sind Zornempfindungen gegen andere sowie das, was sie getan oder unterlassen haben. Beginn und Ablauf von Schuldgefühlen und Ressentiments sind identisch.

1. Wir haben ein Bild, dem wir oder andere entsprechen müssen. (Dieses Bild setzt sich aus all den Vorschriften und Anforderungen zusammen, die wir im Hinblick auf unser eigenes Verhalten sowie das anderer gelernt oder geschaffen haben.)

2. Wir geben dieser Anforderung an uns und andere eine starke emotionale Unterstützung.

3. Wir oder die anderen können unserem Bild nicht entsprechen.

4. Wir beurteilen die »zuwiderlaufenden Handlungen« als falsch, schlecht, böse, mies und so weiter.

5. Wir erregen uns – sind verletzt, verbittert, feindselig, streitsüchtig, kämpferisch, empfindlich, bösartig, giftig, erbost, beleidigt, wütend, genervt und so weiter und so weiter. Das alles ordnen wir in die große Schublade »zornig« ein.

6. Wir verteilen Schuld für unsere Gefühlserregung – entweder haben wir oder andere sie verursacht. (Der Richter verkündet das Urteil.)

7. Der schnelle Vollzug des Urteils. Wenn wir die *Schuld* haben, richten wir den Zorn gegen uns selbst, empfinden Bedauern, Reue, Scham, Schuldhaftigkeit, Versagen – das alles nennen wir Schuldgefühle. Ist jedoch etwas anderes als wir selbst an unseren Forderungen gescheitert, nennen wir unseren Zorn boshaft, neidisch, argwöhnisch, mißtrauisch, mißgünstig, habsüchtig – und das alles nennen wir Ressentiments. Tatsache ist, daß, egal, wem wir auch die Schuld geben – uns oder anderen –, wir nur uns selbst schaden. Das wird nicht bedacht. Und wenn doch, dann nicht für lange.

Immer wenn er daran dachte,
fühlte er sich scheußlich.
Und so kam er schließlich zu
einem fatalen Entschluß.
Er beschloß, nicht mehr daran
zu denken.

8. Das alles setzt sich für die vorgesehene Zeit in der vorgesehenen Intensität fort – ohne Revision oder Begnadigung. Im besten Fall ist Strafaussetzung bei sehr gutem Verhalten möglich.

Wenn so die beiden Gesichter des Zorns aussehen – was ist das Gute daran? Offen gestanden, gibt es da nicht viel. Warum wir es dann in ein Kapitel über Meisterlehrer aufgenommen haben? Hätten wir von Anfang an auf die Stimmen der Meisterlehrer gehört, wären die Gefühle von Schuld und Ressentiments – diese schmerzlichen Emotionen, die jahrelang anhalten können – vermeidbar gewesen. Und vor ihnen zu bewahren, das ist die Aufgabe des Meisterlehrers Zorn.

Wie Schuld und Ressentiments beginnt der Zorn als innerliches Zucken. Lange bevor er sich in einer emotionalen Kanonade entlädt (explodiert?), spüren wir bereits etwas. Wenn wir auf dieses Gefühlszucken hören – und seinem Rat folgen –, ist der emotionale Ausbruch (oder Einbruch) nicht nötig. Welchen Ratschlag gibt uns dieser Meisterlehrer? Halt inne, sieh dich um, ändere dich.

Innehalten. Unternehmen Sie gar nichts. Sie sind an einem Kreuzweg. Sie können in zwei Richtungen weitergehen. Eine verspricht Freiheit. Die andere bedeutet Leiden – bekanntes und vertrautes Leiden, vielleicht sogar durchaus behagliches Leiden, aber nichtsdestotrotz Leiden.

Umschau. Welches Bild, welche Vorstellungen von sich oder anderen wurden beschädigt oder sind dabei, Schaden zu erleiden? (»Die Leute sollten wirklich vorsichtiger fahren.« »Ich darf keinen Kuchen essen, wenn ich auf Diät bin«, und so weiter.)

Veränderung. Was sollten Sie verändern? Das Bild. Ihr Bild – beruhend auf harten, logischen Fakten – stimmt nicht. Die Leute *sollten* vorsichtiger am Steuer sein, aber sind sie es auch immer? Kaum. Dieses »sollte« ist ungenau, falsch, irrig, unstimmig. Menschen, die Diät halten, *dürfen* keinen Kuchen essen, wenn sie abnehmen wollen, aber halten sie sich auch daran? Selten genug. Dieses »dürfen« ist mißverständlich, fehlerhaft, unwahr und inkorrekt. Anhand Ihrer aktuellen Lebenserfahrungen erweisen sich Ihre Bilder und Vorstellungen als sinnlos und falsch.

Der Schmerz ist Leben.

FRIEDRICH VON SCHILLER

Doch was machen wir häufig mit dem Bild, das erwiesenermaßen falsch ist? Setzen wir uns darüber hinweg? Passen wir es vernünftigerweise den Realitäten an? (»Die Menschen sollten vorsichtig fahren, aber mitunter tun sie das nicht.« »Leute auf Diät dürfen nicht so viel Kuchen essen, halten sich aber nicht immer daran.«) Nein. Wir machen uns mit dem unstimmigen Bild selbst unglücklich. Die Welt entspricht nicht unseren Annahmen. Weh uns. Unsere eigenen Handlungen stimmen nicht mit unseren Vorstellungen überein. Schande über uns.

Sehen Sie das Absurde daran? Wir erwarten, daß unsere Illusion (unser Bild) realer als die Realität ist und fügen uns dabei selbst Schaden und Schmerz zu. Wie kann hier ein Sieg errungen werden? (Wir wetten, daß Sie das für eine rhetorische Frage halten. Sie ist es nicht. Es gibt einige Antworten.)

Zunächst einmal müssen wir ein Gefühl für das Richtige entwickeln. »Richtig zu empfinden« ist eine starke Droge. Einige Menschen opfern ziemlich viel, um recht zu haben. Wir fragen: Würden Sie lieber recht haben oder glücklich sein? Das ist die Frage, die der Meisterlehrer mit jedem ersten Zucken von Schuldgefühlen oder Ressentiments stellt. Wenn wir mit »glücklich sein« antworten, sind wir frei. Antworten wir mit »recht haben«, beginnt der Kreislauf der Qualen. Wenn wir recht haben, müssen wir strafen – entweder uns oder andere. Wie schon gesagt, ist das Ironische daran, daß wir immer uns selbst weh tun, auch wenn wir andere strafen. Wer verspürt Ihrer Meinung nach den ganzen Haß, den Sie anderen gegenüber empfinden? Der andere Mensch? Selten. Wir? Immer.

Zweitens ist es eine Angewohnheit. Wir haben es schon früh gelernt – oft bevor wir laufen oder sprechen konnten. Die Gewohnheit ist in manchen Menschen so verwurzelt, daß sie von diesem Kapitel kein Wort begriffen haben. »Was wollen die Autoren eigentlich? Selbstverständlich rege ich mich auf, wenn andere etwas falsch gemacht haben. Und wenn ich selbst irgend etwas Mieses anstelle, werde ich natürlich Schuldgefühle haben.« Das ist weder selbstverständlich noch natürlich. Das ist erlernt. Wären unsere

Es ist seltsam im Leben:
Wenn man sich weigert,
weniger als das Beste zu
akzeptieren, hat man damit
häufig Erfolg.

W. Somerset Maugham

frühen Lektionen im Akzeptieren ebenso erfolgreich wie unsere frühen Lektionen in Zorn – um wieviel glücklicher würden wir alle sein.

Drittens gibt es uns (und anderen) die Möglichkeit, es wieder zu tun. Weit davon entfernt, eine Wiederholung zu verhindern, läßt die Strafe den Menschen (Sie selbst oder andere) sagen: »Ich habe gebüßt, jetzt kann ich es wieder machen.« Manche Menschen wägen ihre Schuldgefühle sogar gegen die Lust an den selbst-verbotenen Handlungen ab, die sie erneut begehen wollen. Solange sie bereit sind, »den Preis dafür zu zahlen«, sei das durchaus in Ordnung. Die Menschen erwägen oft die voraussichtliche Wut anderer, bevor sie etwas tun. »Wenn ich fünf Minuten zu spät komme, werden sie sich ärgern.« Sie treffen eine Entscheidung zwischen dem Mißfallen der anderen und dem Grund, aus dem sie auch immer ein paar Minuten zu spät kommen werden/wollen. Wenn sie bereit sind, den Groll zu ertragen, sei es durchaus akzeptabel, zu spät zu kommen. Wenn das so ist, verhindern Schuldgefühle und Ressentiments das »Böse« nicht, sie verewigen es.

Aber wenn wir das Zucken von Schuld dazu nutzen, anders zu handeln? Wenn wir das Schuldgefühl empfinden und den Kuchen *nicht* essen? Bedeutet das nicht, die Botschaft des Meisterlehrers zu unserem größtmöglichen Nutzen zu befolgen?

Nun, es ist zumindest ein guter Anfang. Sobald wir etwas nur deshalb nicht tun, weil wir Angst vor der Strafe haben, werden wir von Angst und Schuld motiviert. Sobald wir das Gute tun, weil wir uns vor dem fürchten, was uns zustoßen könnte, wenn wir uns nicht »gut verhalten«, dann sind derartige positive Handlungen von der Angst befleckt. Als Übergang – besonders, wenn es darum geht, eine Gewohnheit abzulegen – ist es ein Beginn, aber wir müssen darüber hinausgehen, sonst sehen wir uns in der Falle, uns unschuldig zu fühlen, weil wir uns darüber schuldig fühlen würden, Schuld zu empfinden.

Was also können wir tun, um uns zum Guten zu motivieren? Das Gute tun, weil es nun mal das Richtige ist? Nicht richtig handeln, um den Regeln, der Moral oder ähnlichem zu entsprechen,

Wer andere verstehen möchte,
muß seine eigene Individualität
vertiefen.

OSCAR WILDE

sondern in Übereinstimmung mit der Sachlage, Vernunft und Wahrheit richtig und gut zu handeln.

Ein weiterer großer Motivator ist die Liebe. Lieben Sie sich also selbst genügend, um sich an die Diät zu halten, weil Sie Ihren Körper lieben und ihn gesund erhalten wollen.

Mehr hierüber sowie weitere positive Motivatoren später mit einer Kur für Schuldgefühle und Ressentiments.

Eine Kur für Schuld und Ressentiments? Verzeihen. Die Vorsorge? Akzeptieren. Der beste Grund, das Gute zu tun? Die Liebe.

Und wenn Sie etwas davon vergessen, wird der Meisterlehrer da sein, um genau an dem Punkt, an dem Sie dabei sind, vom Kurs abzukommen, um Sie bei diesem ersten Zucken von Schuldgefühlen oder Ressentiments zu fragen: »Was ist dir lieber – recht zu haben oder glücklich zu sein?«

Ihre Antwort wird stets respektiert werden.

Selig ist der Mann, der die Anfechtung duldet; denn nachdem er bewährt ist, wird er die Krone des Lebens empfangen.

JAKOBUS 1,12

Wenn du mit dem Trinken aufhörst, mußt du dich mit der wundervollen Persönlichkeit befassen, die dich zum Trinken gebracht hat.

JIMMY BRESLIN

Angst

Wäre es nicht wundervoll, einen zusätzlichen Energieschub zu erhalten, wenn Sie sich einer neuen Situation gegenübersehen? Wäre es nicht herrlich, wenn sich unsere Sinne schärften, unser Verstand wacher würde und wir ein Gefühl gesteigerter Bereitschaft empfänden? Wäre es nicht großartig, wenn wir ein bißchen intensiver atmeten, unserem Körper mehr Sauerstoff zuführten, wenn unser Herz ein bißchen schneller schlüge, diesen Sauerstoff in alle Bereiche unseres Körpers brächte und sich unser Blick erweiterte, um uns ein bißchen klarer sehen zu lassen?

Wäre das nicht ein prächtiges Geschenk? Das wäre es doch wert, einen Meisterlehrer willkommen zu heißen, stimmt's?

Nun, wir haben dieses Geschenk bereits erhalten. Es heißt Angst.

Angst? Sicher. Wenn Sie darüber nachdenken (oder vielleicht sollten wir lieber »nachfühlen« sagen), dann liegt doch der einzige Unterschied zwischen »Angst« und »Erregung« in der Bezeichnung. Beide sind ziemlich ähnliche physiologisch-emotionale Reaktionen. Mit »Angst« geben wir dem einen negativen Hauch: »O nein!« Mit Erregung verpassen wir ihm einen positiven Dreh: »Donnerwetter!«

Warum hat Angst einen so schlechten Klang? Wieder einmal ist es die Kindheit. Unsere Eltern nutzten die Angst, um uns sicher zu wissen, auch wenn sie uns nicht sehen konnten. Als Kinder kannten wir keinen Unterschied zwischen dem Spielen auf einer verkehrsreichen Straße und einem Spielplatz. Wir kannten den Unterschied zwischen Gift und Milch nicht. Unsere Eltern brachten uns – mit den besten Absichten – bei, alles Neue zu fürchten.

Diese Furcht hat uns wahrscheinlich bei einer Reihe von Gegebenheiten das Leben gerettet. »Wenn ihr unsicher seid, laßt die Hände davon.« Wir ließen die Hände davon, und weil wir die Hände davon ließen, müssen wir jetzt darüber reden, daß wir die Hände davon gelassen haben.

*Welchen Grund hätte
Versuchung, wenn nicht den,
daß der Mensch ihr
entgegentritt, sie überwindet
und zu Staub zertritt, um so zu
triumphieren?*

ROBERT BROWNING

Gut und schön. Das Problem ist jedoch, daß wir im Alter von etwa achtzehn Jahren, als wir den Unterschied zwischen dem wirklich Gefährlichen und dem rein Faszinierenden kannten, von niemand gelehrt bekamen, die Angst als das bemerkenswerte Geschenk anzusehen, das sie nun einmal ist. Es ist, als hätte niemand die Stützräder von unseren Fahrrädern abmontiert.

Heute ist es vermutlich nicht nötig, Angst vor Gift zu empfinden, um es nicht zu uns zu nehmen. Wir trinken es nicht, weil – nun ja, weil nichts Perspektivisches darin liegt. Nur gelegentlich brauchen wir eine Anwallung von Angst, um eine neue Situation schnell zu umgehen (einen Fremden auf einer dunklen Straße zum Beispiel). In den meisten Fällen könnte Angst ein wunderbarer Verbündeter bei unserer Suche nach Weiterentwicklung, Lernen und Persönlichkeitsentfaltung sein.

Um die Angst als Freund zu nutzen, müssen wir umlernen. (Keine Schuldzuweisungen an die Vergangenheit mehr. Ihr Leben ist jetzt in Ihrer Hand.) Wir müssen uns beharrlich und überzeugend sagen, daß es Angst – mit ihrem Geschenk von Energie und erhöhter Aufnahmebereitschaft – gibt, damit wir aus einer neuen Situation das Beste machen und das meiste lernen.

Bevor wir uns mit der Angst anfreunden, könnte es nötig sein, zu begreifen, daß die Angst keineswegs unser Feind ist. Wir müssen wissen, daß wir nicht sterben werden, wenn wir Dinge tun, vor denen wir uns fürchten. Manche Menschen sagen sich in jeder neuen Situation: »Das wird grauenhaft, das werde ich mit Sicherheit nicht überleben.« Der Begriff »vor Peinlichkeit sterben« ist nur ein Beispiel für die übertriebenen Vorstellungen der Menschen im Hinblick auf die Angst.

Um uns zu beweisen, daß wir keineswegs sterben werden – daß uns körperlich vermutlich überhaupt nichts Schädliches zustoßen wird –, ist es erforderlich, die Angst zu durchlaufen. Die meisten Menschen behandeln die Angst wie eine Mauer. Sie ist das Ende ihrer Behaglichkeit. Wenn sie sich der Mauer nähern, wenn ihre Angst zunimmt, wenden sie sich ab und laufen davon. Sie unternehmen rein gar nichts, vor dem sie sich fürchten. Und so wird die

Sehr viele junge Schriftsteller machen den Fehler, ihren Manuskripten einen an sich adressierten und frankierten Rückumschlag beizufügen. Das erleichtert den Lektoren die Arbeit.

RING LARDNER

228

Vorstellung zementiert, daß Angst eine Beschränkung ist und kein Vorspiel für weitere Erkenntnisse.

Wenn Sie mehr über die Angst und das erfahren wollen, wovor Sie sich fürchten, müssen Sie als nächstes mit dieser Erkundung beginnen. Die Angst ist keine Mauer. Sie ist nur ein Gefühl. Durchlaufen Sie die Angst. Gehen Sie Schritt um Schritt auf das zu, wovor Sie sich fürchten. Es kann unter Umständen recht unbehaglich sein, aber dann wird die Angst entscheidend abnehmen.

Nachdem Sie erst einmal damit begonnen haben, Dinge zu tun, vor denen Sie sich fürchten, wird die Angst zu ihrem eigentlichen Zweck genutzt: um Energie freizusetzen. Wir nutzen die Energie, um das zu tun, was wir tun wollen, und das »Mauer«-Erlebnis von Angst verschwindet.

Mit der Zeit werden Sie lernen, die Energie zu nutzen, bevor Sie etwas unternehmen – Sie schlagen sich eine Öffnung in die Mauer. Und wenn dann Furcht aufkommt, sagen Sie: »Willkommen. Ich hatte ein bißchen mehr Energie dringend nötig, denn das könnte vielleicht ein bißchen heikel werden!« Und schon brechen Sie mit Ihrem vertrauten Freund auf zu neuen Ufern.

*Der Tod ist unser Freund;
und derjenige, der ihn nicht
empfangen will, kennt sich
nicht.*

FRANCIS BACON

Schmerz und Unwohlsein

Stellen Sie sich das folgende Szenario vor: Sie haben eine sehr wichtige Verabredung um neun Uhr morgens. Am Abend davor sagen Sie zu zwei Mitbewohnern, die auch gute Freunde von Ihnen sind: »Morgen früh habe ich einen Termin. Er ist sehr wichtig für mich. Würdet ihr beide bitte dafür sorgen, daß ich spätestens um acht Uhr wach bin?« Da Ihre Freunde Ihre Langschläferangewohnheiten kennen, zögern sie. »Bitte, tut mir den Gefallen«, drängen Sie. »Es ist wirklich wichtig. Macht, was ihr wollt, aber ich muß um acht aus den Federn sein.« Ihre Freunde stimmen zu.

Am nächsten Morgen klopfen sie um sieben Uhr an Ihre Tür. Sie reagieren nicht. Fünf Minuten später klopfen sie noch einmal, diesmal lauter. Keine Reaktion. Wiederum fünf Minuten darauf hämmern und rufen Sie. Kein Erfolg. Weitere zehn Minuten später kommen sie in Ihr Zimmer und rufen. Keine Reaktion. Nach fünf Minuten rütteln sie Sie sanft. Sie sagen ihnen, sie sollten Sie gefälligst in Ruhe lassen. Sie hätten Ihre Meinung geändert. So wichtig sei die Verabredung im Grunde gar nicht. Aber da Ihre Freunde Sie sehr gut kennen, glauben sie Ihnen nicht. Nach weiteren zehn Minuten rütteln sie und rufen Ihren Namen. Sie teilen ihnen mit, daß Sie wach sind. Aber zehn Minuten später kommen sie wieder: Sie schlafen noch immer. Kurz vor acht Uhr rütteln sie Sie und schreien: »Wach endlich auf!« Sie sind nicht gerade bester Laune. Ihre Freunde drohen mit einer kalten Dusche. Schließlich – wenn Ihre Freunde wirklich gute Freunde (das heißt beharrliche) sind, werden Sie widerwillig wach.

Was, wenn das die Rolle wäre, die Schmerz und Unwohlsein in Ihrem Leben spielen? Wir erinnern uns vielleicht nicht daran, daß wir geweckt werden wollten; wir erinnern uns vielleicht nicht einmal, die beiden darum gebeten zu haben – aber sie tun es trotzdem.

Wofür werden wir geweckt? Für uns selbst. Um den Augenblick zu leben, intensiver zu leben. Bessere Beziehungen zu uns selbst

Jedem steht sein Tag bevor.

VERGIL
70–19

und anderen zu schaffen. Etwas in der Art. Wenn wir »schlafen«, sind wir bewußtlos und haben keine Ahnung von diesen Dingen. Unsere Freunde aber wissen, daß wir bewußter leben wollen und übernehmen die unangenehme Aufgabe, uns zu wecken.

Jeder Schmerz (emotional, körperlich oder geistig) enthält eine Botschaft. Die Informationen, die er über unser Leben zu vermitteln hat, kann erstaunlich spezifisch sein, fällt aber für gewöhnlich in eine der beiden Kategorien: »Unser Leben wäre inhaltsreicher, wenn wir mehr von diesem tun würden« oder »Unser Leben wäre erfreulicher, wenn wir weniger von jenem tun würden.« Sobald wir die Botschaft des Schmerzes erhalten haben und ihren Rat befolgen, vergeht der Schmerz.

Sie können Ihre Zufluchtsstätte benutzen, um herauszufinden, was Ihnen Ihr Schmerz sagen will. Sie können beispielsweise über die Informationszentrale Kontakt zu dem Schmerz aufnehmen. Sie können ihn sich aber auch auf Ihren Videoschirm holen. Sie können sich schließlich auch zu einer »Konsultation« mit ihm in das Gesundheitszentrum zurückziehen. Sie können ihn in das Beförderungsmittel bitten.

Stellen Sie sich den Schmerz vor, als wäre er in den Ateliers von Walt Disney gezeichnet oder eine der Muppets. Geben Sie ihm eine Stimme. Lassen Sie ihn sprechen. Vergessen Sie nicht, daß er ein Freund ist. Stellen Sie ihm ein paar Fragen. Beispielsweise:

Was hilft es mir, daß du da bist? Welche Ausfluchtsmöglichkeiten bietest du mir an? Welche Informationen hast du für mich? Was sollte ich unterlassen? Was sollte ich mehr tun? Wie kann ich besser auf meinen Körper achten? Wie kann ich besser auf meine Gefühle achtgeben? Wie kann ich besser auf meinen Geist achten? Wie kann ich besser auf mich als Ganzes achten?

Nach Ihrem Gespräch danken Sie dem Schmerz für seine Mitteilungen, umgeben ihn mit dem weißen Licht und sehen zu, wie er sich in diesem Licht auflöst. Dann lassen Sie das weiße Licht den Bereich in Ihrem Körper einnehmen, den der Schmerz beansprucht hatte.

Es ist wichtig, den Rat des Schmerzes zu befolgen. Je stärker der

*Der Tod ist die Art und Weise
der Natur, uns zu sagen:* »*He,
du bist nicht mehr am Leben.*«

BULL
»*NIGHT COURT*«

Schmerz ist, desto ernster werden die notwendigen Veränderungen sein. Dabei kann es darum gehen, schlechte Gewohnheiten aufzugeben oder ein paar neue gute anzunehmen. Die Hinweise des Schmerzes zwar zu hören, sich aber nicht danach zu richten, ist so sinnvoll (oder besser sinnlos) wie jeder andere nicht befolgte gute Rat. Leiten Sie die nötigen Korrekturen ein, und der Schmerz wird nachlassen. Setzen Sie diese Heilung-durch-Aktionen-Initative fort, und Sie werden geheilt sein.

Wie weit der Schmerz gehen kann, um seine Botschaft an die Frau/den Mann zu bringen? Bis zum Unwohlsein und zur Krankheit. Der äußerste Weckruf ist eine lebensbedrohliche Krankheit. Wenn Sie dieser Wecker nicht wachrüttelt, dann ist alles vergebens.

*Die Menschen fürchten den
Tod wie Kinder die Dunkelheit.
Und so wie die Furcht der
Kinder durch Erzählungen
gesteigert wird, so auch die
andere.*

FRANCIS BACON
1625

Widerspenstigkeit

Ohren auf, Rebellen, dieses Kapitel ist besonders für Sie bestimmt. (In Anbetracht unserer Veranlagung sollten wir vielleicht »für uns« sagen.)

Viele Rebellen sind aus gutem Grund zur Rebellion gekommen. Sie wissen genau, was sie tun. Als die Welt mit ihrer Sucht nach Konformität über sie hereinbrach (»Wir würden dich doch sogar noch sehr viel mehr liebhaben, wenn du nur ein bißchen weniger individuell wärst«), sagte das rebellische Kind: »Ich will aber nicht«, und hielt sich daran.

Das Beharren auf Individualität dauerte – wahrscheinlich notwendigerweise – während der gesamten Schulzeit an. Schließlich wurde es eine Gewohnheit. Diese Menschen wurden Meister der »ungewollten Macht«. Gibt man ihnen etwas, wogegen sie sein können, blühen sie auf. Sobald es nichts mehr gibt, wogegen sie sein könnten, wissen sie eigentlich nicht mehr, was sie tun sollen.

Rebellen ohne etwas, wogegen sie sein können, sind ein trauriger Anblick. Sie ziehen ruhelos umher. Sie murmeln vor sich hin. Sie hoffen klammheimlich, daß irgend etwas schiefläuft, damit sie dagegen sein können. Wie Berufssoldaten in Friedenszeiten wären Rebellen im Paradies nur unglücklich.

Glücklicherweise gibt es eine Lösung. Ähnlich wie die Angst auch Erregung ist, ist Widerspenstigkeit auch Entschlossenheit. Es geht einfach darum, den Blickwinkel von der »ungewollten Macht« auf die »Willenskraft« zu verschieben.

Statt »Ich will nicht dick werden« zu sagen, entscheiden Sie: »Ich möchte meinen gesunden, schlanken Körper behalten.« Ersetzen Sie »Ich möchte nicht mit Leuten zusammensein, die mich nicht verstehen« durch »Ich möchte mit Leuten zusammensein, die mich so nehmen wie ich bin.« Ändern Sie »Ich verabscheue den Krieg« durch »Ich liebe den Frieden.«

Es geht darum, das positive Gegenteil (und Rebellen sind so gut

Eine der Situationen, in denen jeder die Einsamkeit zu fürchten scheint, ist der Tod. In den mitfühlendsten Tönen sagt man von jemandem: »Er ist ganz allein gestorben.« Diese Ansicht habe ich nie verstehen können. Wer will schon sterben und gleichzeitig höflich sein müssen?

QUENTIN CRISP

darin, Gegensätze aufzuspüren) zu finden und sich darauf zu konzentrieren. Die Energie von der Widerspenstigkeit auf die Entschlossenheit zu verlagern.

Wir haben da nur noch ein Problem: Wie können wir das unseren Mit-Rebellen auf eine Weise vermitteln, die sie auch einzusehen vermögen?

*Der Schlaf nach der Arbeit
Plage, der Hafen nach
stürmischer See, die
Waffenruhe nach dem Krieg,
der Tod nach dem Leben bringt
große Freude.*

EDMUND SPENSER
1590

Die Abhängigkeiten

Wir haben alle eine – eine Abhängigkeit. Da gibt es die bekannten Abhängigkeiten: Drogen, Alkohol, Rauchen, Wettspiele. Es gibt die weniger bekannten, die aber mit jedem Tag bekannter werden: Essen, Sex, Liebesabenteuer, Arbeit, Religion, Spirituelles. Fast alles Positive kann durch Fixierung und den Mangel an Mäßigkeit ins Gegenteil verkehrt werden. Manche Menschen sind auch von ihrem negativen Denken abhängig und den Gefühlen, die dieses Denken hervorbringt.

Manche bagatellisieren ihre Abhängigkeit, indem sie sie als »schlechte Angewohnheit« bezeichnen. Andere leugnen ihre Abhängigkeit bis zu dem Punkt, daß sie strikt von sich weisen, überhaupt abhängig zu sein. Viele, die nicht einmal im Traum annehmen würden, abhängig zu sein, sind von der Normalität abhängig. Wir haben alle irgendeine Abhängigkeit.

Eine Abhängigkeit ist alles, das mehr Gewalt über Sie hat als Sie selbst. Wenn Sie von irgend etwas »beherrscht« werden, sind Sie abhängig. Wenn Sie sich irgendwann nicht sicher sind, ob Sie einer Abhängigkeit unterliegen, hören Sie damit auf. Können Sie sich für eine unbestimmte Zeit davon trennen, handelt es sich um eine Vorliebe, nicht um Abhängigkeit. Wenn Sie es aber nicht können – oder nicht einmal daran denken können, damit aufzuhören –, dann handelt es sich um Abhängigkeit.

Das »alte« Wort für Abhängigkeit war Versuchung. »Führe uns nicht in Versuchung« (Jesus), »Meine Versuchung ist die Ruhe« (William Butler Yeats), »Ich kann allem widerstehen außer der Versuchung« (Oscar Wilde).

Wenn Sie sich erst einmal versucht fühlen, sind Sie auch schon gefallen. Die einzige Frage ist: Wie tief Sie noch fallen werden, bevor Sie sich wieder aufrappeln.

Das bei weitem erfolgreichste Programm zur Bewältigung von Abhängigkeiten heißt »Die zwölf Schritte«. Ursprünglich zur Hilfe

*Wie ein wohlverbrachter Tag
angenehmen Schlaf bringt,
so bringt ein wohlgenutztes
Leben einen angenehmen Tod.*

LEONARDO DA VINCI

*Die Unsterblichkeit besteht
größtenteils aus Langeweile.*

COCHRANE
»*RAUMSCHIFF ENTERPRISE*«

für Alkoholiker gedacht, wurden die Zwölf Schritte inzwischen auch bei allen anderen bekannten Abhängigkeiten angewandt. Millionen von Menschen haben von dem Programm profitiert.

Die zwölf Schritte

1. Wir gestehen ein, daß wir unsere Abhängigkeit nicht beherrschen können und unser Leben unkontrollierbar geworden ist.

2. Wir kommen zu der Einsicht, daß uns nur eine Kraft die geistige Gesundheit zurückgeben kann, die größer ist als wir selbst.

3. Wir fassen den Entschluß, unseren Willen und unser Geschick in die Obhut dieser größeren Kraft zu geben.

4. Wir nehmen eine umfassende und furchtlose Bestandsaufnahme unseres Verhaltens vor.

5. Wir gestehen der größeren Kraft, uns selbst und einem anderen Menschen gegenüber die genaue Beschaffenheit unserer Verfehlungen ein.

6. Wir sind rückhaltlos bereit, die größere Kraft all diese Charakterfehler beseitigen zu lassen.

7. Wir bitten unsere größere Kraft inständig darum, unsere Unzulänglichkeiten zu beseitigen.

8. Wir stellen eine Liste der Menschen auf, denen wir geschadet haben und sind bereit, uns ihnen gegenüber zu bessern.

9. Wir verbessern unser Verhalten diesen Menschen gegenüber; es sei denn, dadurch würden andere zu Schaden kommen.

10. Wir erforschen uns innerlich weiter und geben freimütig zu, wenn wir fehlerhaftes Verhalten entdecken.

11. Wir bemühen uns um bewußten Kontakt mit unserer größeren Kraft durch Gebet und Meditation und bitten sie, daß sie uns ihre Entscheidungen für uns mitteilt und uns die Kraft gibt, diese auszuführen.

12. Als Ergebnis dieser Schritte haben wir ein erweitertes geistiges Bewußtsein, und wir bemühen uns, diese Botschaft anderen zu vermitteln und diese Prinzipien in allen unseren Belangen anzuwenden.

Haben Sie erst einmal Ihre Abhängigkeit überwunden, werden Sie auch mit allem anderen fertig. Das Unmögliche wird möglich.

Also hat Gott die Welt geliebt, daß er seinen eingeborenen Sohn gab, auf daß alle, die an ihn glauben, nicht verloren werden, sondern das ewige Leben haben.
Denn Gott hat seinen Sohn nicht gesandt in die Welt, daß er die Welt richte, sondern daß die Welt durch ihn selig werde.

JOHANNES, 3,16/17

Selbst die Bewältigung unserer Abhängigkeit vom Leben zum Zeitpunkt unseres Todes wird leichter.

Im Verlauf der Bewältigung von Abhängigkeiten lernen Sie Disziplin, Selbstvertrauen, Bescheidenheit, Dankbarkeit, Selbstachtung und Versöhnlichkeit. Das sind bedeutende Lektionen. Daher halten wir Abhängigkeit für einen der verkappten Meisterlehrer.

$\mathcal{D}$er Tod ist ein schlechter
chemischer Scherz, den man
sich mit jedem erlaubt – mit
Ausnahme von
Mammutbäumen.

J. J. FURNAS

Der Tod

Der Tod ist ein enormes Tabu. Es ist kaum möglich, über ihn zu reden, ohne daß die Menschen nervös kichern, allzu ernst werden oder etwa sagen: »Tod? Sie wollen über den Tod sprechen? Wie abgeschmackt und sentimental.«

Wenn wir nun ankündigen, daß wir uns in diesem Kapitel mit der Vorstellung auseinandersetzen, der Tod sei ein *Freund* – ein erfreulicher, befreiender Prozeß –, werden sie uns vermutlich für verrückt halten. Nun, wir sind schon früher für verrückt gehalten worden – von Fachleuten, sogar von uns selbst. Wir gehen davon aus, daß wir in tausend Jahren alle tot sein werden. Was macht es also schon aus, was die Menschen heute von uns halten? Warum freuen wir uns also nicht unseres Lebens, solange wir noch am Leben sind?

In unserer Kultur ist der Tod mit Damenunterwäsche vergleichbar – unaussprechlich. Kein Mensch *stirbt*. Sie scheiden dahin, verscheiden, verlassen uns. Sie sind entschlafen, in die ewige Ruhe eingegangen oder heimgekehrt. Sie haben den letzten Atemzug getan, den Löffel abgegeben oder betrachten die Radieschen von unten.

Viele Menschen fühlen sich von Gedanken an den Tod unangenehm berührt, also denken sie nicht an ihn. Wer will schließlich unangenehm berührt sein? Sie beginnen, das Unangenehmberührtsein mit dem Tod zu assoziieren. Und dann »wissen« sie, daß der Tod unangenehm ist. Deswegen sollte man überhaupt nicht über den Tod nachdenken. Schließlich gibt es dazu noch jede Menge Zeit, nachdem man gestorben ist. Warum sollte man das Unangenehme des Todes ins Leben holen?

Das ist in etwa so logisch wie die Verweigerung vieler Menschen, ihren Tod überhaupt in Betracht zu ziehen. Das Problem ist jedoch, daß wir kaum in der Lage sind, über unser Leben nachzudenken, wenn wir den Tod ausschalten. Und das bringt uns zu un-

*Tod ist für uns hier das
schrecklichste Wort,
das wir kennen. Wenn wir
jedoch seine Wirklichkeit
erfahren haben, wird es für uns
Geburt bedeuten, Erlösung und
eine Neuerschaffung unser
selbst.*

GEORGE MERRIMAN

serem Quiz über den Tod. *Wer hat gesagt:* »*Wir sollten uns in Erinnerung rufen, daß nichts Morbides daran ist, sich ehrlich der Tatsache zu stellen, daß das Leben endet, und uns darauf vorzubereiten, daß es ein würdiges und friedliches Ende findet. Es ist unbestreitbar, daß wir uns nicht wirklich dem Leben stellen können, bevor wir gelernt haben, daß es uns genommen wird*«?

A Mahatma Gandhi
B Woody Allen
C Thomas Mann
D Mark Twain
E Billy Graham
F Charlie Chaplin
G Vladimir Nabokov
H Emily Dickinson
I John Keats

Quizlösung (mit Kommentar):

Ghandi sagte über den Tod: »Wir wissen nicht, ob es gut ist zu leben oder zu sterben. Daher sollten wir uns am Leben ebensowenig erfreuen wie vor dem Tod erzittern. Wir sollten beiden gegenüber eine absolut gleiche Meinung haben. Das ist das Ideal.«

Woody Allen äußerte: »Der Tod ist eines der wenigen Dinge, die einfach getan werden können, indem man sich langlegt. Der Unterschied zwischen Sex und Tod besteht darin, daß man es mit dem Tod allein treiben kann und sich niemand über einen lustig machen kann.«

Thomas Mann führte aus: »Die einzige religiöse Möglichkeit, den Tod zu verstehen, ist, ihn als wesentlichen Bestandteil des Lebens und als unveränderbare Vorbedingung des Lebens anzusehen.«

Mark Twain schrieb 1935 auf dem Sterbebett: »Der Tod ist der einzige Unsterbliche, der uns alle gleich behandelt, dessen Erbarmen, Frieden und Zuflucht für alle bestimmt ist – die Befleckten und die Reinen, die Reichen und die Armen, die Geliebten und die Ungeliebten.«

Charlie Chaplin (Dachten Sie, wir würden uns einen Scherz er-

Arthur Dent: Weißt du, in einem solchen Moment, wenn ich mit einem Mann von der Beteigeuze in einer Volgon-Luftschleuse stecke und weit draußen im Raum am Ersticken bin, wünschte ich mir doch, ich hätte früher auf meine Mutter gehört.
Ford Perfect: Wieso? Was hat sie denn gesagt?
Arthur: Keine Ahnung. Ich habe nicht hingehört.

»PER ANHALTER DURCH DIE GALAXIS«

lauben? Daß wir Witze über den Tod machen? Sicher. Daß wir über Chaplin scherzen? Nie.) sagte: »Die Schönheit ist eine Allgegenwart von Tod und Lieblichkeit, eine lächelnde Traurigkeit, die wir in der Natur und allen Dingen entdecken, eine mystische Gemeinschaft, die der Dichter spürt.«

Vladimir Nabokov teilte uns mit: »Das Leben ist eine große Überraschung. Ich kann nicht erkennen, warum nicht der Tod eine noch größere sein sollte.«

Emily Dickinson, dreiundzwanzig Jahre vor ihrem Dahinscheiden (Oh! Nun haben wir es auch getan), vor ihrem Tod also, schrieb: »Da ich nicht halten konnte für den Tod, / hielt freundlich er für mich. / Im Wagen saßen nur wir zwei / und die Unsterblichkeit.«

John Keats mischte Tod und Werben, als er Fanny Brawne umschwärmte. Am 25. Juli 1819 schrieb er ihr: »Auf meinen Spaziergängen denke ich über zwei Genüsse nach – Ihren Liebreiz und meine Todesstunde. Oh, daß ich beides doch zur selben Minute besitzen dürfte.« (Welche Frau könnte da widerstehen!)

Also lautet die Lösung unseres Quiz: Billy Graham (E).

Wenn all diese bedeutenden Menschen so feine Sachen über den Tod ausgesagt haben, warum fürchten wir ihn in unserer Kultur dann so?

Wieder einmal müssen wir in die erregenden Tage der Kindheit zurückkehren. Die meisten Menschen haben in ihrer Kindheit miterlebt, daß jemand gestorben ist. Jemand, den sie als lebhaften, warmen, gesprächigen Menschen gekannt hatten, war plötzlich eine unbewegliche, kalte, schweigsame Leiche. Das versprach nicht besonders viel Spaß.

»Warum liegt er/sie in dieser Kiste?« »Warum wird sie/er vergraben (verbrannt)?« »Wenn er/sie nun im Himmel ist, warum bist du dann so traurig?« In der Trauer, Aufregung und dem Durcheinander, die das Sterben und den Tod umgeben, werden die Fragen eines Kindes nach dem Tod nur selten richtig beantwortet.

Je mehr ein Kind fragt, desto widersprüchlicher können die Ant-

Das vermutlich wertvollste
Ergebnis jeder Erziehung
ist die Fähigkeit, sich dazu zu
bewegen, das zu tun,
was man tun muß, wenn es
getan werden muß – ob einem
das nun paßt oder nicht. Es ist
die erste Lektion, die
gelernt werden sollte; und wie
früh diese Übung auch
beginnt – es ist wahrscheinlich
die letzte Lektion,
die der Mensch gründlich lernt.

THOMAS HUXLEY

worten ausfallen. Kinder sind die Neugierde in Person. Sie wissen, wie man die richtigen Fragen stellt – diejenigen, auf die die meisten Erwachsenen selbst noch gar nicht gekommen sind. Im Dialog zwischen Kindern und Erwachsenen ist nur der Sex mit mehr Geheimnissen, Peinlichkeiten und Verwirrung umgeben als der Tod.

Wenn das Kind dem Menschen (oder auch dem Haustier) sehr nahe gestanden hat, der gestorben ist, wird es vielleicht zum ersten Mal einen großen Verlust erleiden. Dann ist der Tod mit Schmerz verbunden. Und das Kind sieht ebenfalls, wie sich die Erwachsenen bei Todesfällen verhalten: Sie weinen, klagen, leiden, trauern. Das Kind stellt fest, daß der Tod ziemlich furchtbar sein muß.

Und wenn der Tod nach einer langen Krankheit erfolgt, verbindet sich damit der gesamte Prozeß des Sterbens – Krankenhäuser, Pflegeheime, unangenehme Anblicke und Gerüche – mit dem Tod. Für ein Kind, das miterlebt, wie ein Mensch immer kränker wird, immer größere Schmerzen leiden muß, heißt das, daß auch nach dem Tod Krankheit und Schmerzen noch heftiger werden.

Und dabei sind die Warnungen vor (mitunter sogar Drohungen mit) der Hölle noch gar nicht erwähnt, die manchen Kindern im Rahmen ihrer religiösen Erziehung zuteil werden. Selbst ein Kind kann sich die Liste der »Sünden« ansehen, sie lesen und erkennen: »Wenn man schon dafür in die Hölle kommt, dann bin ich mit Sicherheit dabei.«

Also ist es kaum verwunderlich, daß ein Kind das Thema Tod weit von sich schiebt. Wie Schularbeiten: Wenn sie nicht daran denken müssen, dann tun sie es auch nicht. Viele Menschen hören in ihrer Kindheit auf, über den Tod nachzudenken.

Und das bedeutet, daß sich viele Menschen eine kindliche Sicht des Todes bewahrt haben. Wir wollen einmal versuchen, ob wir nicht einen Umlernprozeß in Gang bringen können.

Selbstverständlich gehören jedermanns Vorstellungen darüber, was nach dem Tod geschieht, in Die Nische. Es gibt jedoch nur drei Hauptansichten über den Tod in Der Nische. Die eine oder andere Überzeugung paßt auf fast jede religiöse, geistige, philosophische, agnostische und/oder atheistische Gruppierung.

In unserem Geist steckt mehr Faulheit als in unserem Körper.

LA ROCHEFOUCAULD

Interessanterweise hat keine dieser Anschauungen ihren jeweiligen Anhängern allzuviel Schlechtes über den Tod zu berichten. Falls es nach dem Tod doch zu irgendeiner Unerfreulichkeit kommt, dann wird diese *ihnen* (den Nichtgläubigen) zustoßen, aber nicht *uns* (den Gläubigen). Einem Kind können bestimmte Aspekte einiger Überzeugungen vielleicht erschreckend vorkommen, aber für einen Erwachsenen ist da nichts Beängstigendes. (In manchen Fällen ist der Tod sogar ein recht angenehmer Anblick.)

Wenn wir es uns auch zur Regel gemacht haben, uns aus allen Nischen-Angelegenheiten herauszuhalten, möchten wir Ihnen für die Erkundung Ihrer Nische doch folgenden Vorschlag machen: Leben Sie Ihren Überzeugungen entsprechend so erfüllt und umfassend, daß Sie sich glücklich fühlen, oder aber befreien Sie Ihr Leben von Angst und Schuldgefühle erzeugenden Anschauungen. Wenn Menschen an eine Sache glauben, sich jedoch nicht ihr entsprechend verhalten, öffnen Sie dem Leid buchstäblich Tür und Tor. Wenn Sie sich einer Denk- oder Glaubensrichtung zugehörig fühlen, dann spielen Sie das Spiel voll mit. Falls Sie an etwas glauben, dem Sie nicht mit ganzem Herzen folgen, verursacht das Verletzungen. Tun Sie sich das nicht an. Leben Sie entsprechend Ihren Überzeugungen, oder trennen Sie sich von ihnen.

Wenn Sie nicht Ihrer Überzeugung entsprechend leben, ist sie ohnehin nicht Ihre Überzeugung, dann machen Sie sich etwas vor. Wenn Sie sich nicht aktiv für das einsetzen, was Sie anstreben, werden Sie es auch nicht bekommen. Dann glauben Sie vermutlich in Wirklichkeit etwas ganz anderes, wagen es aber nicht, sich das auch einzugestehen.

Wir wollen einen Blick auf die unterschiedlichen Überzeugungen werfen – von einem Erwachsenen-Standpunkt aus. Wenn man Ihnen als Kind gesagt hat, Sie würden mehr über den Tod erfahren, »wenn du älter bist«, dann könnte jetzt der Zeitpunkt gekommen sein.

Das Leben ist rein biologisch. Mit der Beendigung der Hirntätigkeit ist unserer Vorstellung nach das »Lebendigsein« zu Ende, und das wär's dann. Dr. Albert Ellis, ein Vertreter dieser Geistes-

*Es ist ein Verhängnis mit allen
guten Vorsätzen.
Sie werden unweigerlich zu
früh gefaßt.*

OSCAR WILDE

haltung, sagte dazu in der für ihn typischen Deutlichkeit: »Wenn man tot ist, ist man scheißtot!«

Für ein Kind mag die Vorstellung, »nicht mehr da zu sein«, beängstigend sein. Kinder assoziieren das Nichts mit der Dunkelheit. Und die Dunkelheit kann für ein Kind erschreckend sein. Daher ist auch der Tod erschreckend. Doch als Erwachsener kann man vermutlich William Hazlitt zustimmen, wenn er meint: »Das vielleicht beste Heilmittel für die Angst vor dem Tod ist die Überlegung, daß das Leben ebenso einen Anfang hat wie ein Ende. Es hat eine Zeit gegeben, in der wir nicht da gewesen sind, und das macht uns keinerlei Sorgen. Warum also sollte es uns beunruhigen, daß eine Zeit kommen wird, in der wir nicht mehr da sind? Ich wünsche mir nicht, vor hundert Jahren gelebt zu haben. Warum sollte ich es bedauern, in hundert Jahren nicht mehr zu leben?«

Wenn unser Leben ein rein biologischer Vorgang ist, warum sollten wir dann eigentlich ewig leben wollen? Stellen Sie sich doch einmal vor, für immer zu leben und immer und immer und immer und immer. Wenn es Sie schon langweilt, alle diese »immer« zu lesen, wieviel mehr muß es Sie dann erst ermüden, in einem endlichen Universum unendlich zu leben.

Denken Sie einmal darüber nach: Wenn Sie unbegrenzt Zeit, aber einen begrenzten Raum zur Verfügung hätten, wäre von Ihnen vermutlich schließlich alles erforscht, was es zu erkunden und zu erleben gibt. Und dann müßten Sie von vorn anfangen. Immer und immer wieder.

Falls Sie je etwas gelangweilt hat, was Sie zunächst fasziniert hat, werden Sie das verstehen. Wenn Sie etwas nur oft genug wiederholen, langweilt es tödlich. Alles, was wiederholte Erfahrungen brauchen, ist Zeit. Die Unendlichkeit hat ausreichend Zeit.

Nach einer ausreichenden Zeit können Sie vermutlich dem Autor zustimmen, der 1990 vor Christus geschrieben hat: »Der Tod steht mir heute vor Augen wie einem Mann, den es seine Heimat zu sehen verlangt, nachdem er viele Jahre in Gefangenschaft verbracht hat.« Das ist aus einem Gedicht mit dem Titel: »Der Mann, der des Lebens müde war.«

*Wenn man kein Geld hat, ist
Essen ein Problem.
Wenn man Geld hat, ist es Sex.
Wenn man beides hat, ist es die
Gesundheit.
Wenn einfach alles in Butter
ist, hat man Angst vor dem
Tod.*

J. P. DONLEAVY

Und Mark Twain hielt uns vor:»Wer lange genug gelebt hat, um das Leben kennenzulernen, weiß, welch tiefempfundenen Dank wir Adam schulden, diesem ersten großen Wohltäter des Menschengeschlechtes. Er war es, der den Tod in die Welt gebracht hat.«

Wir beenden die Erkundung dieser Nischenabteilung mit den Worten von Albert Einstein:»Die Angst vor dem Tod ist von allen Ängsten die am wenigsten begründete, da es kein Unfallrisiko für jemanden gibt, der tot ist.«

Nach dem Tod kommt man in den Himmel oder in die Hölle. Das Leben ist eine einmalige Gelegenheit. Sind wir gut, ist uns für immer das Paradies sicher. Sind wir schlecht, landen wir für immer in der Hölle. (Manche schließen eine Vorhölle ein, das Fegefeuer, für die, die nicht schlecht genug für die Hölle, aber auch nicht gut genug für den Himmel sind.)

Das hört sich recht gut an. Ewiges Paradies. Na ja, das würde nicht so leicht ermüden, da (soweit wir wissen) der Himmel unendlich ist und wir (soweit wir wissen) nicht mit fleischlichen Körpern belastet sind. Das brauchte nicht langweilig zu werden. Das wäre ewige Seligkeit.

»Das Leben währt ewig«, schrieb Rossiter Raymond in seinem »Lobgebet«, »und die Liebe ist unsterblich. Der Tod ist nur ein Horizont, und ein Horizont ist nichts anderes als die Grenze unseres Sehvermögens.«

Nach dieser Vorstellung vom Tod ruht man nach einem von Sorgen gezeichneten Leben aus, aber man ruht nicht im Nichts, sondern im Paradies. Und Gott, so stellte es sich James Johnson vor, setzte den Tod als eine Art Chauffeur des Ewige-Ruhe-Limousinen-Services vor:»Such Schwester Caroline, / denn sie ist müde . . . / sie ist erschöpft . . . / geh hinunter, Tod / und bring sie zu mir.«

Thomas Fuller berichtet in seinem »Life of Monica« 1642 vom Tod der Heiligen:»Als sie sich dem Tod näherte, sandte sie als Boten höchst fromme Gedanken zum Himmel, und ihre Seele erblickte einen Schimmer von Glück durch die Risse ihres von Krankheit geplagten Körpers.«

Die Bibel hat sowohl im Alten wie im Neuen Testament viele an-

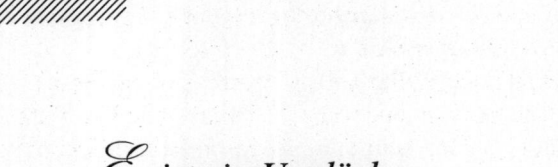

*Es ist ein Unglück,
nie Unglück gehabt zu haben.*

KARL JULIUS WEBER

genehme Dinge über den Tod mitzuteilen. Der Prediger Salomo sagt uns in Kapitel 7, Vers 1: »Ein guter Ruf ist besser denn gute Salben und der Tag des Todes denn der Tag der Geburt.« Und Paulus schreibt in seinem ersten Brief an die Korinther, Kapitel 15, Vers 55: »Der Tod ist verschlungen in den Sieg. Tod, wo ist dein Stachel? Hölle, wo ist dein Sieg?«

Im ersten Kapitel der Offenbarung, Vers 18, betont Jesus: »Ich war tot; und siehe, ich bin lebendig von Ewigkeit zu Ewigkeit und habe die Schlüssel der Hölle und des Todes.« Wenn man das gelesen hat, ist nur schwer verständlich, daß sich jemand, der sich als Christ/Christin bezeichnet, irgendwelche Sorgen über den Tod macht. Der, an den Sie glauben, sagt, er hätte die Schlüssel zur Hölle und zum Tod. Wenn jemand, der Sie liebt, Ihnen sagt, er hätte die Schlüssel zum Lebensmittelladen – würden Sie sich dann Sorgen ums Verhungern machen?

Das islamische Buch der Wahrheit, der Koran, nennt Gott gleich zu Anfang barmherzig und fragt in Sure 19, Verse 66 und 67: »Der Mensch sagt: ›Werde ich, wenn ich gestorben bin, (wirklich) lebendig hervorgebracht werden?‹ Bedenkt der Mensch denn nicht, daß Wir ihn zuvor geschaffen haben, da er nichts war?«

Der Koran stellt in Sure 29, Vers 64, auch fest: »Das diesseitige Leben ist nur Zerstreuung und Spiel. Die jenseitige Wohnstätte ist wahrlich das (eigentliche) Leben, wenn sie es nur wüßten!« Wenn sie es wüßten, gäbe es keine Angst vor dem Tod.

Reinkarnation. Etwas von uns kehrt immer wieder, durchlebt ein Leben nach dem anderen in einem Körper nach dem anderen bis alle notwendigen Lektionen gelernt sind. Woher wir wissen, daß alle nötigen Lektionen gelernt sind? Wenn wir nicht mehr wiederkehren. Mögliche Variation: Wir wissen bereits alles, was es zu wissen gibt, sind aber entschlossen, das für eine Weile zu vergessen, um weiter an diesem herrlichen Schauspiel (Oper, Seifenoper, Pferdeoper, italienische Oper) teilnehmen zu können, das man Leben nennt.

Sollten Sie an Reinkarnation glauben, haben auch Sie nichts zu befürchten. Der Tod ist der große Befreier, eine Chance, Ihre

Entscheide, was du willst,
und entscheide, was du dafür
aufgeben willst.
Setze deine Prioritäten, und
mach dich ans Werk.

H. L. HUNT

Schuluniform (oder Ihr Make-up) loszuwerden und sich mit guten alten Freunden im Bistro (oder der Eckkneipe) zu einem Gläschen und einem Schwätzchen über die guten alten Zeiten zu treffen.

In der Bhagavadgita, einer heiligen Schrift des Hinduismus, heißt es: »Den Geborenen ist der Tod gewiß, / und gewiß ist den Toten die Geburt; / daher solltest du dich über das Unausweichliche nicht grämen.« (Kapitel 2, Vers 27.)

Oder Angst haben.

Das Problem mit dem Tod ist, daß niemand wirklich Bescheid weiß. Viele klinisch Tote haben den Übergang »auf die andere Seite« als angenehme Reise bezeichnet. Und fast alle, die sich erinnerten, beschrieben sogar gleiche Phänomene: daß sie auf ihren nun toten Körper hinunterblickten, von der Erde gehoben wurden, einen weißen Tunnel durchquerten, von einer liebevollen, väterlichen Gestalt empfangen wurden, daß ihnen ihr Leben von Anfang an gezeigt wurde, daß sie aus ihren Lebenserfahrungen Lehren ziehen konnten und vor die Wahl gestellt wurden, entweder »weiterzumachen« oder auf die Erde zurückzukehren, um dort ihre »Studien« fortzusetzen. Viele berichteten von Begegnungen mit zuvor verstorbenen geliebten Menschen.

Manche erinnerten sich an alle diese Erlebnisse, andere an einige, aber die Übereinstimmungen in den Schilderungen eines breiten Spektrums von Menschen (sogar Leuten aus *Ohio*) deuten die Möglichkeit an, daß der Tod (oder zumindest der Übergang zum Tod) so schlecht gar nicht zu sein braucht.

Wenn es so ist, wie Walt Whitman sagte (»Nichts Schöneres kann geschehen als der Tod . . .«), warum schreiten wir denn dann nicht alle zur Tat und legen freiwillig Hand an uns?

Gute Frage, besonders bei der Lektüre von Whitman. Der Mann muß doch glatt eine *Affäre* mit dem Tod gehabt haben. (». . . worauf mir das Meer das leise und köstliche Wort Tod zuflüsterte«. »Komm, lieblicher und besänftigender Tod . . .« »Früher oder später, köstlicher Tod.« ». . . doch Preis! Preis! Preis den sicher umfassenden Armen des kühl umhüllenden Todes.«)

*Meine Aufgabe im Leben
bestand darin, das klar
auszusprechen, was bereits zum
Greifen deutlich war.*

QUENTIN CRISP

Selbstmord bleibt natürlich immer eine Option. Mitunter ist er das, was das Leben erträglich macht. Das Wissen, nicht unbedingt hier sein zu *müssen*, kann das Hiersein ein wenig erleichtern. Dennoch können wir die Ausübung nicht empfehlen.

Wenn wir, wie von uns behauptet, auf Erden sind, um zu lernen, dann kann alles im Leben – einschließlich dessen, das so schmerzlich ist, daß wir am liebsten sterben würden – zur Weiterentwicklung, Persönlichkeitsentfaltung und zum Lernen genutzt werden. Mitunter gelingt es uns erst nach Beendigung eines qualvollen Prozesses, einen Blick zurückzuwerfen und zu erkennen, was wir aus der Situation gelernt haben.

Wir erkennen unsere wichtigsten Lehren sogar höchst selten in dem aktuellen Zeitpunkt, in dem sie uns erteilt werden. Dann empfinden wir für gewöhnlich nur Verwirrung, Schmerz und/oder Unbehagen. So, wie Reisen in die exotischsten Landstriche mit den faszinierendsten Anblicken häufig bedeutet, in Zelten und dreihundert Kilometer vom nächsten WC schlafen zu müssen. Erst wenn wir wieder zu Hause sind, machen wir uns die wundervolle Szenerie bewußt.

Bevor wir die anspruchsvolleren Lektionen des Lebens lernen können, müssen wir zunächst einmal die Grundbegriffe beherrschen – Sprechen, Laufen, Körperfunktionen meistern, Lesen, einen Lebensunterhalt verdienen und so weiter. Das nimmt mindestens zwanzig Jahre in Anspruch. (Manche meistern das auch mit fünfzig noch nicht.) Aber daß Sie dieses Buch lesen, zeigt uns, daß Sie Ihre Zeit in der Grundschule nicht vertan haben und nun reif für die wirklichen Herausforderungen sind. Warum sollten wir diese hervorragende Vorarbeit vergeuden?

Sicher, das »drüben« ist wundervoll, aber Sie müßten den Rest Ihres Todes dort zubringen. Malcolm Forbes ließ auf seinen Grabstein meißeln: »Als er lebendig war, lebte er.«

Während Sie lebendig sind, leben Sie!

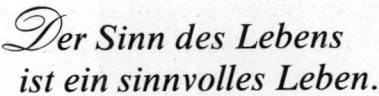

*Der Sinn des Lebens
ist ein sinnvolles Leben.*

ROBERT BYRNE

Depression

Wenn wir von Depression sprechen, dann meinen wir das nicht im klinischen Sinn. Wir sprechen von der Depression, unter der Menschen leiden, wenn sie seufzend erklären: »Ich bin deprimiert.« Man kann es auch melancholisch, betrübt, verloren, mutlos, auf Moll gestimmt, düster, Am-Boden-zerstört- oder Im-Eimer-sein nennen. Es ist das »Ab« im üblichen Kreislauf des Auf und Ab.

(Sollte Ihre Depression länger anhalten oder sich verstärken, versichern Sie sich unter allen Umständen und unverzüglich ärztlichen Beistandes. In diesem Kapitel diskutieren wir nichtklinische Depression.)

Die einfache Lösung bei Depression: Reißen Sie sich zusammen, und unternehmen Sie etwas. Bewegen Sie sich *körperlich*. Tun Sie etwas. Handeln Sie. Kommen Sie in die Gänge.

Häufig wird Depression durch das Gefühl verursacht, nicht genug erreicht zu haben. Wir stellen den Sinn dessen in Frage, was wir in der Vergangenheit getan haben, und zweifeln an unseren Fähigkeiten, irgend etwas Sinnvolles in der Zukunft bewirken zu können. Selbstzweifel nehmen uns unsere Energie. Wir fühlen uns deprimiert.

Wir werfen einen Blick auf das, was wir alles tun wollen. Es scheint überwältigend zu sein. »Das kann ich unmöglich schaffen«, sagen wir uns und erfüllen dann diese Prophezeiung damit, daß wir es nicht einmal versuchen. Daraufhin nimmt die Energie noch weiter ab, und die Depression vertieft sich.

Haben wir dann endlich doch einmal das Gefühl, etwas tun zu müssen, scheint aus unserer Trägheitsphase noch so viel unerledigt zu sein, daß wir verwirrt reagieren. Die Verwirrung führt zur Entschlußlosigkeit. Die Entschlußlosigkeit führt zu dem Seufzer »Es ist ja doch sinnlos« und weiterer Untätigkeit.

Doch an einem Punkt muß dieser Kreislauf durch Tatkraft unterbrochen werden. Raffen Sie sich zu einer – irgendeiner – körper-

*Häufig versuchen Menschen,
ihr Leben verkehrt zu leben;
sie bemühen sich darum, mehr
Dinge oder mehr Geld zu
bekommen, um mehr das tun
zu können, was sie wollen, und
glücklicher zu sein.
Doch das funktioniert in
Wirklichkeit anders herum.
Zunächst muß man der sein,
der man ist, und dann das tun,
was man will, um zu
bekommen, was man sich
wünscht.*

MARGARET YOUNG

lichen Betätigung auf. Sollte Ihre Wohnung in Unordnung sein, greifen Sie sich etwas – irgend etwas – aus der Unordnung heraus, und machen Sie etwas damit: Räumen Sie es fort, werfen Sie es aus dem Fenster, schicken Sie es Ihrem Bruder, aber machen Sie etwas, irgend etwas. Und dann nehmen Sie sich eine andere Sache vor. Fahren Sie damit fort. Am Ende werden Sie eine saubere Wohnung haben. Doch schon vor »am Ende« wird Ihre Depression beträchtlich nachlassen.

Ja, Depression ist ein Meisterlehrer. Und seine Botschaft lautet: »Mach dich ans Werk. Die Energie ist da. Nutze sie.« Wenn Sie sich ans Werk machen, wird die Energie Ihrer Betätigung entsprechen. Doch zunächst einmal müssen Sie in die Gänge kommen. (Mehr darüber in den Teilen vier und fünf.)

*Man darf seine Sehnsüchte
nicht verlieren.
Sie sind die großen Anreize für
Kreativität, Liebe und ein
langes Leben.*

ALEXANDER BOGOMOLETZ

Übergewicht

Übergewicht? Was um alles in der Welt ist das Positive an Übergewicht? Was ist Übergewicht? Überschüssiges Körperfett. Was ist
Körperfett? Gespeicherte Energie. Das Positive am Übergewicht
ist die Tatsache, daß Sie über Mengen an gespeicherter Energie
verfügen, um all die Dinge anzupacken, die Sie sich vorgenommen
haben. Es ist Ihre Energie – von Ihnen gekauft und bezahlt.

Denken Sie nicht darüber nach, wie Sie abnehmen können
(beschwerlich!), sondern denken Sie daran, Ihr Gewicht zu nutzen.

Übergewicht und Depression gehen oft Hand in Hand. Die beiden sind Zwillings-Meisterlehrer. Die Depression sagt: »Da sind
all die unerledigten Dinge, um die ich mich endlich mal kümmern
muß«, und das Übergewicht sagt: »Hier ist die Energie, sie zu bewältigen, Liebes. Laß uns beginnen.« Wenn Sie sich dagegen nicht
sträuben, werden die beiden es schaffen. (Methoden dafür in Teil
vier: »Werkzeuge für erfolgreiche Aktivisten«.)

Machen Sie eine Liste der Dinge, die Sie erledigen wollen, und
teilen Sie jedem einzelnen Punkt Ihre Extra-Pfunde zu. (Betrachten Sie sie als »Energie-Einheiten«.) Beispielsweise: »Schrankauf-
räumen ein Pfund, Garageputzen zwei Pfunde, sich um einen
neuen Job bemühen drei Pfunde, Mutter anrufen hundert Gramm,
das Wohnzimmer streichen zwei Pfunde, private Unterlagen ordnen ein Pfund, private Unterlagen so ordnen, daß sie auch wieder-
zufinden sind, drei Pfunde.« Kapiert?

Der Trick bei der Sache ist natürlich, *nicht* mehr zu essen, wenn
Sie mehr tun. Und der zweite Trick besteht darin, mehr von den
Dingen zu erledigen, die *Sie* erledigen wollen. Vielleicht wollen Sie
sie nicht tun, aber Sie wollen die Ergebnisse. Das vorrangige Ziel
ist das Erreichen dessen, was Sie wollen. Und Sie setzen Ihr Gewicht ein, es zu bekommen.

Es könnte sich auch als sehr nützlich erweisen, den Teil von Ihnen neu zu programmieren, der Essen mit Sicherheit assoziiert, mit

271

*Als ich ihn das letzte Mal sah,
ging er das Seufzergäßchen
hinunter und hielt sich selbst
das Händchen.*

FRED ALLEN

Liebe, Sich-wohl-Fühlen und all den anderen Dingen, mit denen Essen nun wirklich nichts zu tun hat. Sagen Sie sich: »Essen ist positiv. Ich esse, um meinen Energiehaushalt und meine Gesundheit zu fördern.« Zum Thema Liebe (Wohlgefühl, Sicherheit und so weiter) werde gut zu mir sein (ein heißes Bad nehmen, mir versichern, daß ich sicher bin, und so weiter).

Übergewicht? Verlieren Sie es nicht, verarbeiten Sie es!

Das größte Vergnügen im Leben besteht darin, das zu tun, von dem die Leute behaupten, man könne es nicht.

WALTER BAGEHOT

Krisen

Es gibt keine Krisen, es gibt nur Erscheinungen.

Lektionen erscheinen nicht immer in methodischer, ordentlicher, systematischer Reihenfolge. Der Zeitrahmen ist selten gemächlich, beständig und gelassen.

Zusätzlich zu Lektionen gibt es Prüfungen. Wie sollte Ihr Meisterlehrer ohne Prüfungen wissen, welche Lektionen er Ihnen als nächstes präsentieren kann? Durch Prüfungen finden Sie heraus, was Sie gelernt haben, aber auch das, woran Sie noch arbeiten müssen.

Wir sind selbstverständlich dauernd irgendwelchen Prüfungen unterworfen. Unser gesamtes Handeln ist eine ständige Folge von Prüfungen. Laufen, Sprechen, Schnürsenkelbinden, also Dinge, die im Alter von zwei Jahren Beträchtliches von uns forderten, sind heute täglich bestandene Tests für die meisten von uns. Und durch das Stehen bestehen wir beispielsweise den Dauertest der Schwerkraft. (Ja, auch die Schwerkraft ist ein Meisterlehrer.)

Wenn wir auf neuen Lerngebieten geprüft werden, neigen wir dazu, mehr Fehler zu machen. Das liegt daran, daß wir das neue Gebiet noch nicht meistern. Das ist schon okay. Es wird von uns ja gar nicht erwartet, daß wir es beherrschen. Wir sind Schüler, keine Meister. Und werden die Prüfungen eine nach der anderen vorgenommen, können wir sie häufig auch bewältigen. Aber wenn die Tests zu zweien, dreien, vieren oder fünfzehn auf einmal erscheinen: Krise!

Falls Sie sich von »Problemen« überwältigt fühlen, werfen Sie einen Blick auf die Meisterlehrer um Sie herum: Sehen Sie in die lächelnden Gesichter von Fehlern, Schuldgefühlen, Ressentiments, Angst, Schmerzen, Unwohlsein, Hartnäckigkeit, Abhängigkeit, Tod, Depression, Übergewicht. Sie brennen darauf zu sehen, wie gut Sie sich machen.

Machen Sie sich gut. Sehen Sie nicht das Problem, sondern die Herausforderung. Wachsen Sie an der Aufgabe.

*Ich will nur Gottes Gebote
erfüllen.
Und er gestattete mir, zum
Berg zu gehen.
Und ich sah mich um und
erblickte das Gelobte Land.
Also bin ich heute abend
glücklich.
Ich mache mir über nichts
Sorgen.
Ich fürchte keinen Menschen.*

MARTIN LUTHER KING
3. April 1968

Fragen Sie sich: »Was lehrt mich die Situation, das mir von Nutzen sein könnte?« Die Antwort auf diese Frage und Ihre erfolgreiche Nutzanwendung wird zum spontanen Erscheinen von Erfolgen – Wohlgefühl, Erfüllung, Glück – und einer Reihe zu Recht stolzer Meisterlehrer führen.

Die Brüder Wright sind geradewegs durch den Nebelschleier des Unmöglichen geflogen.

CHARLES F. KETTERING

T ▼ E ▼ I ▼ L ▼ V ▼ I ▼ E ▼ R
Werkzeuge für erfolgreiche Aktivisten

Bei allem, was wir tun, können wir etwas lernen. Selbst wenn wir –
wiederholt – scheitern, ist daraus etwas zu lernen. Und eine der
Lektionen, die wir aus Fehlschlägen lernen können, ist natürlich:
»Ich würde gern ein paar neue Methoden zur Bewältigung der
Dinge lernen, damit ich nicht mehr so oft scheitere.«

Aber vielleicht sind Sie auch schon ein erfolgreicher Aktivist
und wissen wie alle erfolgreichen Aktivisten, daß es über erfolgreiche Aktivitäten immer noch etwas zu lernen gibt.

Dieser Teil des Buches konzentriert sich mehr auf »äußerliche«
Errungenschaften. Der nächste Teil (»Spaß, und zwar jede
Menge«) beleuchtet Methoden innerer Erfolge.

Sie werden aber feststellen, daß die meisten Werkzeuge sowohl
für die innere wie die äußere Bereicherung und Verbesserung genutzt werden können. Das Engagement, das Sie brauchen, um zu
einer Million zu kommen, kann Ihnen auch zum Glücklichsein
verhelfen. Die Selbstdisziplin, die es Ihnen gestattet, sich vor allem
auf Ihr Selbstwertgefühl zu konzentrieren und sich in Ihrer Haut
wohl zu fühlen, kann auch zum Sporttauchen genutzt werden.

Das Innere spiegelt das Äußerliche. Die »Außenspiegel« das
Innere. Die Techniken, die für das eine nützlich sind, können meist
auch erfolgreich für das andere eingesetzt werden.

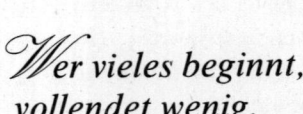

Wer vieles beginnt,
vollendet wenig.

SPRICHWORT

Absichten

Welche Absichten haben Sie?

Bevor Sie erfolgreich zur Tat schreiten, müssen Sie zunächst einmal wissen, was Sie eigentlich wollen. (Wenn Sie nicht wissen, was Sie wollen, wie wollen Sie dann wissen, wenn Sie es haben?) Bevor Sie wissen, was Sie wollen, ist es gut zu wissen, warum Sie es wollen. Eine gute Möglichkeit zu erkennen, warum Sie etwas wollen, ist eine genaue Kenntnis Ihrer Absichten und Ziele im Leben.

Welche Absichten haben Sie?

Eine Absicht erfinden Sie nicht, Sie entdecken sie. Sie ist bereits da. Ist immer dagewesen. Vielleicht haben Sie Ihr Leben nach ihr ausgerichtet, ohne sie voll zu erkennen. (Aber wenn Sie sie entdekken, werden Sie wissen, daß Sie sie schon Ihr ganzes Leben lang gekannt haben.)

Sie ist Ihr Leithammel, Ihre persönliche Wünschelrute zur Wahrheitsfindung. Sie sagt Ihnen in jedem Augenblick, ob Sie Ihr Leben »absichtlich« leben oder nicht.

Eine Absicht ist eine einfache, positive Erklärung dafür, warum Sie da sind. Üblicherweise beginnt sie mit »Ich bin . . .« und umfaßt nur wenige Worte.

Sie ist kein Ziel. Ein Ziel ist etwas, das erreicht werden kann. Eine Absicht ist eine Richtung – wie Osten. Ganz unabhängig davon, wie weit Sie sich nach Osten begeben, bleibt da immer noch jede Menge Osten zu bereisen übrig. Absichten können dazu benutzt werden, Ziele zu erwählen – genau wie sich jemand, der nach Osten reist, bestimmte Städte als Wegweiser auf der Route nach Osten auswählen kann.

Eine Absicht wird nie beendet; sie erfüllt sich in jedem Moment, in dem Sie »absichtlich« handeln. Mit Ihren Absichten bestimmen Sie den Kurs Ihres Lebens. Wenn Sie »auf Kurs« sind, handeln Sie »absichtlich«.

Eine Absicht ist keine Bestätigung. Bestätigungen können ge-

*Mäßigung ist eine fatale
Sache.
Genug ist so schlecht wie eine
Mahlzeit.
Mehr als genug ist so gut wie
ein Festschmaus.*

OSCAR WILDE

schaffen und dazu benutzt werden, die Kreation zu realisieren. Eine Absicht wird nicht geschaffen; sie wird entdeckt. Sie haben bereits eine Absicht. Sie haben schon immer eine Absicht gehabt. Es ist stets dieselbe Absicht gewesen. Ihre Absicht wird – mindestens für die verbleibende Lebenszeit – immer dieselbe bleiben.

Eine Absicht ist wie ein Herz. Sie erschaffen ein Herz nicht, können aber wie der Blechmann aus dem »Zauberer von Oz« feststellen, daß Sie schon immer eins gehabt haben.

Absichten hören sich in etwa so an (Halten Sie sich nicht an diese Liste, um eine Absicht für sich auszuwählen. Nehmen Sie sich die Zeit und die Freiheit, Ihre eigene zu entdecken. Die hier sind lediglich dazu bestimmt, Ihnen eine Vorstellung davon zu geben, wie sich Absichten anhören können): »Ich bin ein freudiger Spender.« »Ich bin ein eifriger Schüler.« »Ich bin ein treuer Freund.« »Ich diene meinen Nächsten.« »Ich bin ein freudiger Entdecker.« »Ich bin ein Freund des Lebens.«

Es gibt viele Möglichkeiten, Ihre Absicht zu entdecken. Hier sind ein paar davon. Wenn eine nicht zu Ihnen paßt, probieren Sie es mit einer anderen. Üben Sie sich in Geduld. Wenn der Zeitpunkt gekommen ist, Ihre zu kennen, werden Sie auch wissen, daß sich das Warten gelohnt hat.

1. Machen Sie eine Liste Ihrer positiven Eigenschaften. Jetzt ist weder die Zeit noch der Ort für Bescheidenheit. (Falsche Bescheidenheit ist übrigens nur eine Form des Egoismus.) Beschränken Sie jede Ihrer Qualitäten auf ein oder zwei Worte. »Liebevoll, freigebig, freudig, unbekümmert, mitfühlend und so weiter.« Falls Ihre Liste nur kurz wird, fragen Sie Ihre Freunde. Betrachten Sie Ihre Liste als Ausgangspunkt, und wählen Sie die zwei oder drei Tugenden aus, die Ihnen am besten gefallen, und formen Sie sie zu Sätzen, die mit »Ich . . .« oder »Ich bin . . .« anfangen. Wenn Sie Ihre Absicht gefunden haben, wird es »Klick!« machen.

2. Sagen Sie sich vor dem Einschlafen: »Wenn ich morgen aufwache, kenne ich meine Absicht.« Legen Sie Stift und Papier neben Ihr Bett und schreiben Sie am Morgen auf, was Ihnen als erstes in den Sinn kommt. Es könnte Ihre Absicht sein.

*Lieber hätte ich Rosen auf
dem Tisch als Diamanten um
den Hals.*

EMMA GOLDMAN

3. Begeben Sie sich in Ihre Zufluchtsstätte, und fragen Sie Ihren Meisterlehrer.

Wenn Sie Ihre Absicht entdeckt haben, sollten Sie niemandem davon erzählen. Das hält sie wirksam. Das hält aber auch andere davon ab zu sagen: »Du bist also ein freudiger Spender? Okay, ich hätte gern fünf Mark«, oder »Bereitwilliger Helfer? Auf mich machst du keinen bereitwilligen Eindruck!« Das Leben ist ohnehin schon hart genug, als daß Sie auch noch Ihre Absichten zur allgemeinen Belustigung preisgeben müßten.

Wenn Sie Ihre Absicht kennen, ist es einfacher, Ziele auszuwählen und diese zu erreichen. Die Feuerprobe für jede Ihrer Aktivitäten besteht dann in der einfachen Frage: »Dient das meiner Absicht?« Wenn ja, können Sie immer noch entscheiden, ob Sie es tun wollen oder nicht. Wenn nein, stehen Sie vor der gleichen Entscheidung. Es hat jedoch – wie Sie vielleicht schon wissen – einen gewissen Vorteil, »absichtlich« zu handeln.

*Ich hätte gern einen Vogel
für eine alte
vierundneunzigjährige Dame.
Sie hatte einen, aber der ist
gestorben, und sie hat es nicht
gemerkt. Sie hält ihn in einem
Käfig, spricht mit ihm, nimmt
ihn heraus und küßt ihn aufs
Köpfchen.*

KANDIDATIN IN
»QUEEN FOR A DAY«

Intention und Begehren contra Methode und Verhalten

Es gibt Dinge, die wollen wir, weil wir sie uns wirklich wünschen. Es gibt andere Dinge, die wollen wir, weil wir annehmen, sie verhelfen uns zu dem, was wir uns wünschen. Die erste Kategorie nennen wir Intention und Begehren. Die zweite Kategorie nennen wir Methode und Verhalten.

Wenn Sie beispielsweise feststellen: »Ich möchte einen roten Sportwagen«, könnten wir zurückfragen: »Na, fein. Und was wollen Sie mit dem roten Sportwagen?« Darauf Sie: »Ich sehne mich nach Abenteuern.« Dann ist Intention oder Begehren das Abenteuer, der rote Sportwagen jedoch Methode oder Verhalten, es zu bekommen.

Ein anderes Beispiel. Wenn Sie erklären: »Ich will mehr Spaß«, könnten wir fragen: »Was könnten Sie Ihrer Meinung nach tun, um mehr Spaß zu haben?« Dann würden Sie uns vielleicht eine lange Liste von Dingen vorlegen, bei denen Sie Spaß haben könnten. In diesem Fall ist Spaß Intention oder Begehren und die Liste Ihrer Spaß-Aktivitäten Methode oder Verhalten.

Wir sagen Intention *oder* Begehren, weil einige Menschen das eine Wort dem anderen vorziehen. Intention tendiert mehr zum Mentalen, Begehren mehr zum Emotionalen. Halten Sie sich an das, das Ihnen besser gefällt oder Ihnen passender erscheint.

Sie können Methoden *oder* Verhalten dazu benutzen, um sich ein Begehren zu erfüllen oder eine Intention zu erreichen. Verhalten ist etwas, was Sie tun. Eine Methode beinhaltet außerdem einen Plan oder eine Sache. Wir kennen Leute, die ihre roten Sportwagen als Erweiterung ihres »Verhaltens« nutzen, aber auch andere, die mit Sicherheit ihr Verhalten als Bestandteil der »Methode« begreifen, mit der sie ihre Wünsche erfüllen wollen. Auch hier wieder: Halten Sie es so, wie es Ihnen am angenehmsten ist.

Die Intentionen oder Methoden, die Menschen suchen, sind *Er-*

*Mein einziger Traum ist es,
jeden Schönheitswettbewerb
der Welt zu gewinnen, und daß
alle Leute, die ich nicht leiden
kann, gezwungen sind, mir ein
Schloß in Frankreich zu bauen.*

STEPHANIE VANDERKELLEN

fahrungen. Sie sind in Worten enthalten wie Freiheit, Sicherheit, Macht, Glück, Selbstwert, Erfolg, Befriedigung, Ansehen, Seelenfrieden, Abenteuer, Liebe.

Die Methoden (oder das Verhalten), die Menschen anwenden, um das zu bekommen, sind *Symbole* für das Eigentliche. Sie umfassen Geld, Beruf oder Karriere, Kleidung, Autos, Haus, Heirat, Familie, Sex, Liebhaber, Aussehen, gute Bildung und Reisen.

Wünschen sich die Menschen etwas Materielles – ja, auch eine Ehefrau, ein Ehemann, Kind oder Geliebte/r sind etwas Materielles –, beziehen sie sich auf Methoden oder Verhalten. Wenn sie innere Erfahrungen diskutieren, meinen sie Intentionen oder Begehren. Es ist absolut nichts dagegen einzuwenden, sich die Symbole zu wünschen. In diesem Teil werden sogar sehr viele Techniken (Methoden? Verhalten?) vorgestellt, mit denen Sie Ihren gerechten Anteil an Symbolen bekommen können.

Es ist jedoch ganz nützlich zu wissen, daß das Haus, das Auto, der ansehnlichere Körper, die Karriere oder das Geld, das Sie haben wollen – ja, selbst Liebesbeziehungen, religiöse oder geistige Einstellungen –, einfach Methoden oder Verhalten sind, um etwas anderes zu bekommen, etwas Innerlicheres, etwas Empirisches (Sicherheit, Spaß, Energie, Befriedigung, Liebe, Glauben, inneren Frieden.)

Warum es nützlich ist, das zu wissen? Erstens: Sobald Sie die Erfahrung kennen, nach der Sie trachten, können Sie ganze Listen von Methoden und Verhaltensmustern zusammenstellen, die sie garantieren könnten. Die Liebe kann ganz woanders als in romantischen Beziehungen gefunden werden. Spaß kann man auch ohne den Besitz einer Million haben. Sie sind in der Lage, eine umfängliche Erkundungsroute zusammenzustellen und »wissenschaftlich« zu untersuchen, ob eine bestimmte Methode, ein bestimmtes Verhalten ein Begehren oder eine Intention erfüllen kann. Wenn ja, gut. Wenn nicht, können Sie auf eine lange Liste zurückgreifen und weiter forschen. Die Kenntnis der Erfahrungen, die Sie sich wünschen, kann die Chance, die Methode oder das Verhalten zu finden, die sie garantieren, dramatisch steigern.

Da der Geist ein besonderer
Biocomputer ist,
braucht er besondere
Anweisungen und
Instruktionen.
Daß die meisten Menschen ihre
Ziele nicht erreichen,
liegt daran, daß sie sie nicht
definieren, sie nicht
erforschen oder auch nur
ernsthaft für glaubhaft
oder erreichbar halten.
Erfolgreiche kennen ihren
Weg genau, die Pläne für
unterwegs, und wissen,
wer das Abenteuer mit ihnen
teilt.

DENIS WAITLEY

Zweitens: Die von Ihnen erstrebten Erfahrungen zu kennen, erspart Ihnen Angst und Enttäuschung. Sobald Sie *wissen*, daß es Sie nach Abenteuern gelüstet, und wenn Sie einen roten Sportwagen für das geeignete Mittel halten, die zu bekommen, wissen Sie auch, daß der Sportwagen Bestandteil eines noch größeren Abenteuers ist: die Methode oder das Verhalten zu entdecken, die Ihnen zu Ihrem Abenteuer verhelfen. Falls das wirklich der rote Sportwagen ist, fein. Schreiben Sie »roter Sportwagen« auf die Liste der Dinge, die (im Moment) erfolgreich sind. Falls der Sportwagen das nicht ist, auch okay. Nächste Methode oder nächstes Verhalten bitte.

Wenn Sie der Ansicht sind, das Auto sei das, was Sie wollen, jedoch die wahre Intention oder das wahre Begehren dahinter nicht kennen, könnten Sie sich in einer aussichtslosen Lage befinden. Falls er Ihnen Ihr Abenteuer bringt, könnten Sie von dem Wagen abhängig werden – in der Überzeugung, er sei die Sache selbst. Sie könnten unter Umständen anfangen, sich Sorgen um seine Sicherheit zu machen. Natürlich haben Sie keine Angst um das Auto. Sie befürchten vielmehr, es könnte Ihnen das Abenteuer gestohlen werden. Aber auch wenn das Auto das unbewußte Etwas nicht erfüllt, nach dem Sie gesucht haben, könnten Sie ebenfalls enttäuscht sein. »Das schöne Geld . . .« Sie sehen: aussichtslos.

Drittens (und vermutlich am wichtigsten): Sie lernen, daß *Sie* Ihre Begehren und Intentionen selbst erfüllen können, ohne großartige Hilfe von außen. Und Sie können es *sofort*. Sie wünschen sich Liebe? Lieben Sie sich selbst. Sie wollen Freude? Seien Sie fröhlich. Sie wollen Abenteuer? Die letzte Wildnis ist unser Inneres.

Wenn Sie sich selbst mit den Erfahrungen versorgen, nach denen Sie trachten, vermindert das, was Sie sich sicher vorstellen können, beträchtlich die Hektik, die manche Leute bei der Jagd auf die Symbole des Lebens entwickeln. »Ich finde keine Ruhe, bevor . . .« – »Ich bin nicht glücklich, bevor . . .« – »Meinem Leben fehlt etwas, wenn nicht . . .« Es gibt kein Begehren, keine Intention, die wir uns nicht unverzüglich selbst erfüllen könnten.

*Der Gedankenverlorene ist
nicht träge.
Es gibt sichtbare und
unsichtbare Arbeit.*

VICTOR HUGO
1862

Es ist nicht ohne Ironie, daß diese Symbole geradezu vom Himmel zu fallen scheinen, wenn wir uns erst einmal ganz auf uns konzentriert haben. Beispielsweise zwischenmenschliche Beziehungen. Mit wem würden Sie denn lieber Ihre Zeit verbringen? Mit einem fröhlichen, liebevollen und glücklichen Menschen oder einer mißmutigen, unzugänglichen, unglücklichen Person? Nun, jedem anderen geht es ähnlich. Die Menschen wissen das im allgemeinen, daher tun sie so, als wären sie liebevoll, glücklich, heiter und so weiter, um sich jemanden zu angeln. (Menschen sind keine Fische. Sie können nicht geangelt werden. Sie können vorübergehend in Gefangenschaft gehalten werden, aber das ist auch schon alles.)

Wenn Sie »echt gut drauf« sind, weil *Sie* die Quelle Ihrer Unbeschwertheit sind, dann können die Menschen zu Ihnen in Beziehung treten. Doch auch wenn sie es nicht tun, ist es in Ordnung. Frank Sinatra beschrieb »seine Art« so: »Ich sorge für meine Marotten allein.« (Viele, viele Methoden, das zu tun, sind noch im Kommen. Das Buch ist noch nicht zu Ende – ebensowenig, was das betrifft, das Leben.)

Sie können Ihr Verhalten, Ihre Methoden dazu nutzen, Ihre Intentionen und Ihre Begehrlichkeiten zu entdecken. Fragen Sie sich vor jeder äußerlichen Sache, die Sie sich wünschen: »Auf welche Erfahrungen bin ich eigentlich aus?«

Auch Erfahrungen und Erlebnisse können wie die verschiedenen Häute einer Zwiebel sein. Außen mögen Spaß und Vergnügen sichtbar sein, aber das ist in Wirklichkeit ein Symbol für Zufriedenheit, die wiederum ein Symbol für Seelenfrieden ist. Forschen Sie weiter. Schließlich werden Sie Erfahrungen entdecken, die in sich vollkommen sind – Erfahrungen, die Sie nicht dazu benutzen, um andere Erfahrungen zu erlangen.

Wenn Sie Ihre fundamentalen Begehren und Intentionen erkennen, werden Sie wissen, was Sie sich *wirklich* wünschen. Dann ist das Aufspüren von Methoden und Verhaltensweisen zur Erweiterung dieser Erfahrungen nicht nur leichter – es macht auch mehr Spaß.

*Wir betrachten es und sehen es
nicht –
man nennt es das Unsichtbare.
Wir belauschen es und hören es
nicht –
man nennt es das Unhörbare.
Wir berühren es und erfassen es
nicht –
man nennt es das Gestaltlose.*

LAOTSE
604–531

294

Man kann haben, was man will, aber man kann nicht alles haben, was man will

Wenn wir ihnen die einfache aber profunde Frage stellen: »Was wünschen Sie sich?«, antworten Menschen mitunter: »Alles!« Dann fragen wir uns häufig: Wenn sie alles hätten, wo würden sie es unterbringen?

Es gibt eine so riesige Menge »alles« in der Welt. Und in uns ist sogar noch mehr »alles« zu erleben. Die Menschen, die erklären, sie wollten »alles«, haben sich entweder nicht die Zeit genommen, das zu erforschen, was sie wirklich wollen, oder sie machen sich eine einfache Tatsache des Lebens nicht klar: Man kann haben, was man will, aber man kann nicht alles haben, was man will.

Das Leben in irdischer Hülle hat auf unserem Planeten doch ein paar echte Unzulänglichkeiten. Zunächst einmal ist es uns nicht möglich, an zwei Stellen zugleich zu sein. Und dann hat der Tag nur vierundzwanzig Stunden, das Jahr 365 (oder 366) Tage. Drittens beträgt die menschliche Lebenszeit nur wenige Jahre. (150 scheint der absolute Rekord zu sein.)

Wenn Sie es sich recht überlegen, sind das signifikante Beschränkungen. Und sie werden noch ernster, wenn man bedenkt, wieviel Zeit wir mit dem »Unterhalt« unseres Körpers zubringen: Schlafen, Waschen, Essen – und etliche von uns müssen auch noch Geld verdienen, um für das alles zu zahlen.

Wir können nicht »alles« haben. Weil »alles« mehr ist, als unser »Behälter« von Zeit und Raum fassen kann.

Aber bevor Sie jetzt »Unverschämt!« oder »Ungerechtigkeit!« schreien, denken Sie auch daran: Sie *können* haben, was Sie wollen! Suchen Sie sich das heraus, was Sie sich am sehnlichsten wünschen und wenn es noch zu haben ist, wenn es nicht schon einem anderen gehört (der es behalten will), können Sie es haben.

Die Geschichtsbücher sind voll von Leuten, die gesagt haben: »Es ist mir schnuppe, wenn es irgend jemand für unmöglich hält;

*Die Stärke des Sichtbaren
ist das Unsichtbare.*

MARIANNE MOORE
1941

ich halte es für möglich. Ich will es, und ich werde es bekommen (oder tun).« Und sie haben es bekommen (oder getan).

Das können Sie auch.

Der Haken? Je unerreichbarer das ist, was Sie haben wollen, desto mehr werden Sie opfern müssen, um es zu bekommen. Es ist nicht so, daß Sie es nicht erhalten könnten; es geht darum, daß Sie viele – und vielleicht alle – anderen Dinge aufgeben müssen.

Als wir einmal an einer Rundfunk-Talkshow teilnahmen, rief eine Frau an. Sie sagte, sie wünsche sich nichts mehr, als Schauspielerin zu sein; sie zeigte sich sehr enttäuscht darüber, ihr Ziel noch nicht erreicht zu haben. Unsere Unterhaltung verlief in etwa so:

»Wieviel Zeit haben Sie für die Erreichung Ihres Berufswunsches aufgewendet?«

»Meine ganze Zeit.«

»Schlafen Sie denn nicht?«

»Selbstverständlich schlafe ich.«

»Haben Sie einen Mann, einen Freund?«

»Ja, aber ich treffe mich nur an vier oder fünf Abenden in der Woche mit ihm.«

»Sind Sie berufstätig?«

»Nun, sicher. Irgendwie muß ich ja für meine beiden Töchter sorgen.«

»Wie alt sind Ihre Töchter?«

»Vier und acht Jahre alt.«

Wie Sie sich sicher vorstellen können, hat diese Frau tatsächlich nur etwa eine Stunde wöchentlich für die Erreichung ihres Traums aufgewandt. Das ist zwar besser als nichts, aber im allgemeinen erfordern Karrieren im Showbusiness mehr Zeit als eine Stunde pro Woche. Sie wollte damit lediglich sagen, daß sie ihre gesamte *freie* Zeit zur Verfolgung ihres Karrierewunsches benutzt hatte. Bedauerlicherweise war kaum anzunehmen, daß ihr eine Wochenstunde den Erfolg bringen würde, nach dem sie sich so sehnte.

Was wir ihr geraten haben? Nachdem wir uns vergewissert hatten, daß sie ihre Töchter liebte, ihren Freund liebte und keineswegs

*Im Bereich des Geistes ist das,
was man für wahr hält,
entweder wahr, oder es wird
wahr.*

JOHN LILLY

die Absicht hatte, sie aufzugeben, rieten wir ihr, doch dankbar für die Wahl zu sein, die sie nun einmal getroffen hatte, sowie für deren erfolgreiche Durchführung. Wir sagten ihr, unseres Wissens gäbe es zahllose erfolgreiche Schauspielerinnen, die sich zwei gesunde Kinder und eine romantische Liebesbeziehung wünschten. Die Schauspielerei? Sie sollte das zu ihrem Hobby machen.

Vergessen Sie nicht, daß der Begriff »Zeit verbringen« ein sehr präziser und treffender ist. Allerdings haben Sie relativ wenig Zeit zu verbringen. Bitte verbringen Sie sie gut. Wir alle haben in dieser Zeit nur sehr wenig Zeit.

Es ist so, als befände man sich in einem großen Kaufhaus (die Erde). Sie verfügen über genügend Geld (Zeit), um etwas einzukaufen, aber nicht alles. In Ihrem Einkaufswagen haben viele Dinge (Projekte, die Sie beginnen) Platz. Aber als es ans Bezahlen geht, reicht Ihr Geld nicht. Und das Kaufhaus nimmt nichts zurück. Es könnte sich bestenfalls und höchst zögerlich dazu bereit erklären, ein paar Waren »gebraucht« zurückzukaufen – zu einem Bruchteil dessen, was Sie gerade dafür bezahlt haben.

Manche Menschen legen einen »Wunsch« in ihren Wagen – eine neue Stellung, eine Beziehung, ein Auto, ein Haus –, versäumen jedoch, rechtzeitig an die Kosten zu denken: die Zeit, die es kosten wird, den Wunsch erfüllt zu bekommen und zu unterhalten. Irgendwann könnten sie feststellen, daß sie »zeitlos« sind.

Dann zitieren sie gern Edna St. Vincent-Millay: »Meine Kerze brennt an beiden Enden; / die Nacht wird sie nicht überdauern; / aber ach, meine Feinde, oh, meine Freunde ... / sie gibt ein so wundervolles Licht.« Doch während sie zitieren, machen sie sich Sorgen über die Wachsflecken auf dem neuen Teppich – der noch nicht bezahlt ist. Und so könnten sie schließlich Samuel Hoffenstein zitieren: »Ich entzündete meine Kerze an beiden Enden, und jetzt habe ich weder Freunde noch Feinde.«

Einige werden jetzt vielleicht protestieren: »Zeit ist Geld, und mit Geld kann man Zeit *kaufen*.« Bis zu einem gewissen Punkt ja. Aber Sie können nicht jemanden anstellen, damit er an Ihrer Stelle lernt, all jene Dinge zu tun, die Sie selbst tun möchten (am Piloten-

*Ich habe Kraft aus dem
Geheimnis des Nachdenkens
bezogen.*

EURIPIDES
438 v. Chr.

knüppel sitzen, Ballett tanzen, an Autorennen teilnehmen, lesen, Videofilme sehen und so weiter). Und haben Sie etwa vor, Leute zu engagieren, damit Sie Zeit mit Ihren Freunden verbringen oder Ihre(n) Geliebte(n) zu unterhalten?

An einem bestimmten Punkt in fast jedem Leben – ob reich oder arm, geordnet oder chaotisch – übersteigen die Wünsche die zur Verfügung stehenden Stunden des Tages. An diesem Punkt wird aus dem Wunsch Wunschdenken.

Die Lösung besteht in einer Präventivmaßnahme: Wählen Sie von Anfang an sehr sorgsam aus. Und seien Sie dankbar dafür, daß Sie – obwohl Sie nicht alles bekommen können – immerhin die Wahl zwischen ein paar sehr ansehnlichen Dingen haben.

Ein wirklich eigener Gedanke
ist immer noch so selten
wie ein Goldstück im Rinnstein.

CHRISTIAN MORGENSTERN

Was wollen Sie?

Uns ist klar, daß Sie die »richtige« Antwort auf diese Frage wissen: »Ich will keinen roten Sportwagen, ich will das Abenteuer!« Ja, das ist gut – aber wollen Sie den roten Sportwagen wirklich noch? Darum geht es in diesem Kapitel – um die roten Sportwagen des Lebens.

Um das zu bekommen, was Sie sich wünschen, ist es sehr hilfreich, genau zu wissen, was Sie wollen. Wenn Sie nicht wissen, wohin Sie wollen, werden Sie vermutlich nie dort ankommen.

Das Entscheidende bei all dem ist nicht, *was* Sie wollen, sondern was *Sie* wollen. Bittet man Leute, doch einmal die materiellen Dinge aufzuzählen, die sie sich wünschen, verlieren sie sich häufig in Glanz und Glamour: Was könnte ich mir anschaffen oder tun, das mich »gut aussehen« läßt?

Glamour ist ein Weltproblem. Es ist seit Millionen von Jahren ein Problem. »Mein Mastodon ist stärker und schöner als dein Mastodon.« – »Mein Flugsaurier ist schneller als dein Flugsaurier.« Glamour heißt, Geld und Energie zu verschwenden, um andere durch Äußerlichkeiten zu beeindrucken.

Seien Sie ehrlich zu sich selbst, wenn Sie entscheiden, was Sie wollen. Was würde *Ihnen* gefallen? Falls Ihnen im Moment eine Karriere wichtiger ist als eine Beziehung, dann sagen Sie es. Nur weil Ihnen fast jeder Film, jeder Schlager, jede Zahnpastareklame einreden will, Sie wären nur dann ein ganzer Mensch, wenn Sie einen anderen Menschen gefunden haben, mit dem Sie Ihr Leben teilen können, heißt das noch lange nicht, daß Sie Ihre Prioritäten verändern müßten. Falls Sie lieber Filme als Runden im Bett drehen, ist das völlig in Ordnung.

Andererseits: Wenn Sie sich nichts sehnlicher wünschen als eine Liebesbeziehung und eine Familie, Ihre karriereorientierten Freunde das aber hoffnungslos schmalzig finden, dann sagen Sie ihnen, Sie würden nach Ungarn ziehen, um Schweine zu züchten.

Nur so kann man die geheime Freude des Denkers gewinnen: zu wissen, daß hundert Jahre, nachdem man tot und vergessen ist, Menschen, die nie von einem gehört haben, sich nach den Rhythmen des eigenen Denkens bewegen – das subtile Entzücken über eine aufgeschobene Macht, die die Welt nicht kennt, weil sie sich nicht äußerlich zu erkennen gibt, die aber in ihrer prophetischen Vision realer ist als eine, die ein Heer befehligt.

OLIVER WENDELL HOLMES JR.
1886

Nun wollen wir jedoch nicht sagen, daß es Ihnen nicht möglich wäre, sowohl einen Beruf als auch eine Familie zu haben. Manche können es, manche können es nicht. (Und wieder andere aus der letzten Gruppe haben es noch nicht erkannt.) Das hängt ab vom Preis für die Beziehung, den Kosten für die Karriere sowie von Ihren Zahlungen für die anderen Artikel, die sich bereits in Ihrem Einkaufswagen befinden. Wir nennen Beziehungen und Beruf einfach als Beispiele für die Art von Opfer, die Menschen dem Image von Glanz und Glamour bringen.

Also was wollen Sie? Hätten Sie gern eine Liste mit zehn Punkten in Rangfolge? Dafür brauchen Sie Stift, Papier und etwa eine Stunde. Gehen Sie bitte Punkt für Punkt vor und schreiben Sie Ihre Antworten auf. Auch wenn Sie *sicher* sind, Punkt Nummer eins zu kennen, kennen Sie Ihren fünftwichtigsten Wunsch? Und Wunsch Nummer eins dürfte Sie verblüffen.

An diese Aufgabe machen sich die Menschen meistens nur ungern. Sie wissen ganz intuitiv, daß Sie nach getroffener Wahl a) ein paar »gute Ideen« aufgeben müssen, daß dafür einfach keine Zeit ist, und das macht sie traurig. Und daß dadurch b) eine wesentlich größere Chance besteht, die Dinge auch zu bekommen, die sie sich wünschen. Und das kann ziemlich beängstigend sein. Anstatt sich dem Verlust und der Angst zu stellen, finden sich daher viele einfach mit dem Status quo ab und lesen erst einmal weiter Selbsthilfe-Bücher. Doch wir ermuntern Sie dazu, Ihre Vorbehalte beiseite zu schieben und die Liste trotzdem aufzustellen. Später können Sie sie jederzeit verbrennen.

1. Schreiben Sie alles auf, was Sie sich wünschen. Verschwenden Sie keinen Gedanken an Reihenfolge, Erreichbarkeit oder relative Wichtigkeit. Sobald Ihnen etwas in den Sinn kommt, notieren Sie es. Vergessen Sie aber nicht, daß es sich um eine Liste von *Dingen* (Symbolen, Methoden, Verhaltensweisen) handelt. Erfahrungen und Erlebnisse gehören auf eine andere Liste. Nehmen wir an, Sie wünschen sich Glück. Was sind dann Ihrer Meinung nach die Dinge, die zu Ihrem Glück beitragen können? Es geht um eine Liste der Dinge, die Sie haben, tun und sein wollen.

Baseball ist Spaß
für dich und mich.
Da wird der Ball abgeschlagen,
gefangen und zurückgeworfen.
Man kann zur zweiten
oder dritten Base kommen und
sogar einen Homerun schaffen.
Doch am meisten gefällt mir
der Spaß, den man beim
Baseball hat.

MATT BOHN
im Alter von elf Jahren

2. Nehmen Sie in Ihre Liste auch all die Dinge auf, die Sie schon haben und behalten wollen. Falls Sie sich von etwas nicht trennen wollen, werden Sie einen gewissen Zeitaufwand für deren Erhaltung benötigen. Also wird Ihre Liste eine bestimmte Anzahl von Punkten wie »Unterhalt des Autos, Unterhalt der Wohnung, Unterhalt von Beziehungen« und so weiter enthalten.

3. Wenn Sie der Meinung sind, die Liste sei fertig, legen Sie sie zur Seite und tun Sie etwas – irgend etwas – anderes. Machen Sie einen Spaziergang, essen Sie einen Pfirsich.

4. Kehren Sie zu der Liste zurück. Sind Ihnen inzwischen weitere Wünsche eingefallen? Tragen Sie sie in die Liste ein.

5. Lesen Sie die Liste durch. Streichen Sie alles, was Ihnen zu unsinnig oder trivial vorkommt. Wenn Sie erkennen, daß »Gassigehen mit dem Hund« nicht zu Ihren Top ten gehört, streichen Sie es aus. »Sich um den Hund kümmern«, könnte das jedoch sein, also lassen Sie es stehen.

6. Lesen Sie die Liste noch einmal, und denken Sie dabei an Ihre Absicht. Streichen Sie alles aus, was Ihrer Absicht zuwiderläuft. Falls es Ihre Absicht ist, »Allen ein guter Freund zu sein«, dann streichen Sie »Norman eine Stinkbombe schicken«. Falls Sie sich über Ihre Absicht noch nicht im klaren sind, macht das auch nichts. Gehen Sie einfach zu Punkt sieben über.

7. Ordnen Sie jeden Wunsch in eine der drei folgenden Gruppen ein: a) die Ihnen sehr, sehr wichtig sind, b) die sehr wichtig für Sie sind und c) die lediglich wichtig für Sie sind. Falls ein Wunsch nicht wichtig genug ist, es zumindest in die Kategorie C zu schaffen, streichen Sie ihn aus.

8. Übertragen Sie alle A-Wünsche auf ein sauberes Blatt Papier. Falls es zehn oder mehr sind, hören Sie auf. Falls es noch nicht zehn sind, übertragen Sie alle Bs. Wenn da zehn oder mehr Bs stehen, hören Sie auf. Wenn Sie nicht genügend As und Bs zusammenbekommen haben, fangen Sie noch einmal von vorn an, da die Liste sehr wahrscheinlich nicht alle die Dinge enthält, die Sie sich wünschen. Oder ordnen Sie neu, weil sie zu wenige in den Rang von A oder B erhoben haben.

Nicht nur meine Eltern glauben, Matt auf dem Spielfeld zu sehen – ich auch. Ich sehe Matt mit dem Herzen. Man muß glauben, bevor man etwas auf dem Feld sieht, und wenn man glaubt, dann sieht man auch.

STEPHANIE BOHN
9 Jahre

9. Wählen Sie auf Ihrer neuen Liste (der A-B-Liste) die eine Sache aus, die Sie sich am allermeisten wünschen. Schreiben Sie sie auf ein drittes Blatt. Streichen Sie diesen Wunsch von der A-B-Liste. Nun suchen Sie von den verbliebenen Punkten auf der A-B-Liste den aus, der am wichtigsten ist. Schreiben Sie ihn auf den dritten Bogen. Streichen Sie ihn auf der A-B-Liste. Machen Sie das noch achtmal. Stop.

10. Nun sollten zehn Wünsche auf dem dritten Blatt stehen. Werfen Sie einen prüfenden Blick auf die Liste. Ist da einer, der im *direkten* Gegensatz zu einem anderen steht? (»Ich möchte weiterhin eine glückliche Ehe führen.« – »Ich will mich scheiden lassen.«) Sollte das der Fall sein, streichen Sie den Punkt von beiden aus, der unter dem anderen rangiert. Suchen Sie sich auf der A-B-Liste einen Ersatzwunsch. Übertragen Sie die gesamte Liste auf einen sauberen Bogen Papier. Numerieren Sie von eins bis zehn. Das ist Ihre Liste.

Das ist es, was Sie sich wünschen.

Was mit den Bs und Cs ist? Darum brauchen Sie sich nicht zu kümmern. Sie kümmern sich um ihre Top-ten-Liste. Stellen Sie sich vor, wie Sie sich an der Erfüllung jedes Wunsches erfreuen. Was wird das für ein Gefühl sein? Was werden Sie denken? Welche Erlebnisse werden Sie haben, wenn Sie Ihnen voll und ganz gehören?

Herrlich? Herrlich!

*Herzlichen Dank für Ihren
Brief.
Jetzt besteht die Bedeutung des
Films für mich vor allem darin,
daß Sie durch ihn in der Lage
waren, mit Ihrem Sohn
spazierenzugehen.
Ich fühle mich Ihnen sehr
verbunden.
Alles Gute, Kevin.*

KEVIN COSTNER

Was ist stärker – das Sichtbare oder das Unsichtbare?

Jetzt, wo Sie eine Liste mit den Top ten der materiellen Dinge besitzen, die Sie sich am meisten wünschen, werden wir Ihnen selbstverständlich sagen, Sie sollen sie sich »holen«. An die Arbeit. Setzen Sie Ihre Wünsche in die Wirklichkeit um. Später. Zunächst einmal lassen Sie uns über unsichtbare immaterielle Dinge reden.

Quiz! Ist die folgende Behauptung richtig oder falsch? Was wir sehen können (das Sichtbare) ist stärker als das, was wir nicht sehen können (das Unsichtbare).

Inzwischen sind Sie ein so guter Schüler, um genau zu wissen, wie man Lehrer durchschaut. Sie wissen, daß wir wahrscheinlich nicht auf die auf der Hand liegende, logische Antwort aus sind. Und Sie haben recht. Auch wenn Sie sich nichts Unsichtbares vorstellen können, das stärker wäre als eine riesige, starke und sichtbare Sache, wissen Sie doch, daß wir behaupten werden: »Das Unsichtbare ist stärker.« Selbst wenn Sie keine Ahnung haben, warum, werden Sie die Quizfrage doch mit »falsch« beantworten.

Ist das Betrug? Nein. Das ist das Leben. Das heißt, einfach alles für Ihren Lernprozeß, Ihre geistige Bereicherung, Ihre Persönlichkeitsentfaltung zu nutzen. Herzlichen Glückwunsch! Ein Extra-Lob, falls Sie die Frage aus dem falschen Grund richtig beantwortet haben.

Was wäre jedoch gewesen, wenn wir Ihnen die Frage als Aufsatzthema gestellt hätten? Wenn Sie sich ausführlich hätten erklären und erläutern müssen? Quentin Crisp sagt uns, wie man so etwas macht:

Wenn Sie vor einem schriftlichen Examen in Geographie stehen und es in der Prüfung um jedes beliebige Land gehen kann, dann befassen Sie sich mit einem einzigen Land, das aber gründlich. Nehmen wir an, Sie entscheiden sich für China. Und wenn das Prüfungsthema dann heißt: »Schreiben Sie tausend Worte über

Wenn mich Leute fragen:
»Wie schaffen Sie es, so viele
Dinge zu tun?«, antworte ich
ihnen oft ohne böse Absicht:
»Wie schaffen Sie es, so wenig
zu tun?«
Ich bin der Meinung, daß die
Menschen ungeahnte
Möglichkeiten haben.
Die meisten können
außergewöhnliche Dinge
tun, wenn sie nur genug
Vertrauen haben
oder risikobereit sind.
Und doch tun es die meisten
Leute nicht. Sie sitzen vor dem
Fernseher und tun, als wäre das
Leben nie zu Ende.

PHILIP ADAMS

China«, dann beginnen Sie Ihren Aufsatz mit: »Im Gegensatz zu Nigeria ist China . . .«, und dann schreiben Sie alles, was Sie über China wissen.

Wenn Sie also beispielsweise das Thema Fehler gelernt haben, wir Sie aber auffordern, tausend Worte über »Das Sichtbare und das Unsichtbare« zu schreiben, könnten Sie Ihren Essay beginnen: »Bei der Diskussion des Sichtbaren und des Unsichtbaren begeht man leicht den Fehler . . .« Und dann schreiben Sie weitere 987 Worte über Fehler.

Wie hat es Mark Twain formuliert? »Legen Sie alle Ihre Eier in einen Korb, und passen Sie auf diesen Korb auf!«

Völlig unsichtbar ist in diesem Kapitel jedoch bisher die Richtung. »Um was geht es denn eigentlich?« werden Sie sich vielleicht fragen. Und das mit Recht. Wir dachten nur, es wäre ganz gut, eine kleine Übergangsplauderei zwischen die sehr materiellen Begehren auf Ihrer Top-ten-Liste und die unbestreitbar immateriellen Vorstellungen des nächsten Kapitels zu plazieren.

Sie müssen wissen, daß wir Sie im nächsten Kapitel an die Quelle führen wollen, zum Fundament, zum Bodennullpunkt, an den Start, die zehn Dinge auf Ihrer Liste (und viele andere) zu bekommen. Wir fanden diesen Übergang übergangslos, daher dachten wir, wir sprechen eine Weile über das Sichtbare und das Unsichtbare.

Wenn wir uns auf der Welt umschauen, ist es leicht zu erkennen, daß das, was wir nicht sehen, stärker und mächtiger ist als das, was wir sehen. Sehen Sie sich zum Beispiel Luft an. Natürlich ist Luft schwer zu sehen, weil sie unsichtbar ist. (An den Stellen, an denen Sie Luft sehen können, sehen Sie Luftverschmutzung, keine Luft.)

Luft ist stärker als fast alles andere auf der Erde. Sie enthält ausreichend Sauerstoff für die Tiere sowie große Mengen Kohlendioxid für die Pflanzen. Ohne sie würden beide Gattungen eingehen. Sie ist ein Lebenskonzept, das so allgegenwärtig ist (so nah wie Ihr nächster Atemzug), daß wir es üblicherweise für selbstverständlich halten. Ohne Luft würden wir nicht einmal die nächsten zehn Minuten überleben. Und doch ist sie unsichtbar.

*Wenn Sie Ihr Leben ändern
wollen:*
✻ Beginnen Sie sofort damit
✻ Tun Sie es im großen Stil
✻ Ausnahmslos.

WILLIAM JAMES

»Schön und gut«, könnten einige von Ihnen einwenden. »Aber was ist mit etwas so Materiellem wie einem Haus? Ein Haus kann man sehen. Falls jemand ein Haus auf Sie fallen ließe, würde Sie das schneller töten, als wenn man Ihnen die Luft zum Atmen nähme. Also ist doch ein Haus stärker?«

Wer oder was würde dieses Haus fallen lassen? Die Schwerkraft – eine weitere dieser mächtigen unsichtbaren »Kräfte«, die wir für selbstverständlich halten. Wenn die Schwerkraft das Haus nicht anziehen würde, wäre das Haus nicht zur Zerstörung fähig.

Und wie ist es mit dem Licht? Licht kann man nicht »sehen«. Erst wenn Licht von etwas reflektiert wird, können wir seine Wirkung erkennen. Wir sehen das Leuchten der Glühbirne, wir können das Licht sehen, das sie wirft, aber wie das Licht von der Birne zu den Objekten kommt, die es illuminiert, können wir nicht sehen.

Wenn die Sonne ausreichend Licht ausstrahlt, um die Erde zu beleuchten, warum ist dann der Raum zwischen der Erde und der Sonne dunkel? Weil die Lichtwellen unsichtbar sind, bis sie auf etwas auftreffen – das heißt auf die Erdatmosphäre (die aus unserer guten alten unsichtbaren Freundin besteht, der Luft.)

Und Wärme? Wir können Wärme nicht sehen, aber wir können sie mit Sicherheit spüren. Wissen Sie eigentlich, wie kalt die Erde wäre, wenn nicht die unsichtbare Atmosphäre (Luft), von der unsichtbaren Schwerkraft an Ort und Stelle gehalten, die unsichtbare Wärme »festhielte«? Kalt. Sehr kalt. Nachts etwa 175 Grad minus.

Kälte ist ähnlich wichtig für das menschliche Überleben – aber bis sich die Sache dem Gefrierpunkt nähert, kann auch Kälte nicht leicht gespürt werden.

Oder können Sie etwa durch reinen Augenschein bestimmen, wie warm oder kalt das Wasser in einer Badewanne ist? Wenn es nicht heiß genug ist, um zu dampfen, oder kalt genug, um zu gefrieren, können Sie es vermutlich nicht. Können Sie durch einen Blick durch die Fensterscheibe sagen, wie warm oder wie kalt es in einem Raum ist? Ohne ein paar Hinweise höchstwahrscheinlich nicht.

Und wenn wir einen Augenblick in uns schauen, stellen wir fest, daß unsere stärksten inneren Antriebskräfte nicht gesehen werden

*Das vorrangige Ziel der
Erziehung ist nicht Wissen,
sondern Handeln.*

HERBERT SPENCER

können. Liebe, Haß, Leidenschaft, Habgier, Angst, Verlangen, Lust, Mitgefühl, Barmherzigkeit, Güte – all die Gefühle, die uns motivieren, sind unsichtbar. Die Wirkungen können gesehen werden, die Emotionen nicht.

Und Gedanken? Nun, Gedanken sind so unsichtbar (ja, *Sie* können Ihre Gedanken sehen, aber sonst niemand) und so mächtig, daß wir meinen, sie verdienen ein Kapitel ganz für sich allein.

*Erachte nie etwas als für
dich von Vorteil, das dich dein
Wort brechen und deine
Selbstachtung verlieren läßt.*

MARCUS AURELIUS ANTONINUS
121–180

Die Macht der Gedanken

Jede menschliche Errungenschaft – vom Hoover-Staudamm bis zu dem Buch, das Sie in der Hand halten – begann als Einzelgedanke. (»Da könnte man einen Damm bauen.« – »Da könnte man ein Buch schreiben.«)

Dem Einzelgedanken folgten natürlich Millionen anderer. Manche waren optimistisch. (»Das hat der Welt gefehlt: ein neuer Damm!« – »Das hat der Welt gefehlt: ein neues Buch!«) Andere waren vielleicht pessimistisch (»Das hat der Welt gerade noch gefehlt: noch ein Damm!« – »Das hat der Welt gerade noch gefehlt: noch ein Buch!«).

Andererseits haben Gedanken nahezu keine Kraft. Machen Sie ein Eselsohr in diese Seite, ohne sie zu berühren. Konzentrieren Sie sich mit aller gedanklichen Macht darauf, eine Ecke dieser Seite umzuknicken. Ohne sie zu berühren – oder durch einen anderen berühren zu lassen –, knicken Sie eine Ecke der Seite um. Widmen Sie dieser Aufgabe Ihre gesammelte mentale Kraft, Energie, Aufmerksamkeit. Egal, welche Ecke. Machen Sie ganz einfach aus irgendeiner Ecke ein Eselsohr, ohne die Seite in irgendeiner Form zu berühren.

An diesem Punkt kommen viele auf höchst interessante Methoden, die Ecke umzuknicken, ohne unsere Bedingungen zu verletzen. »Vielleicht geht es, wenn ich das Buch offen über den Fußboden schiebe . . .« Das beweist den Einfallsreichtum des menschlichen Gehirns – und befördert die Erkenntnis, daß die Seite *nie* umgeknickt werden kann, ohne physikalische Einwirkung.

Wenn Sie noch nicht aufgegeben haben, so ist das nur zu begrüßen. Wir stellen Ihnen alle Zeit der Welt zur Verfügung, um sich nur mit Ihrer Willenskraft auf das Ziel eines Eselsohrs zu konzentrieren. Sie dürfen Freunde anrufen und Gruppen bilden (ganze Bewegungen, wenn Sie wollen), um mit Ihnen gemeinsam mental auf die Seite einzuwirken, damit sie endlich umknickt.

*Ich habe meinen Vater
angerufen, um ihm zu sagen,
daß ich mit dem Rauchen
aufgehört habe.
Er nannte mich einen
Verweigerer.*

STEVEN PEARL

Wenn Sie zur Einsicht gekommen sind, daß es mit Gedanken allein nicht zu bewerkstelligen ist, greifen Sie einfach hin und knikken Sie die Seite um. Sie brauchen nicht groß darüber nachzudenken. Greifen Sie ganz beiläufig hin und machen Sie ein Eselsohr. Es kann ein kleines oder ein großes Eselsohr sein. Aber tun Sie es. Auf der folgenden Seite sind weitere Einsichten zu gewinnen, und ein Eselsohr auf dieser Seite wird uns helfen, zu ihnen zu kommen. Ecke umgeknickt? Gut. Bitte blättern Sie um.

*Man muß ein gutes
Gedächtnis haben, um sich an
alle Versprechen zu erinnern,
die man gibt.*

FRIEDRICH NIETZSCHE
1878 (soweit wir uns erinnern)

Beachten Sie die Macht der Gedanken ohne Tat. In der physikalischen Welt scheinen sie nichts zu bewirken.

Beachten Sie die Macht der physischen Tat allein. Sie ist so effektiv, daß offenbar keine Anstrengung vonnöten ist. Die meisten Menschen brauchten nicht einmal zu arbeiten, um das Eselsohr hinzubekommen. Es war leicht. Ohne die »leitende« Macht der Gedanken ist die menschliche Körperkraft jedoch wie ein geistloser Gorilla in einem Atomkraftwerk. Man kann nur hoffen (oder beten, wenn Ihnen das lieber ist), daß sich der entstehende Schaden in Grenzen des Kraftwerks hält und daß bestimmte Knöpfe im Schaltraum nicht zufällig gedrückt werden.

Wenn Überlegung jedoch mit Aktion kombiniert wird, ist das Ergebnis beeindruckend – das gehört zu den gewaltigsten Dingen auf Erden. Die Verbindung von Kommunikation – das Austauschen von Gedanken und Überlegungen – und physischem Einsatz kann buchstäblich Berge versetzen.

Wäre es Ihr Ziel gewesen, die Ecke der letzten Seite umzuknicken, hätten wir Ihnen diese Überlegung jedoch nicht vermittelt, ist es höchst zweifelhaft, ob das Eselsohr je entstanden wäre.

Denken Sie an die Probleme, die wir – John-Roger und Peter McWilliams – gehabt hätten, die Seite in diesem Buch in genau dem Moment zu knicken, in dem Sie sie gefaltet haben, wenn wir es selbst hätten tun müssen. Ohne Ihre Hilfe wäre das eine nicht zu bewältigende Aufgabe gewesen.

Wir hätten zu Ihnen kommen und warten müssen, bis Sie auf der entsprechenden Buchseite angekommen sind, um dann zu sagen: »Entschuldigen Sie bitte mal« und die Seite zu kniffen. Dann hätten wir Ihnen das Buch mit Dank zurückgeben müssen, um wieder an unsere Arbeit zurückzukehren.

Mit Ihrer Hilfe war es jedoch ganz einfach. Wir brauchten lediglich ein paar Absätze zu schreiben, und Sie brauchten nur die Hand auszustrecken, um das Eselsohr zu fabrizieren. Die Wirkung eines von einem menschlichen Hirn zum anderen erfolgreich vermittelten Gedankens ist eine der beeindruckendsten Kräfte, die wir kennen.

*Eure Rede aber sei: Ja, ja,
nein, nein, was darüber ist, das
ist von Übel.*

MATTHÄUS 5,37

Ob das ausnahmslos funktioniert? Jein. Es ist vorstellbar, daß Sie einem anderen eine Überlegung vermitteln, der aber absolut nichts tut. Es ist vorstellbar, daß Sie einen Gedanken weitergeben, und der andere macht unter Umständen genau das Gegenteil. Es ist vorstellbar, daß Sie eine Überlegung vermitteln, und der »Empfänger« reagiert erst lange nachdem eine Reaktion wünschenswert gewesen wäre.

Aber wenn es klappt – dann hat das Stärke, Anmut und magische Kraft.

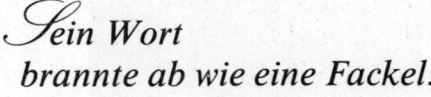

*Sein Wort
brannte ab wie eine Fackel.*

ECCLESIASTICUS

Das Auffangen von Träumen

Wie stark sind Überlegungen, die zu Träumen werden? Hier ein Beispiel.

In Calgary in Kanada dachte der Schriftsteller W. P. Kinsella über den Traum eines Farmers in Iowa nach. Indem er diesen Traum mit Handlung stützte, war er in der Lage, einen Vater mit seinem toten Sohn für ein Baseballspiel wieder zu vereinen.

Und Kinsella schritt zur Tat. Er schrieb einen Roman mit dem Titel »*Shoeless Joe*«. Das Buch wurde von Filmregisseur Phil Alden Robinson gelesen. Und ohne daß sie sich je begegneten, nahm der Regisseur den Traum des Schriftstellers auf. Robinsons Traum war es nun, einen Film zu drehen, der auf dem Buch basierte. Sein Traum war es auch, daß Kevin Costner darin die Hauptrolle spielte.

Er vermittelte seinen Traum Costner erfolgreich, der nun mithalf, den Traum an ein paar Geldleute von Hollywood weiterzugeben. Viele erfolgreich übermittelte Träume später wurde ein Film daraus: »*Field of Dreams*«.

Es war (und ist) ein großartiger Film, ein großer Erfolg (Hollywood-Übersetzung: Er spielte eine Menge Geld ein) und wurde für den Oscar nominiert.

Gut und schön. Aber die Macht dieses Traumes, dieses Gedankens, war damit noch nicht zu Ende.

Die Farm, auf der die Dreharbeiten stattfanden, gehört Don Lansing. Seit der Premiere des Films sind Tausende zu ihm nach Dyersville, Iowa, gepilgert, um – motiviert durch die Macht eines Traums – die Abwurfstelle zu sehen, ein bißchen Baseball zu spielen, zu heiraten (ja, auf der Homebase) – aber vor allem, um zu bestätigen, daß Träume wahr werden können und wahr werden.

Aber die Geschichte ist noch immer nicht zu Ende.

(Falls Sie den Film noch nicht gesehen haben, wäre jetzt ein hervorragender Zeitpunkt, das Buch beiseite zu legen, in eine Video-

Die Notwendigkeit ist der beste Ratgeber.

JOHANN WOLFGANG VON GOETHE

thek zu gehen, sich den Streifen auszuleihen, ihn anzusehen, um dann für das Ende der Geschichte zurückzukommen.)

Hier ist ein Brief, den Lansing im Herbst 1989 erhielt.

Dear Don,

obwohl Sie mich nicht kennen, wende ich mich mit diesem Brief an Sie. Ich heiße Jim Bohn. Mein Sohn Matt und meine Schwiegermutter Lena Blaha starben bei dem Absturz des United Airlines-Flug 232 am 19. Juli in Sioux City.

Im vergangenen Frühjahr habe ich mir mit meiner Familie den Film »*Field of Dreams*« angesehen, und er hat uns sehr gefallen. Aber ich hatte angenommen, daß es das »Spielfeld« nicht mehr gibt, daß Sie es nach Abschluß der Dreharbeiten neu bepflanzt hätten. Zu meiner Freude las ich gestern abend in unserer *Pittsburgh Press*, daß Sie das Spielfeld erhalten haben. Wie lange wird das noch der Fall sein? Werden Sie im nächsten Sommer auch noch Besucher begrüßen? Wir haben vor, im kommenden Sommer zum Jahrestag des Unglücks nach Sioux City zu fahren und würden gern bei Ihnen vorbeikommen, um es zu besichtigen.

Matt war zwölf Jahre alt, und er liebte Baseball über alles. Ich ebenfalls, wie auch schon mein Vater vor uns. Matts Mannschaft wurde von mir trainiert. In den letzten sechs Jahren haben wir beide viel Freude beim Baseball gehabt.

Wie Sie vielleicht wissen, ist das Flugzeug über einem Getreidefeld abgestürzt. Ich fand das alles sehr bedeutsam. Da war die Geschichte eines Farmers in Iowa, der sein Feld umpflügt, um ein Baseballfeld daraus zu machen, auf dem Träume wahr werden, und da war mein Sohn, der Baseball liebte und auf einem Getreidefeld in Iowa starb. Meine Träume fanden damit ein Ende.

Als ich nach dem Absturz in Sioux City war, wohnte ich im Briar Cliff College. Und von meinem Fenster aus konnte ich auf ein Baseballfeld sehen. Ich mußte immer wieder an den Film denken, an den Absturz und an ein Getreidefeld in Iowa. Darin mußte doch eine Botschaft liegen.

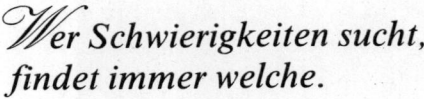

*Wer Schwierigkeiten sucht,
findet immer welche.*

Englisches Sprichwort

Als ich gestern abend den Zeitungsartikel las, da wußte ich, daß ich das »Spielfeld« besuchen muß. Bitte teilen Sie mir Ihre Pläne für das Feld mit. Ich hoffe, ich habe die Möglichkeit, dort noch einmal mit meinem Sohn spazierenzugehen.

Der Gedanke eines in Kanada lebenden Schriftstellers gab Millionen von Menschen Spannung und Vergnügen und spendete einer Familie in Bethel Park, Pennsylvania, Trost.

Das ist die Macht der Träume.

Solange er sich durch die chaotischen Strömungen des Lebens bewegt, ist niemand ohne Probleme.

CARL G. JUNG

Die Gedanken-Gefühle-Handlung-Pyramide

Erfolgreiche Leistungen erfordern die Anwendung und Koordination von drei Dingen: Gedanken, Gefühlen und Handlungen. Sie bilden die drei Seiten eines Dreiecks – eine Pyramide.

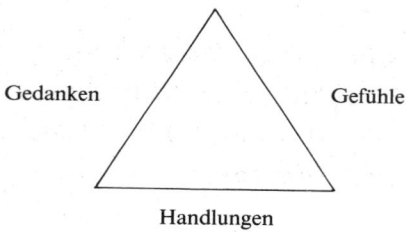

Gedanken   Gefühle

Handlungen

Wie ein Hocker, der für seine Stabilität mindestens drei Beine braucht, benötigen Leistungen für den erfolgreichen Abschluß Gedanken, Gefühle und Handlungen.

Die Gedanken leiten den Prozeß ein, bringen ihn in Gang. Gefühle halten die Gedanken lebendig, motivieren weitere Gedanken und bringen den Körper auf die Beine. Handlungen sind wichtig, um die nötigen physischen Aufgaben zu bewältigen.

Fehlt nur einer der drei Punkte, bricht die Pyramide in sich zusammen. Falls Sie mit einem Projekt beschäftigt sind – einer Überlegung, einem Traum –, das nicht so recht vorankommen will, dann benötigt vielleicht eine (oder benötigen mehrere) Seite/n Ihrer Pyramide ein bißchen Renovierungsarbeit. (Ein kleiner Tip: Häufig ist es das Gebiet der Handlungen, auf dem die Leute scheitern.)

Wir werden in der Folge Möglichkeiten vorstellen, Gedanken, Gefühle und aktives Handeln zu stärken und zu beleben.

Das Böse ist das, was mehr
Nachteile als Vorteile, und das
Gute, was mehr Vorteile als
Nachteile hat.

Denis Diderot

Engagement und Verpflichtung

Eins der stärksten Instrumente in der Werkzeugkiste der Errungenschaften ist die Kombination von Engagement und Handlungen.
W. H. Murray erklärt das in »The Scottish Himalayan Expedi-
tion« so:

»Bevor man sich verpflichtet, ist das Zögern, die Möglichkeit,
sich zurückzuziehen, immer ineffektiv. Im Hinblick auf alle ein-
leitenden (und kreativen) Schritte gibt es eine elementare Wahrheit, deren Mißachtung zahllose Ideen und großartige Pläne
sterben läßt: daß sich in dem Moment, in dem man sich verpflichtet, auch die Vorsehung eingreift. Es tauchen alle möglichen hilfreichen Dinge auf, die es sonst nie gegeben hätte. Eine
ganze Flut von Ereignissen entströmt der Entscheidung und
setzt zu unseren Gunsten alle Arten unvorhergesehener Vor-
kommnisse, Zusammentreffen und materieller Hilfestellungen
in Gang, von denen man sich zuvor nichts hätte träumen lassen.
Ich habe Goethes Vers überaus schätzengelernt:
Säume nicht, dich zu erdreisten,
wenn die Menge zaudernd schweigt!
Alles kann der Edle leisten,
der versteht und rasch ergreift.«
Falls Sie sich einer Sache so verpflichtet fühlen, daß Sie *annehmen*, sie würde geschehen, dann handeln Sie so, als wäre sie bereits
Realität. Diese Aktivität ist eine große Bestätigung.
Aber wenn Sie sich zurücklehnen und sagen, Sie wären enga-
giert, dann aber auf irgendeine Bestätigung von außen warten, bevor Sie handeln, wird vermutlich gar nichts passieren. Das nennt
man »auf Nummer Sicher gehen«. Wir können dieses Spiel nicht
empfehlen. Es ist nicht nur ineffektiv und nachteilig für einen
selbst, sondern es wird bereits von Leuten gespielt, die *Meister*
sind. Das Spielfeld ist überfüllt. Sie werden lange und intensiv stu-
dieren müssen, um die in diesem Spiel schlagen zu können.

*Der einzige Grund, der mich
zum Jogging bewegen könnte,
ist die Tatsache, daß ich dann
endlich wieder ein paar schwere
Atemzüge hören könnte.*

ERMA BOMBECK

Zeigen Sie Mut. Engagieren Sie sich und handeln Sie. Das Ausmaß Ihrer Handlungen läßt Rückschlüsse auf die Stärke Ihres Engagements zu. Es kann auch den Grad der Reaktion entscheiden, die Sie aus Ihrer Umgebung bekommen. Wenn Sie Ihren Freunden sagen: »Eines Tages fahre ich nach Hawaii«, werden sie Ihnen vermutlich antworten: »Wie schön.« Aber wenn Sie ihnen das auf dem Weg zur Tür sagen, mit einem Koffer in der Hand und einem Flugticket in der Tasche ihres farbenfroh geblümten Hemdes, werden Ihre Freunde fragen: »Sollen wir dich zum Flughafen fahren? Hast du auch alles? Können wir dir deinen Lei tragen helfen?«

Was ist Ihre Absicht? Engagieren Sie sich dafür. Welche Erfahrungen und Erlebnisse streben Sie an? Engagieren Sie sich regelmäßig für diese Erfahrungen. Werfen Sie einen Blick auf Ihre Topten- Liste. Engagieren Sie sich für jeden einzelnen Punkt.

Sie engagieren sich schließlich nicht für ein x-beliebiges Projekt. Sie engagieren sich für sich selbst.

337

*Die Verschiedenheit des
Objekts ändert
nichts am Einmaligen der
Leidenschaft.
Sie vertieft es nur.*

OSCAR WILDE

Ihr Wort, und wie Sie es halten

Die Vereinbarungen, die wir treffen, treffen wir immer nur mit uns – und manchmal schließen sie auch andere Menschen ein. In dieser Hinsicht sind sie wie Beziehungen: Alle unsere Beziehungen schließen wir mit uns selbst – und manchmal betreffen sie auch andere Menschen.

Ihr Wort ist eins Ihrer wertvollsten Güter. Geben Sie es nicht leichtfertig. Wenn Sie es einmal gegeben haben, dann tun Sie alles in Ihrer Macht Stehende, es nicht zu brechen. Wie eine zerbrochene Tasse ist ein gebrochenes Wort von keinem großen Wert.

Macht eine gebrochene Abmachung denn schon etwas aus? Eine gebrochene Vereinbarung ist wie ein Sandkorn. Für einen See ist ein Sandkorn nichts. Sammeln Sie aber ausreichend Sandkörner an, und aus dem See wird ein Sumpf. Fügen Sie genügend weitere Sandkörner hinzu, und der See verlandet. Bei weiterer Zufuhr wird er eine Wüste. (Haben Sie sich innerlich je öde und leer gefühlt? Haben Sie schon einmal ein Ziel gesetzt und sich dann gefragt, warum es nicht wächst?)

Nein, ein Sandkorn macht nicht viel aus (es sei denn, der Wind des Schicksals treibt es Ihnen ins Auge). Aber sammeln Sie Tag für Tag ein Leben lang Sandkörner an, und die Wirksamkeit des eigenen Handelns könnte aufs Sandschaufeln beschränkt werden.

(Falls Ihnen dieses letzte Bild zu plump erscheint, sollten Sie erst einmal die kennen, die wir verworfen haben: Ihr Leben könnte unter Umständen über die Sandkiste nicht hinauskommen; Sie könnten alle Ihre Golfbälle in den Bunker schlagen; wenn Sie Vereinbarungen mit anderen nicht einhalten, müssen Sie damit rechnen, mit einem Sandstrahlgebläse angegriffen zu werden; wenn Sie im Umgehen von Vereinbarungen allzu behende werden, könnten Sie im Treibsand enden; Sie könnten von einer bösen Sandhexe heimgesucht werden und so weiter und so weiter.)

Die meisten Menschen (wir mit Sicherheit) blicken auf eine

*Ich hätte gern, daß Christus
wiederkommt,
den Haß in der Welt zerstört
und die Menschen dazu bringt,
die Waffen niederzulegen.
Ich hätte auch sehr gern noch
eine Hit-Single.*

TINY TIM

schier endlose Reihe nicht eingehaltener Vereinbarungen zurück.
Und das ist eine Menge Sand. Also ist es hoffnungslos? Ganz und
gar nicht. Erklären Sie Ihre früher gebrochenen Abmachungen
zum Strand, und machen Sie mit Ihrem Leben weiter. (Die Methoden in den Kapiteln »Vergeben« und »Vergessen« sind dafür besonders nützlich, ebenso die in »Vergangenheitsheilung«.)

Was bedeutet es wirklich, sein »Wort zu halten«? Es bedeutet
»halten« wie in »Halte, was du hast, daß niemand deine Krone
nehme« (Offenbarung 3,11), wie bei: »Was hält deines Schlafes Li-
der noch offen? Nur eines heimlichen Vogels Gesang« (Algernon
Charles Swinburne), wie in »halte deinen Freund« (Shakespeare);
wie in »Und durch ihre Strahlen wird mich die Tugendhaftigkeit
warm halten« (John Dryden); wie in »Vertraut auf Gott, Jungs,
und haltet euer Pulver trocken!« (Valentine Blacker). »Halten«
wie in »Halte einen grünen Baum in deinem Garten; es könnte
sein, daß ein Singvogel kommt« (chinesisches Sprichwort).

Aber wenn unser Wort so wichtig ist – was (oder wer) könnte uns
davon abhalten, es zu halten? Wieder präsentieren wir eine Reihe
schon vertrauter Typen: Rebellen, Ahnungslose, Komfortsüchtige
und Anerkennungsfanatiker. (Gehen Sie übrigens mit dieser un-
würdigen Sippe nicht allzu hart ins Gericht. Die Meisterlehrer bedienen sich ihrer als Meister-Prüfer. Sie sind auch Freunde.)

Rebellen halten eine »Regel« allein deshalb nicht ein, weil es
eine Regel ist. Sie behaupten, »Regeln sind für Flegel!« Und sie
betrachten Vereinbarungen jeder Art – einschließlich jener, die sie
selbst treffen und bei denen es um Dinge geht, die sie tun wollen –
als Regeln. Sie beharren darauf, keine festen Verpflichtungen im
Leben zu haben – nur Optionen.

Ahnungslose bedienen sich stets der Entschuldigung »Ich habe
es vergessen!«, wenn eine Abmachung nicht eingehalten wurde
(was häufig genug geschieht). Wenn sie es *wirklich* vergessen haben, betrachten sie das als hinlängliche Entschuldigung. Fragt man
ihn: »Warum hast du es dir denn nicht aufgeschrieben?«, antwortet der Ahnungslose sehr wahrscheinlich: »Das wollte ich, habe es
dann aber vergessen.« Sein Notizbuch hätte er vor geraumer Zeit

Die Bestätigung des Lebens ist der geistige Akt, durch den der Mensch aufhört, unreflektiert zu leben, und anfängt, sich seinem Leben mit Achtung zu widmen, um ihm seinen wahren Wert zu geben. Das Leben bestätigen heißt, es vertiefen, verinnerlichen und den Lebenswillen stärken.

ALBERT SCHWEITZER

verlegt. Wie lange das her ist? Nun, die Antwort darauf kennen Sie mit Sicherheit.

Komfortsüchtige werden Vereinbarungen halten – falls ihnen das im Moment paßt. Aber wenn es bedeutet, etwas Unbequemes tun zu müssen, machen sie es nicht. Und das ist meistens der Fall. Eine Abmachung zu treffen ist leicht. (Es ist weniger unangenehm, als abzulehnen.) Aber zum gegebenen Zeitpunkt wirklich etwas zu tun, ist nicht bequem. Anzurufen und zu sagen, sie wären leider unabkömmlich, ist ebenfalls unbequem. Daher vermeiden sie es, sich in derartige Situationen zu begeben.

Anerkennungsfanatiker stimmen bereitwillig zu, etwas zu tun, weil ihnen das Anerkennung bringt. Ihre Terminkalender sind hoffnungslos überfüllt und machen das Einhalten dieser oft widersprüchlichen Abmachungen schlicht unmöglich. Doch wenn sie sich nicht an Vereinbarungen halten, haben sie ganz ausgezeichnete Gründe – Krankenbesuche, Zuwendung für die Mühseligen und Beladenen –, die ihnen wiederum Anerkennung bringen.

Wie man Abmachungen einhält? Hier sind ein paar Vorschläge:

1. **Treffen Sie nur Vereinbarungen, die Sie auch halten wollen.** Lernen Sie es, nein zu sagen oder vielleicht: »Ich komme darauf zurück« (aber kommen Sie dann auch wirklich darauf zurück). Wenn Sie im Augenblick der Vereinbarung nur halbherzig zustimmen, werden Sie mit großer Wahrscheinlichkeit aus vollem Herzen ablehnen, wenn der Zeitpunkt gekommen ist. Also äußern Sie Ihr Nein.

2. **Nehmen Sie jede Abmachung wichtig.** Mit jeder Vereinbarung geben Sie Ihr Wort. Halten Sie es heilig. Manche Menschen spielen gern das Spiel: »Diese Vereinbarung ist wichtiger als jene Vereinbarung.« Im Hinblick auf damit verbundene Dinge mag das sogar stimmen, aber im Hinblick auf Sie selbst kostet es jedesmal etwas, wenn Sie Ihr Wort brechen – egal, wie belanglos die Vereinbarung auch sein mag.

3. **Halten Sie einmal getroffene Abmachungen.** Selbst wenn das Einhalten einer eingegangenen Verpflichtung unbequem, unangenehm und in gewisser Weise unerschwinglich sein sollte,

*Es bringt nichts, dreißig Jahre
lang mehr schlecht als recht
eine Schweinefarm zu führen,
aber zu sagen:
Eigentlich war ich zum
Ballettänzer bestimmt.
Nach dieser Zeit sind Schweine
dein Lebenszweck.*

QUENTIN CRISP

tun Sie es dennoch. Das könnte Ihnen – durch Erfahrung – die Weisheit von Vorschlag Nummer eins vor Augen führen. Sich in letzter Minute irgendwelchen Vereinbarungen zu entziehen wird Ihnen beweisen, wie gut Sie sich darauf verstehen, Abmachungen zu umgehen. Die meisten von uns können das bereits ziemlich gut.

4. **Schreiben Sie Vereinbarungen auf.** Führen Sie einen Kalender oder ein Notizbuch. Zeichnen Sie Ihre Verpflichtungen auf. Überprüfen Sie den Kalender wenigstens einmal am Tag.

5. **Bleiben Sie in Verbindung.** Sollte ein Konflikt auftauchen, der Sie dazu zwingen könnte, eine Vereinbarung zu verändern, dann äußern Sie sich, sobald Sie den Konflikt entdecken. Es gibt zwei Möglichkeiten, eine Abmachung neu zu fassen. Sie können sagen: »Es hat sich da etwas ergeben, das wichtiger ist als meine Vereinbarung mit dir. Also laß uns neu überlegen« oder: »Wir haben zwar eine Abmachung, aber es wäre mir wirklich lieber, wenn wir die auf einen anderen Zeitpunkt verschieben könnten, da gerade etwas Wichtigeres aufgetaucht ist.« Welche Form halten Sie für zuverlässiger, höflicher und mehr zu empfehlen? (Übrigens, falls Sie sich für die zweite Möglichkeit entscheiden, dann sagen Sie es nicht so hin – halten Sie sich daran. Falls der andere entgegnet: »Ich möchte aber trotzdem, daß du dich an unsere Vereinbarung hältst«, dann zeigen Sie sich dazu bereit.)

Wenn Sie Ihr Wort getreulich halten – zuverlässig, unverbrüchlich und aufrichtig –, werden Sie seine Stärke erkennen können. Setzen Sie es bei einem wichtigen Anliegen ein – besonders einem Ihrer Wahl –, wird seine Wirksamkeit eindrucksvoll sein. Seine Erfolge sind nicht zu übersehen.

Ich nehme meine Kinder überallhin mit, aber sie finden immer wieder nach Hause.

ROBERT ORBEN

Disziplin

Die meisten von uns assoziieren das Wort Disziplin mit unausweichlicher Bestrafung – Lehrer der vierten Klasse und Militärs sind für Disziplin berüchtigt. Es ist kein Kompliment, jemandem zu bescheinigen, er achte auf die Wahrung der Disziplin.

Auch jemanden machiavellistisch zu nennen ist nicht besonders nett. Vielleicht war es Machiavelli, der die Disziplin in einen so schlechten Ruf brachte. 1532 schrieb er: »Ein Prinz sollte daher kein anderes Sinnen und Trachten haben als Krieg und Disziplin, denn das ist die einzige Kunst, die ein Herrscher beherrschen muß.«

Das Wort Disziplin kommt jedoch von zwei sehr positiven Worten: *discipulus* heißt Schüler und *discere* heißt lernen. Disziplin ist also die Tatsache, daß sich ein Schüler seinem Lernstoff widmet.

Wir stellen uns Disziplin nicht als etwas vor, daß man tun muß (das entspräche der Schule der Askese), sondern als die Konzentration auf die Ziele, die man hat.

Sobald Sie Ihre Aufmerksamkeit auf ein Ziel ausrichten, werden Gefühle und Körper entsprechend reagieren. Unsere Aufmerksamkeit ist wie der Strahl einer Taschenlampe in einem dunklen Raum. Was wir im Strahl der Lampe erblicken, bedenken wir mit (guten oder negativen) Gefühlen, und dann stellt sich unser Körper darauf ein. 1799 schrieb Schiller darüber: »Das Auge sieht den Himmel offen, / das Herz ist trunken vor Glück.«

Sind Sie es beispielsweise zufrieden, dieses Buch zu lesen? Wenn ja, dann ist es das, worauf Sie Ihre Konzentration richten sollten. Sie können es aber auch negativ sehen, indem Sie an all jene wundervollen Dinge denken, die Ihnen in den Momenten entgehen, in denen Sie hier herumsitzen und die Seiten umblättern. Das Buch soll jedoch angeblich gut für Sie sein, also bleiben Sie sitzen und lesen es – ganz egal, wie sehr Sie es sich auch wünschen mögen, etwas ganz anderes zu tun.

Während der eine zögert,
weil er sich zweitklassig fühlt,
scheut sich ein anderer nicht,
einen Fehler nach dem anderen
zu machen und erstklassig zu
werden.

HENRY C. LINK

Und so sehen sehen viele Menschen die Disziplin. Unser Vorschlag? Konzentrieren Sie sich auf Ihre Ziele. Wenn das, was Sie im Augenblick tun, auch nicht vollständig befriedigend und erfreulich ist (wir meinen natürlich nicht diesen Moment und dieses Buch; wir meinen irgendeinen anderen Moment mit einem anderen Buch), dann fragen Sie sich: »Führt meine Lektüre zu etwas Positivem?« Wenn ja, dann sollten Sie sich darauf konzentrieren. Wenn nicht, beschäftigen Sie sich mit etwas anderem. Das heißt es im Grunde, ein Schüler zu sein.

*Aber der Mensch entwirft,
und Zeus vollendet es anders!*

HOMER

Das Positive sehen

Haben Sie sich schon einmal gefragt, warum es eigentlich so schwer ist, die negativen Gedanken aus dem Kopf zu verbannen? Sind Sie schon einmal »mit sich ins Gericht gegangen«, weil es Ihnen nicht gelungen ist, positiver zu denken? Zu Selbstvorwürfen besteht durchaus keine Veranlassung. Unsere Chancen und Aussichten sind doch so, daß es fast ein Wunder ist, wenn wir überhaupt positive Gedanken haben.

Hier einige Reaktionen, die wir nicht empfehlen können.

1. **Die Kampf- oder Flucht-Reaktion.** Das ist eine uns innewohnende physiologische Entgegnung auf Gefahr. Werden irgendwelche Gefahren wahrgenommen (sie müssen nicht wirksam werden, sie brauchen nur wahrgenommen zu werden), reagiert der Körper. Er löst Alarm aus und bereitet sich darauf vor, entweder zu kämpfen und davonzulaufen. Das war über Millionen von Jahren eine durchaus angebrachte menschliche Abwehr, doch heute ist sie für die meisten von uns kontraproduktiv. (Sollten Sie Ihren Lebensunterhalt jedoch als Angehöriger von Polizei oder Feuerwehr oder als Kandidat von TV-Quiz-Shows verdienen, könnte es noch immer eine recht angebrachte Möglichkeit sein.) Zur Kampf- oder Flucht-Reaktion gehört es, die Gedanken auf das zu konzentrieren, was um einen herum nicht stimmt. Das war in den Tagen sehr nützlich, als die Menschen einen Säbelzahntiger erspähen mußten, bevor der sie erspähte. Heutzutage fördert diese intensive und fast besessene Suche nach etwas, was nicht stimmt, mit Sicherheit irgend etwas zutage, das nicht ganz in Ordnung ist. (Es gibt immer etwas, das nicht stimmt.) Dieses »Etwas« könnte, wie belanglos auch immer, eine neue Runde der Kampf- oder Flucht-Reaktion auslösen. Die gute Nachricht? Das alles erfolgt absolut automatisch.

2. **Programmierung in der Kindheit.** Wie schon betont, haben uns unsere Eltern zum größten Teil auf das Leben vorbereitet, indem sie uns sagten, was wir nicht tun sollten. All das, was wir rich-

Gegen das Fehlschlagen eines Plans gibt es keinen besseren Trost, als auf der Stelle einen neuen zu machen.

JEAN PAUL

tig machten – und das war nicht wenig –, wurde schnell als »Normalverhalten« akzeptiert (und dann vorausgesetzt). Und wenn wir dann und wann von ihrer Kindheits-Schablone abwichen? Dann sank unsere Popularitätskurve. (Diesen Punkt können Sie überspringen, falls Ihre Eltern zu den Ausnahmen gehörten, die lächelnd feststellten: »Ist es nicht entzückend? Wie bemerkenswert individualistisch von dir, die Katze in Honig zu baden!«) Wir wurden die meiste Zeit darauf trainiert, nach dem Bösen Ausschau zu halten, damit wir es ja nicht taten. Ist es da verwunderlich, wenn wir uns auch heute dabei ertappen, ganz unbewußt unsere Umgebung danach zu erforschen, ob sich da nicht etwas Böses versteckt – damit wir es nie, nie tun?

3. **Das ganze Negative um uns herum.** Wir stellen die Nachrichten an, und was bringen sie? Schlechte Nachrichten. Wir greifen zur Zeitung, und was lesen wir? Neuigkeiten über die neuesten Katastrophen. Die Werbung warnt uns vor schlechtem Atem, Körpergeruch, Verstopfung und dem unangenehmen Gefühl, wenn einem mal ein Sesamkorn unter die Zahnprothese rutscht. Das beliebteste Gesprächsthema? Klatsch. Die beliebteste Beschäftigung? Klagen. In regelmäßigen Abständen treffen sich die unzähligen Mitglieder des »Ist-es-nicht-wirklich-unerträglich?-Clubs« überall im Lande.

4. **Alles bricht auseinander (Entropie).** Was sagen Sie zu diesem Gesetz der Entropie? Alles, aber auch wirklich alles befindet sich im Zustand der Auflösung. Lassen Sie doch mal etwas irgendwo stehen oder liegen, schon fängt es an zu verrotten. Das ist bekannt, aber brauchen wir unbedingt eine mathematische Formel, die uns sagt, wie schnell das geht? Entropie kommt von einem griechischen Wort mit der Bedeutung von Veränderung. Doch in Wirklichkeit geht es doch darum, daß sich alles in etwas Schlechteres verändert.

All das muß zwangsläufig zu negativen Gedanken führen. Doch das ist nicht wichtig. Wirklich nicht. Lassen Sie sie durch Ihren Kopf treiben wie Blätter über eine Terrasse. Es besteht überhaupt keine Veranlassung, sich gegen sie zu wehren. Übersehen Sie sie,

Wir können so tun, als gäbe es einen Gott. Wir können so tun, als wären wir frei. Wir können so tun, als stecke die Schöpfung voller besonderer Pläne, und wir können planen, als wären wir unsterblich. Und dann stellen wir fest, daß das einen großen Unterschied in unserem moralischen Verhalten ergibt.

WILLIAM JAMES

oder befassen Sie sich mit ihnen. (Wir reden hier von Gedanken, nicht von Blättern.)

Sie müssen sich auf Ihr Ziel konzentrieren. Worauf richten Sie – im großen Ablauf der Geschehnisse – Ihre Aufmerksamkeit? Wenn Sie Ihr Ziel fest im Blick haben, können Sie bis zu dessen Erreichen alle möglichen positiven und negativen Gedanken haben. (Und werden die auch haben.)

Es ist wie eine Reise. Solange Sie sich auf Ihren Bestimmungsort zubewegen, ist alles in Ordnung. Erst wenn Sie innehalten oder von Ihrem eingeschlagenen Kurs abweichen, könnten ein paar Korrekturen angebracht sein.

Die, denen die Zugfahrt gefällt, kommen zur selben Zeit am selben Zielort an wie jene im Zug, denen die Strecke nicht gefällt. Aber es gibt durchaus Methoden, mit deren Hilfe Sie an der Fahrt mehr Gefallen finden können. Etliche davon werden im nächsten Abschnitt (Teil fünf) genannt. Für den Augenblick ist es für Sie nur wichtig, sich in dem Zug zu befinden, der in die von Ihnen angestrebte Richtung fährt.

Selbstverständlich werden Sie sich wohler fühlen, wenn Sie mehr positive Gedanken haben. Wenn Sie sich wohl fühlen wollen, denken Sie an erfreuliche Dinge. Ein nicht abreißender Strom »positiver Gedanken« ist jedoch nicht vonnöten, um Ihr Ziel zu erreichen. Antrieb, Bewegung und Richtung sind es.

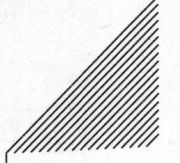

*Der Sieg gehört
den Beharrlichsten.*

NAPOLEON

Bestätigungen

»Bestätigen« heißt, etwas sicherer, klarer und realer zu machen. Gedanken – keine allzu massive Angelegenheit – werden je solider, desto häufiger sie wiederholt werden. Dadurch werden sie zu Gefühlen, Einstellungen, Erfahrungen – »Dingen«. Was wir denken, das werden wir.

Wir bestätigen und bekräftigen pausenlos. Manchmal bestätigen wir Negatives, manchmal bekräftigen wir Positives. »Ob du glaubst, du kannst etwas tun, oder ob du glaubst, du kannst es nicht – du hast recht«, sagte Henry Ford.

Natürlich raten wir Ihnen, ganz bewußt das Positive zu bestätigen. Leider haben es sich viele bereits zur unbewußten Gewohnheit gemacht, das Negative zu bekräftigen. Um das zu ändern, zitieren wir Johnny Mercer: »Du mußt das Positive betonen, das Negative ausschalten, dich ans Bejahende klammern.«

Bekräftigungen beginnen für gewöhnlich mit: »Ich bin . . .«, also: »Ich bin ein zufriedener, gesunder, wohlhabender Mensch.« »Ich bin gut gelaunt, was auch um mich herum geschieht.« »Ich bin liebevoll und zugänglich.« Auch wenn Sie eher materielle Dinge bekräftigen wollen, sollten Sie ebenfalls mit »Ich bin . . .« anfangen: »Ich bin sehr zufrieden und glücklich mit meiner neuen Wohnung.« »Ich bin glücklich in meiner neuen Stellung. Sie macht mir Spaß.«

Bestätigungen erfolgen am besten in der Gegenwartsform. Was bekräftigt die Feststellung: »Ich möchte ein neues Auto«? Daß Sie sich ein neues Auto wünschen. Wenn Ihr Wille der Wunsch nach einem neuen Wagen ist, dann ist das eine gute Bestätigung. Doch Sie sind vermutlich vor allem auf das Auto aus. »Ich bin sehr zufrieden und glücklich über mein neues Auto.« Bekräftigen Sie es so, als hätten Sie bereits, was Sie sich wünschen, auch wenn Sie es noch nicht haben. (Das Wort, auf das es ankommt, ist »noch nicht«.)

In Endymion sprang ich kopfüber ins Meer und wurde so vertrauter mit der Tiefe, dem Treibsand und den Felsen, als wenn ich am grünen Ufer geblieben wäre, eine unsinnige Pfeife geraucht, Tee getrunken und gute Ratschläge befolgt hätte.

JOHN KEATS
1818

Ganz egal, wie »unmöglich« oder »unerreichbar« etwas auch erscheinen mag – kleiden Sie es in eine bestätigende Form. Sagen Sie es mindestens hundertmal laut vor sich hin, bevor Sie darüber entscheiden, wie »unmöglich« etwas sein könnte. Nach hundert Wiederholungen ist es immerhin möglich, daß Sie sich an die Vorstellung bereits gewöhnt haben, sie für erreichbar zu halten.

Sie können Ihre Bestätigungen aufschreiben und irgendwo dort deponieren, wo Sie sie sehen können – am Badezimmerspiegel, am Kühlschrank, neben dem Bett, auf dem Armaturenbrett Ihres Autos. Sie können sie auch auf Tonband aufnehmen und Tag und Nacht als Hintergrundberieselung ablaufen lassen.

Eine sehr wirksame Methode besteht darin, Ihre Bestätigung laut aufzusagen, während Sie sich im Spiegel in die Augen blicken. Alle Ihre möglichen Zweifel an der Durchsetzbarkeit Ihrer Ziele werden sichtbar werden – aber bleiben Sie beharrlich. Sitzen Sie die negativen Stimmen und skeptischen Gefühle einfach aus. Legen Sie den Keim Ihrer Bestätigung möglichst tief.

Sie können sich auch Bestätigungen anderer Menschen ausleihen, aber vergessen Sie nicht, daß Sie durchaus in der Lage sind, sich Ihre eigenen zu schaffen. Sollten Sie anderer Meinung sein, dann beginnen Sie mit der Versicherung: »Ich genieße den Erfolg der herrlichen Bestätigungen, die ich mir selbst schaffe.« Doch das war hoffentlich die letzte Bestätigung, die andere für Sie verfaßt haben. (Und Ihnen wäre mit Sicherheit eine viel bessere Formulierung eingefallen.)

Schon Ihre Absicht ist eine Bestätigung. Sagen Sie sich das immer wieder. Suchen Sie nach Bekräftigungen für jedes Erlebnis, das Sie sich wünschen. Sie können durchaus simpel sein: »Ich bin zufrieden.« »Ich bin froh, ruhig und gelassen.« »Ich liebe.« »Ich bin stark und energiegeladen.« Schreiben Sie auch mehrere Bestätigungen für jeden Punkt auf Ihrer Top-ten-Liste.

Bestätigungen greifen, sobald Sie sie einsetzen. Je häufiger Sie sie anwenden, desto besser wirken Sie. Sie können zu jeder Zeit überall eingesetzt werden – bei fast allem, was man so tut.

Es ist eine gute Idee (eine sehr gute), alle Bestätigungen mit der

*Mit dem Netz der Feigheit
werden nie gefischt des Glückes
Störe.*

FINNISCHES SPRICHWORT

Formulierung beenden:».. . entweder das oder Besseres zum größten Nutzen aller Beteiligten.«

Dieses »entweder das oder Besseres« läßt Raum für weitere Millionen, wenn Sie um eine gebeten haben, und »zum größten Nutzen aller Beteiligten« stellt sicher, daß Ihre Bekräftigung auf eine Weise erfüllt wird, die zum Besten aller ist.

Hier sind einige Bestätigungen, um Sie auf Trab zu bringen, aber es ist eine sehr kurze Auflistung. Sie sollten es lernen, Ihre Wünsche und Sehnsüchte ganz automatisch in Bestätigungen und Feststellungen zu verwandeln. Dann fangen Sie Ihre negativen Gedanken ein, drehen sie um und machen Bestätigungen aus ihnen. Durch geringfügige Änderungen, in den meisten Fällen durch Weglassen des Wörtchens »nicht« (»Ich kann nicht«, »Ich werde nicht« und so weiter) ist es Ihnen möglich, diesen Chor der Zweifler und Skeptiker zu einem Lobgesang der Bestätigungen zu machen.

* Ich habe mir selbst gegenüber nur angenehme, liebevolle Gefühle.
* Das Gute in meinem Leben ist nicht unverdient.
* Ich befinde mich im Einklang mit der Welt und habe mehr, als ich unbedingt brauche.
* Ich bin froh, mit meinem Wissen das Beste zu tun und alles zu meiner Persönlichkeitsentfaltung zu nutzen.
* Ich verzeihe mir bedingungslos.
* Ich bin für mein Leben sehr dankbar.
* Ich empfinde Liebe und nehme mich und andere so, wie wir nun einmal sind.
* Ich sehe in allen Problemen eine Chance, klüger und toleranter zu werden.
* Ich bin ruhig und gelassen im Vertrauen darauf, daß es einen höheren Plan für mich gibt.
* Ich konzentriere mich ganz automatisch und uneingeschränkt auf das Positive.
* Ich gestatte mir zu leben, zu lieben und zu lachen.

*D*as Leben ist entweder
ein wagemutiges
Abenteuer oder nichts.
Die Natur kennt keine
Sicherheit, noch erfahren es die
Menschenkinder in ihrer
Gesamtheit.
Gefahren zu umgehen ist
letztendlich nicht sicherer, als
sich ihnen zu stellen.

HELEN KELLER

* Ich suche und schaffe mir Bestätigungen, um mit ihrer Hilfe ein glückliches, vielseitiges und erfülltes Leben zu führen.
* ... entweder das oder Besseres für den größten Nutzen aller Beteiligten.

*Ein Feigling stirbt hundert
Tode, ein Tapferer nur
einen . . .
Aber einmal ist schließlich
genug, oder?*

RICHTER HARRY STONE

Effektivität kontra Effizienz

Der beste Vergleich zwischen Effektivität und Effizienz, den wir gehört haben, lautet so: »Effizienz heißt, eine Aufgabe richtig zu bewältigen. Effektivität heißt, die richtige Aufgabe zu bewältigen.« Menschen, die sich im Leben auszeichnen – die sogenannten »Sieger« –, bewältigen nicht doppelt, fünfmal oder hundertmal soviel wie die »durchschnittlichen« Sterblichen. Sieger, so hat sich herausgestellt, schaffen nur wenige Punkte mehr als jeder sonst.

Die Sieger eines Zwei-Stunden-Marathons brauchen nur ein paar Sekunden vor den anderen Läufern im Ziel zu sein, um zu gewinnen. Erster, zweiter und dritter Sieger können alle innerhalb derselben Minute eintreffen. Die 20 000 restlichen Konkurrenten sind nur Nummern.

In der Wirtschaft erledigen »Sieger« nur fünfmal mehr Telefonanrufe täglich als der Durchschnitt, lesen fünfmal so viele Zeitschriften oder haben fünf gute Ideen mehr pro Jahr.

Es geht jedoch keineswegs nur um Menge oder Schnelligkeit. Im sportlichen Wettbewerb wie im Leben geht es nicht darum, wie viele Konkurrenzen oder Wettbewerbe man gewinnt, sondern welche. In der Qualität zeigt sich der Meister.

Manche erklären das mit der 80/20-Theorie: Achtzig Prozent Ihrer Bemühungen produzieren zwanzig Prozent Ihrer Resultate, und zwanzig Prozent Ihrer Anstrengungen produzieren achtzig Prozent Ihrer Resultate.

Die Theorie behauptet, daß Sie in achtzig Prozent Ihrer Zeit zwanzig Prozent Ihrer Kleidung tragen und in zwanzig Prozent Ihrer Zeit achtzig Prozent Ihrer Kleidung. Sie verbringen achtzig Prozent Ihrer Zeit mit zwanzig Prozent Ihrer Freunde und Bekannten sowie zwanzig Prozent Ihrer Zeit mit achtzig Prozent Ihrer Freunde. Im Beruf produzieren Sie mit zwanzig Prozent Ihrer Fähigkeiten achtzig Prozent Ihrer Resultate und mit achtzig Prozent Ihrer Ressourcen zwanzig Prozent Ihrer Ergebnisse und so weiter.

Oft genug hatten wir nur noch ein letztes Stück Speck, und dann fragte ich:
»Wollen wir es essen, oder soll ich es für Seife opfern?« Dann sagte euer Onkel Jed:
»Opfere es. Für uns arme Leute wird der Herr sorgen, aber waschen müssen wir selbst.«

GRANNY
»THE BEVERLY HILLBILLIES«

Das sind selbstverständlich keine exakten Zahlen. Und dennoch zeigen sie, daß Anstrengungen und Ergebnisse nicht notwendigerweise im direkten Verhältnis zueinander stehen müssen – das ist nicht einmal annähernd der Fall.

Selbst wenn die 80/20-Theorie nur zum Teil zutrifft: Stellen Sie sich einmal vor, was passieren würde, wenn Sie die Zeit und die Ressourcen der weniger effektiven Achtzig-Prozent-Aktivitäten nähmen und sie den höchst effektiven Zwanzig-Prozent-Dingen zuwiesen. Ein Prozent wirkungsvollerer Aktivität würde fünf Prozent mehr Ergebnis bringen.

Wie Sie die achtzig Prozent von den zwanzig Prozent unterscheiden sollen? Durch Beobachtung. Hinschauen. Hinhören. Hören Sie beispielsweise auf Rudyard Kiplings Kinderreim: »Ich habe sechs aufrechte Diener, sie brachten mir bei, was ich kann. Sie heißen Was, Warum, Wie, Wer, Wo und Wann.« Achten Sie auf das, was Sie tun, und die Ergebnisse, die Ihre Aktivitäten bringen.

Schon bald werden Sie bestimmte Muster erkennen können. »Ich verbringe mit Tätigkeit A ebensoviel Zeit wie mit Tätigkeit B, aber B produziert zweimal so viele Ergebnisse.« Sobald Sie das erkennen, nehmen Sie A ein bißchen Zeit weg und schlagen es B zu. Behalten Sie im Auge, was geschieht. Sicher, Sie werden vermutlich von A weniger Resultate erhalten, aber bekommen Sie proportional mehr von B?

Hier unser Kinderreim zum Tage (wenn sich Rudyard Kipling nicht für so was zu schade ist . . .): »Die Experimente des Lebens sind voller Lust, auch das ist solche und keineswegs Frust.«

Von der Geburt bis zum achtzehnten Geburtstag braucht ein Mädchen gute Eltern, von achtzehn bis fünfunddreißig gutes Aussehen, von sechsunddreißig bis fünfundfünfzig einen guten Charakter, und ab sechsundfünfzig braucht es Bares.

SOPHIE TUCKER

Die Menschen planen das Versagen nicht, sie versagen beim Planen

Die Wahrheit über Pläne? Sie funktionieren nie! Wenn Sie aber einen Plan machen, dann nehmen Ihre Chancen, das zu bekommen, was Sie sich wünschen, beträchtlich zu.

Was meinen wir damit, wenn wir sagen: Pläne funktionieren nie? Nehmen wir mal an, Sie planen, irgend etwas zu tun. Sie wollen sich Ihrem Ziel schrittweise nähern und schätzen die Zeit ein, die jeder Schritt voraussichtlich beanspruchen wird. Ihr Plan sah vielleicht vor, daß Schritt A eine Woche, Schritt B zwei Wochen, Schritt C eine Woche, Schritt D einen Monat und Schritt E einen Tag umfaßte. Das sollte zu F – Ihrem Ziel – führen.

Denn wenn Sie F erreicht haben, werden Sie unter Umständen einen amüsierten Blick zurück auf Ihren feinen Plan werfen: Fast nichts ist »nach Plan« verlaufen. Schritt A dauerte nur einen Tag, Schritt B eine Woche, Schritt C erforderte, wie sich herausstellte, fünf Unterschritte, von denen jeder einzelne zwei Wochen beanspruchte. Als Sie bei D angelangt waren, stellten Sie fest, daß dieser Punkt völlig überflüssig war. Schritt E dauerte zehn Minuten.

Doch ohne den – fehlerhaften – Plan hätten Sie unter Umständen gar nicht gewagt, all das zu lernen, was Sie wissen mußten, um an Ihr Ziel zu gelangen. Entscheidend bleibt, daß Sie F erreichen wollten und F erreicht haben. Daher schlagen wir Ihnen unverdrossen vor, trotz der Unwägbarkeiten per Planung vorzugehen.

Falls Sie sich mit derartigen Planungen noch nie beschäftigt haben, dann besorgen Sie sich am besten einen Kalender mit ausreichend Raum für die tägliche Planung. Und dann arbeiten Sie ein Schritt-für-Schritt-Konzept für jeden der Punkte auf Ihrer Top-ten-Liste aus. Wir raten dringend dazu, mindestens einen Schritt zur Erreichung jedes Ihrer Ziele von der Top-ten-Liste wöchentlich vorzusehen.

Warum?

Geldmangel ist die Wurzel allen Übels.

GEORGE BERNARD SHAW

Können Sie die harte, ungeschminkte Wahrheit ertragen? Wenn Sie nicht aktiv an die Verwirklichung Ihrer Ziele gehen, wollen Sie sie nicht wirklich erreichen.

Viele Menschen halten sich oft jahrelang – mitunter jahrzehntelang – mit einem Ziel zum Narren, das sie im Grunde gar nicht anstreben. Woher wir wissen wollen, daß sie nicht danach streben? Weil sie nichts zur Erreichung ihres Ziels unternommen haben. Hätten sie es wirklich gewollt, hätten sie im Lauf der Jahre beharrlich daran gearbeitet, es auch zu bekommen. (Wir sind Pragmatiker.)

Oft sagen Menschen im Rückblick: »Ich hätte das und das werden können ...« oder »Das und das hätte ich bekommen können.« Vielleicht »hätten« Sie besser etwas unternommen, um das zu werden oder das zu erreichen. Wir wollen nicht, daß auch Sie ein Fall von »wäre, hätte und könnte« werden. Also bitte unternehmen Sie jede Woche irgend etwas zur Erreichung Ihrer Ziele auf der Top-ten-Liste.

Nach ein paar Monaten können Sie dabei durchaus zu der Feststellung kommen, daß Ihnen dieses Ziel gar nicht so wichtig ist, daß Sie es eigentlich gar nicht erreichen wollen. Ohne Ihre Aktivitäten hätten Sie das vielleicht gar nicht herausgefunden. Wenn Sie beschließen, dieses Ziel aufzugeben, dann öffnet das neue Möglichkeiten auf Ihrer Top-ten-Liste: Sie haben eine Stelle frei.

Falls Sie Dinge planen, die nicht auf Ihrer Top-ten-Liste stehen, und dann feststellen, daß Sie »keine Zeit« für Ihre zehn Ziele haben, schlagen wir vor, daß Sie entweder Ihre Top-ten-Liste oder Ihre Planung überdenken und neu arrangieren.

Teilen Sie den Weg zum Erreichen Ihrer zehn Ziele in kleine, machbare Schritte auf. Dabei geht es um Dinge, die Sie wirklich tun können. »Die Bedienung eines Computers lernen« ist zu vage, aber »Freunde anrufen, die einen Computer besitzen und sie nach dem besten Weg fragen, die Bedienung eines Computers zu lernen« ist ein machbarer Schritt. Und den können Sie planen – ihm ein Datum, einen Zeitpunkt und den angenommenen Zeitaufwand zuschreiben (16. April, 16 Uhr, zwei Stunden.) Falls Sie dem

*Du trägst sehr leicht, wenn du
nichts hast, aber Reichtum ist
eine leichtere Last.*

JOHANN WOLFGANG VON
GOETHE

Schritt keinen Zeitpunkt zuweisen können, fällt Ihnen vermutlich ein machbarerer Schritt ein.

Und dann tragen Sie die einzelnen Schritte in Ihr Notizbuch ein. Planen Sie Ihre Zeit. Gehen Sie mit Ihrer Zeit so haushälterisch um wie mit Ihrem Geld. Benutzen Sie einen Bleistift, da Sie vielleicht Änderungen vornehmen müssen, aber verpflichten Sie sich zur Einhaltung der Schritte, die Sie in Ihren Kalender aufnehmen. Selbstverständlich sollten Sie dennoch flexibel sein. Unser Vorschlag ist ein Ansporn zur Aktivität, kein Stahlkorsett.

Planen Sie die nächsten Wochen Stunde für Stunde, den nächsten Monat Tag für Tag. In den folgenden Monaten Woche für Woche. Haben Sie ein Ziel vollständig »verplant«, dann nehmen Sie sich das nächste vor und projektieren Sie das.

Die Tage Ihres Lebens so vor sich zu sehen – die ganze Zeit, die Sie für all das aufbringen müssen – und zu entscheiden, welches Ziel wieviel Zeit wann erhält, kann verwirrend, anregend, quälend, aufregend, beängstigend und vieles andere sein – und das ganz plötzlich.

Aber machen Sie sich bitte trotzdem an die Arbeit. Eins ist ganz sicher: Diese Zeit verbringen Sie damit, etwas zu tun. Die Frage ist nur: »Wollen Sie Ihre Zeit in den Griff bekommen, oder wollen Sie, daß Ihre Zeit Sie im Griff hat? Wenn Sie das Ruder nicht ergreifen, wird das die Zeit tun.

*Lovey Howell: Weißt du, ich
hätte wirklich nichts dagegen,
arm zu sein, wenn da nicht eine
Sache wäre.
Thurston Howell III:
Welche, Liebes?
Lovey: Die Armut.*

Kommen Sie in die Gänge!

Sie wissen, wozu Sie auf der Welt sind. Sie wissen, wo Ihre Grenzen liegen. Sie kennen die wahre Identität Ihrer Meisterlehrer. Sie verfügen über Werkzeuge, Werkzeuge und noch mehr Werkzeuge. Sie wissen, was Sie wollen. Sie haben es gründlich geplant – also gut: Auf die Plätze, fertig ...

Los!

Diese drei Buchstaben können das furchteinflößendste Wort von allen sein. Da wissen Menschen, was sie wollen. Sie wissen, was sie tun müssen, um es zu bekommen. Sie haben die dafür notwendige Zeit, Energie und Gelegenheit. Doch dann ertönt das magische Wort und – Panik bricht aus.

Die Minderwertigkeitsbataillone marschieren auf. Die Rebellion sagt: »Aber warum soll es nach ihrem Willen gehen? Ich mache das schon, aber auf meine Art und dann, wenn es mir paßt!« Der Ahnungslose stolpert vor und meint: »Aber das ist doch alles viel zuviel. Das kann man sich doch gar nicht merken, geschweige denn bewältigen.« Der Anerkennungsfanatiker lobt uns für unsere logischen Ausführungen, behauptet dann aber, schon jetzt völlig überstrapaziert zu sein.

Wenn es darum geht, den Status quo durch Aktionen zu verändern, fällt ein Typus besonders auf: die Komfortsüchtigen.

Vergessen Sie nicht: Diese Leute haben genau das, was sie sich wünschen – nicht, was sie glauben zu wollen, sondern das, was sie sich tatsächlich wünschen.

Was wir haben, beruht auf Augenblicksentscheidungen über unsere Handlungen. In jedem einzelnen Moment treffen wir eine Wahl. Entweder wir gehen ein Risiko ein und bewegen uns auf das zu, was wir wollen, oder wir gehen auf Nummer Sicher und wählen die Bequemlichkeit.

In den meisten Fällen entscheiden sich die meisten Menschen für die Bequemlichkeit. Doch am Ende haben sie entweder Ausre-

*Geldspenden sind ein sehr
gutes Kriterium für die geistige
Gesundheit eines Menschen.
Großzügige Menschen sind
selten geistig kranke
Menschen.*

DR. KARL A. MENNINGER

den oder Erfahrungen, Motive oder Ergebnisse, Einwände oder Wissen. Sie haben entweder das, was sie sich gewünscht haben, oder eine umfangreiche Liste all der rationalen Gründe, warum sie es nicht haben.

Nahezu alle Entschuldigungen und Ausflüchte sind von Angst motiviert: Angst vor Erschöpfung, Angst davor, nicht perfekt zu sein, Angst, sich zum Narren zu machen, Angst vor Fehlern, Angst vor dem Scheitern, Angst, sitzengelassen zu werden. Kurz und gut: Angst davor, daß es unbequem werden könnte.

Wir sagen uns: »Jetzt will ich das nicht angehen. Ich bin einfach zu müde. Aber morgen werde ich es tun, dann bin ich wieder frisch.« Und am nächsten Morgen: »Ich bin jetzt nicht in der richtigen Stimmung. Aber am Nachmittag werde ich damit anfangen.« Am Nachmittag taucht irgend etwas ganz Wichtiges auf, das unbedingt erledigt werden muß. Die Sache wird auf den Abend verschoben, doch da kommen überraschend Freunde zu Besuch, und das Ganze wird auf den nächsten Morgen verschoben, aber . . .

Diese Ausreden müssen übrigens nicht immer negativer Natur sein. Mitunter sind es ganz wundervolle »Möglichkeiten«: eine Party, ein Ausflug, ein Essen, Freunde, romantische Beziehungen, ein schneller Verdienst und so weiter.

Wir bezeichnen sie alle – positiv oder negativ – als Ablenkungen. Wenn sie keine eindeutigen Schritte in Richtung auf Ihre Ziele sind, dann handelt es sich um Ablenkungen.

(Verstehen Sie uns nicht falsch: Wir haben absolut nichts gegen Freude, Spaß und Spiel. Ganz im Gegenteil. Wir würden eine Liste von Hauptzielen als ziemlich schwach bezeichnen, auf der sich nicht etwas davon unter den ersten fünf Punkten befinden würde.)

Sobald eine Ablenkung auftaucht, fragen Sie sich: Was ist mir lieber? Diese Zerstreuung oder mein Ziel? Es mag hart klingen, die Sache so anzugehen, weil das Ziel, sagen wir mal, ein Buch zu schreiben, bedeuten kann, einen ganzen Abend lang über irgendeiner stinklangweiligen Detailfrage zu hocken. Diese Fron läßt sich kaum mit dem Spaß vergleichen, zu der Sie vielleicht am gleichen Abend eingeladen sind.

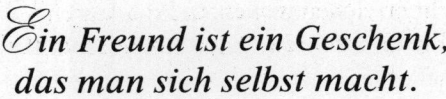

*Ein Freund ist ein Geschenk,
das man sich selbst macht.*

ROBERT LOUIS STEVENSON

Sie sollten sich die Frage präzise so stellen: Was ist wichtiger –
die Party oder das Buch? Und nicht: Was ist im Moment attrakti-
ver – die Party oder diese stupide Recherche? Nach tausend Entscheidungen – Ablenkung contra Arbeit – besitzen Sie entweder
eine umfangreiche Sammlung von Partymitbringseln oder ein
Buch.

Diese Entscheidungen werden täglich, stündlich, von Moment
zu Moment getroffen.

Wenn Sie mehr erreichen wollen, dann erklären Sie Gründe für
unbegründet, Ihre Entschuldigungen für unschuldbar. Kommen
Sie in die Gänge!

*Ich denke und denke monate-
und jahrelang.
Neunundneunzigmal ist der
Schluß falsch.
Beim hundertsten Mal habe ich
recht.*

ALBERT EINSTEIN

Die Behaglichkeitszone

Wir alle leben in einem Bereich, den man Behaglichkeitszone nennt. Sie ist die Arena der Aktivitäten, die wir oft genug geübt haben, um uns inzwischen bei ihnen behaglich zu fühlen. Für die meisten von uns umfassen diese Aktivitäten Laufen, Unterhalten, Autofahren, Zeit mit bestimmten Freunden verbringen, Geld auf eine bestimmte Weise verdienen – also all die einst so schwierigen und beängstigenden Tätigkeiten, die uns mittlerweile leicht und problemlos erscheinen.

Sie können sich die Behaglichkeitszone als Kreis vorstellen. Innerhalb dieses Kreises sind all die Dinge, die wir gern tun. Außerhalb ist alles andere. Aber die Mauer um den Kreis ist kein Schutzwall. Sie ist eine Mauer der Angst, eine Mauer der Beschränkungen.

Es ist eine Illusion, daß uns die Mauer vor unangenehmen Dingen bewahrt und Schlechtes von uns fernhält. In Wahrheit dringen die schlechten Dinge sehr wohl ein. (Vielleicht haben Sie das schon bemerkt.) In Wahrheit bewahrt uns die Mauer nur vor einem: Das zu bekommen, was wir uns wünschen.

Wenn wir etwas Neues, manchmal Unbekanntes tun, dann stoßen wir an die Parameter unserer Behaglichkeitszone. Wenn wir diese neuen Dinge oft genug wiederholen, überwinden wir die Angst, und unsere Behaglichkeitszone weitet sich aus. Aber wenn wir zurückschrecken und dem Bedürfnis nachkommen, es möglichst bequem und behaglich zu haben, dann schrumpft unsere Behaglichkeitszone. Sie ist etwas Dynamisches und ständig in Bewegung – entweder weitet sie sich aus, oder sie zieht sich zusammen.

Falls sich der Komfortbereich an einer Stelle erweitert, dann dehnt er sich auch an anderen Orten aus. Sobald wir mit einer Sache Erfolg haben, stärkt das unser Selbstvertrauen und unsere Selbstachtung. Diese Zuversicht und Selbstachtung begleiten uns positiv in andere Unternehmungen.

*𝒟er Himmel hilft niemals
solchen, die nicht handeln
wollen.*

SOPHOKLES

Doch wenn wir unserer Bequemlichkeit nachgeben, zieht sich unsere Behaglichkeitszone zusammen. Unsere Annahme, wir wären »nicht gut genug«, »könnten das nicht«, würden »versagen«, hält uns allzuoft davon ab, uns den Grenzen der Behaglichkeitszone überhaupt nur zu nähern.

Für manche schrumpft die Behaglichkeitszone auf die Größe ihrer Wohnung zusammen. Nie verlassen sie ohne Angst das Haus, und einige gehen gar nicht aus ihren eigenen vier Wänden. Sie sitzen und sehen sich das Weltgeschehen im Fernsehen an. Und das bestärkt garantiert die Vorstellung, daß es da draußen riskant und gefährlich ist, daß es also besser ist, zu Hause zu bleiben.

Für andere schrumpft die Behaglichkeitszone sogar auf eine »Größe« zusammen, die kleiner ist als ihr eigener Körper. Wir haben sicher alle schon Menschen erlebt oder von ihnen gehört, die in Nervenheilanstalten leben müssen und Furcht haben, irgendein Glied ihres Körpers auf diese oder jene Weise zu bewegen. Das ist der Punkt, an dem die Behaglichkeitszone ihren größten Sieg feiern kann.

Das und der Selbstmord. Das »es«, auf das sich Menschen beziehen, die »es einfach nicht mehr ertragen können«, ist das Bedürfnis, sich unablässig der Komfortzone zu stellen, um sie in Schach zu halten.

Und im Grunde ist das eine der größten Ironien des Lebens: Jene, die das tun, was sie wollen und bei jeder sich bietenden Gelegenheit bewußt für eine Ausdehnung ihres Behaglichkeitsbereiches sorgen, haben nicht mehr Angst als jene, die passiv darum bemüht sind, sich das Leben »so bequem wie möglich« zu gestalten.

Die Angst gehört zum Leben. Manche Menschen empfinden Furcht, wenn sie an die Mauer ihrer Behaglichkeitszone stoßen und den Bereich erweitern. Andere Menschen haben schon Angst, wenn sie nur daran denken, sie könnten etwas unternehmen, das sie der (in ihrem Fall ständig schrumpfenden) Behaglichkeitszone näher bringt. Beide empfinden die gleiche Angst.

Menschen mit schrumpfender Behaglichkeitszone empfinden sogar mehr Furcht. Sie fürchten sich nicht nur, sie haben auch

*Glück ist Talent
für das Schicksal.*

NOVALIS

Angst vor der Angst und Angst vor der Angst vor der Angst und so weiter. Aber jene, die es sich zur Gewohnheit machen, die Furcht durchzustehen, wenn sie auftaucht, empfinden sie nur einmal. Der alte Spruch: »Ein Feigling stirbt tausend Tode, der Tapfere nur einen« hat seine Gültigkeit. (Früher, als Kinder, haben wir selbstverständlich gelernt, Furcht auch zu genießen, aber das ist eine andere Lektion.)

Manche Menschen haben nicht nur Respekt vor ihrer Behaglichkeitszone, sie beten sie förmlich an. Wenn sie Angst empfinden, sind sie davon überzeugt, daß ihnen Gott da einen Fingerzeig gibt: »Mach das lieber nicht.« Und einige von ihnen haben in der Heiligen Schrift sogar Bestätigungen für ihre Überzeugungen und Rechtfertigungen für ihre Inaktivität gefunden. Ihnen wird der Verzicht auf irgendwelche Experimente zu einer Frage der Moral: Diese Heiden, die »nicht auf Gott hören«, sondern die Vermessenheit aufbringen, neue Dinge zu tun, sind nicht nur verdammt, sie sollten auch eingesperrt werden.

Für diese bangen Seelen haben wir zwei Zitate: »Und der Engel sprach zu ihnen: Fürchtet euch nicht; siehe, ich verkündige euch große Freude, die allem Volk widerfahren wird.« (Lukas 2,10) Und im Ersten Brief des Johannes, Kapitel 4, Vers 18, heißt es: »Furcht ist nicht in der Liebe, sondern die völlige Liebe treibt die Furcht aus; denn die Furcht hat Pein. Wer sich aber fürchtet, der ist nicht völlig in der Liebe.« Das ist unsere Lieblingsmethode zu Erweiterung des Behaglichkeitsbereiches: Liebe.

In der Klimaanlagenbranche ist die »Komfortzone« ein Temperaturbereich auf dem Thermostat (üblicherweise 22 Grad), in dem weder Heizung noch Kühlung notwendig ist. Er wird auch »Stillstand« genannt.

Das ist das Endresultat, wenn wir unserer Behaglichkeitszone allzuviel Achtung entgegenbringen: ein Gefühl von Stillstand, Leerlauf; das Gefühl, in einem Leben gefangen zu sein, das nicht unseren Wünschen entspricht, Dinge zu tun, für die wir uns nicht entschieden haben, und die Zeit mit Menschen zu verbringen, die wir nicht schätzen.

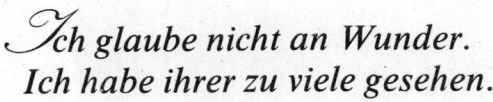

Ich glaube nicht an Wunder.
Ich habe ihrer zu viele gesehen.

OSCAR WILDE

Der Ausweg aus dem allen? Los! Empfinden Sie die Angst, und überwinden Sie sie, legen Sie sie ab. Betätigen Sie sich, um die Dinge zu erreichen, die Sie wirklich anstreben. Lernen Sie es endlich, sich mit dem Meisterlehrer Angst anzufreunden.

Lernen Sie, das alles zu lieben.

Lernen wir uns freuen,
so verlernen wir am besten,
anderen wehe zu tun.

FRIEDRICH NIETZSCHE

Geld

In unserem Kulturkreis gibt es viele gegensätzliche Anschauungen über Geld. Einige sind aufbauend, andere niederschmetternd. Es ist kaum verwunderlich, daß die Menschen im Hinblick auf Geld konfus reagieren.

Falls Sie mehr Geld wollen, hier ein paar Methoden, dieses Ziel zu erreichen:

1. Reduzieren Sie die Zahl beschränkender Überzeugungen, die Sie hinsichtlich des Geldes haben.
2. Steigern Sie die positiven Anschauungen.
3. Unternehmen Sie das Nötige, um an Geld zu kommen.

Geld ist schlicht und einfach ein Symbol für Energie. Wir bedienen uns des Geldes, damit wir als Autoren keine Bücher mit uns herumschleppen müssen, um sie gegen Dinge des täglichen Bedarfs einzutauschen. (»Wie viele Kugeln Erdbeereis bekomme ich für ein Buch über das Leben?«)

Es ist eine Sache der Bequemlichkeit. Können Sie sich das Chaos vorstellen, wenn wir alle unsere vermarktbaren Fähigkeiten gegen Sachen tauschen müßten, die man so braucht? Können Sie sich eine Unterhaltung zwischen einer Sekretärin und dem Besitzer eines Pflaumenbaums vorstellen?

»Ich hätte gern ein paar Pflaumen.«

»Was haben Sie zum Tausch anzubieten?«

»Ich kann einen Brief tippen. Ich werde einen Brief für ein Dutzend Pflaumen tippen.«

»Ich schreibe keine Briefe.«

»Dann werde ich einen für Sie tippen.«

»Ich habe keinen Bedarf für Briefe. Was haben Sie denn noch so?«

»Ich kann kopieren.«

»Ich habe keine Briefe zu schreiben. Ich habe nichts zu kopieren.«

*Die menschliche Rasse,
der so viele meiner Leser
angehören, hat sich von Anfang
an mit Kinderspielen
beschäftigt, was ein Ärgernis
für die wenigen Menschen ist,
die erwachsen geworden sind.*

G. K. Chesterton
1904

»Ich kann telefaxen.«

»Was für Faxen?«

»Nein, Telefax. Das ist ein Vervielfältigungssystem, mit dem man auf die schnellste Art Briefe übermitteln kann.«

»Wie oft soll ich es Ihnen denn noch sagen? Ich habe keine Briefe zu schreiben, zu kopieren oder zu verschicken.«

»Was wollen Sie denn dann?«

»Ich hätte gern ein Huhn.«

»Ich habe kein Huhn.«

»Haben Sie vielleicht eine Ente?«

»Nein.«

»Eine Gans?«

»Ich habe überhaupt kein wie auch immer geartetes Geflügel.«

»Haben Sie einen Farbfernseher?«

»Ja.«

»Ich gebe Ihnen ein Dutzend Pflaumen für einen Farbfernseher.«

»Das ist kein fairer Handel.«

»Also gut. Zwei Dutzend Pflaumen. Und einen Hahn.«

»Sie besitzen einen Hahn? Ich dachte, Sie wollten ein Huhn haben.«

»Der Hahn wollte das Huhn. Ich habe versprochen, ihm behilflich zu sein. Aber wenn ich einen Farbfernseher bekommen kann, ist mir der Hahn egal.«

Sehen Sie, um wieviel beschwerlicher das Leben wäre, wenn wir um alles schachern müßten? Geld ist ein Symbol für Energie. Für eine bestimmte Menge Energie erhalten Sie ein Symbol. Dann können Sie dieses Symbol gegen etwas eintauschen, das die Energie eines anderen erfordert hat.

Lassen Sie uns einen Blick auf die beschränkenden Anschauungen werfen, die manche Menschen im Hinblick auf Geld haben. Keine einzige davon ist übrigens wahr . . . Und die, von deren Wahrheit Sie uns überzeugen wollen, sollten Sie besser gleich vergessen – das heißt, wenn es Ihnen darum geht, mehr Geld in den Taschen zu haben.

*Ich habe keinen persönlichen
Feind mehr.
Sie sind mir alle weggestorben.
Sie fehlen mir schrecklich,
denn sie haben geholfen,
mich zu charakterisieren.*

CLAIRE BOOTH LUCE

Um eine der folgenden Behauptungen zu widerlegen, brauchen wir lediglich zu zeigen, daß sie für einen einzigen Menschen nicht zutrifft. Wenn das klappt, können Sie die Nummer zwei sein. Die These »Alle Vögel sind rot« kann durch eine einzige Blaumeise widerlegt werden.

Man braucht Geld, um zu mehr Geld zu kommen. Es gibt unzählige Geschichten von Menschen, die mit nichts angefangen haben – manchmal mit weniger als nichts (sie hatten Schulden geerbt) –, und große Vermögen zusammenbrachten. Man braucht Tüchtigkeit und Ausdauer, um zu Geld zu kommen, kein Geld.

Armut adelt. Die qualvolle Armut, die wir zu Gesicht bekommen haben, ist schwerlich »adlig«. Sie ist schmutzig, unangenehm und krankmachend. Sie scheint auch keinen inneren Adel zu bewirken. Damit wollen wir aber nicht sagen, daß es keine armen Menschen von innerem Adel gibt. Wir glauben jedoch, daß sie auch als wohlhabende Menschen von innerem Adel wären. Wir haben jedenfalls ein paar Leute kennengelernt, die wir für innerlich adlig halten, obwohl sie Unmengen von Geld hatten.

Die Menschen haben etwas gegen Reiche. Es gibt Menschen, die etwas gegen Reiche haben, es gibt Menschen, die etwas gegen Arme haben, und es gibt Menschen, die etwas gegen Menschen haben, die etwas gegen Menschen haben. Es gibt aber auch Menschen, die nichts gegen Reiche haben.

Wohlhabende sind arrogant. Wir haben ein paar vernünftige arme Leute kennengelernt, und wir haben ein paar arme Snobs kennengelernt. Einige Menschen rümpfen über andere die Nase, die ihnen »nicht genug« sind – nicht gutaussehend genug, nicht klug genug, nicht fortschrittlich genug. Geld ist nur eines von vielen Dingen, über die Snobs die Nase rümpfen – ganz unabhängig vom Einkommenslevel.

»Es ist leichter, daß ein Kamel durch ein Nadelöhr gehe, denn daß ein Reicher ins Reich Gottes kommt.« Das ist aus der Bibel (Matth. 19,24) und wurde von Jesus gesagt. In Wahrheit ist es ganz und gar nicht schwer für ein Kamel, durch ein Nadelöhr zu gehen. Wir haben es beide geschafft. Die »Nadel« ist ein Tor in Jerusalem.

*Wenn ich einer Sache sicher
bin, dann der: Der Körper ist
nicht der Maßstab der Heilung
– das ist der Frieden.*

GEORGE MELTON

*Gesundheit ist ein Zustand,
über den die Medizin nichts
auszusagen hat.*

W. H. AUDEN

Das »Öhr« ist die kleine Pforte in diesem großen Tor. Ist der große Eingang versperrt, wird das Öhr geöffnet. Damit ein Kamel das Nadelöhr passieren kann, muß es a) Schlangestehen (wenn das Haupttor geschlossen und nur das Öhr geöffnet ist, bilden sich dort schnell Schlangen), b) seine Traglast loswerden und c) in die Knie gehen (was einem Kamel jedoch keine großen Probleme bereitet).

Jesus hat in Gleichnissen geredet. Was also war seine Botschaft in diesem Bild? Um in das Reich Gottes zu kommen (von dem Jesus sagt, es sei »inwendig« in uns, Lukas 17,21), muß ein Reicher a) Geduld aufbringen, b) sich seiner Lasten entledigen (er kann sie auch behalten, wenn er sie nicht am Körper trägt) und c) demütig sein oder in einer symbolischen Handlung (auf den Knien) seine Hochachtung erweisen. Das klingt uns logisch. Falls Ihnen unsere Interpretation nicht gefällt, hier ein Tip: Es gibt einschlägige Läden, in denen ganz große Nadeln und kleine Stoffkamele verkauft werden. Wenn Sie wollen, können Sie Ihren Tag damit verbringen, ein Kamel durchs Nadelöhr zu schieben.

Geld ist die Wurzel allen Übels. Halten wir uns wieder an die Bibel. (Ist es eigentlich ein Wunder, daß sie das am meisten mißverstandene Buch der Welt genannt wurde?) Unser neues Zitat stammt aus dem ersten Paulusbrief an Timotheus, Kapitel 6, Vers 10, und lautet: »Denn Geiz ist eine Wurzel allen Übels; das hat etliche gelüstet und sind vom Glauben irregegangen und machen sich selbst viel Schmerzen.« In anderer Übersetzung liest sich das so: »Denn Geldgier ist eine Wurzel allen Übels.« Ein präziseres Wort für »Gier« ist »Lust«. Denn hieße der Satz: »Die Lust am Geld ist eine Wurzel allen Übels.« Damit haben wir überhaupt keine Schwierigkeiten. Lust auf alles mögliche kann eine Wurzel für alles mögliche, doch selten etwas Gutes sein. Geld an sich ist weder gut noch schlecht. Es kann zwar zu beidem benutzt werden, doch das kommt auf die Intentionen des »Benutzers« an.

Um an Geld zu kommen, braucht man Bildung und Übung. Es gibt unzählige Geschichten über Leute, die riesige Vermögen anhäuften, mit deren Hilfe sie Bildungsinstitutionen unterstützten, obwohl sie selbst kaum den Hauptschulabschluß geschafft haben.

Möge Gott dir vergeben.
Ich kann es niemals.

ELIZABETH I.

Sicher wird Gott mir
verzeihen;
das ist seine Aufgabe.

HEINRICH HEINE
Letzte Worte
1856

Es ist Ihr Wissen, nicht die Zeit, die Sie auf einer Schule verbringen, das darüber entscheidet, ob Sie zu Geld kommen oder nicht.

Mit Geld kann ich mir keine Liebe kaufen. Wie bemerkte einer unserer Freunde dazu? »Wer immer das geschrieben hat, weiß nicht, wo man einkauft.«

Geld kann man nicht mitnehmen. Stimmt, aber dort, wo Sie dann sind, würden Sie es ohnehin nicht haben wollen.

Geld ist zuviel Verantwortung. Wenn Sie genügend Geld haben, können Sie Leute dafür einstellen, daß sie Ihnen diese Last abnehmen.

Geld ist nicht alles auf der Welt. Nein, aber immerhin etwas.

Die besten Dinge im Leben kosten nichts. Der vorhin erwähnte Freund sagte hierzu: »Wer immer das geschrieben hat, kauft nicht da, wo ich kaufe.«

Geld ist weder geistig noch heilig. Aber die Armut? Wenn Sie massenhaft Geld haben, können Sie sogar sehr viel mehr Zeit mit Beten und Meditieren verbringen, Ihrem Guru Yachten kaufen, Ihrer Kirche einen neuen Seitenflügel bauen lassen – eben all das tun, was Ihnen hilft, Gott näher zu kommen.

Sich von allzu engen Ansichten über Geld zu lösen, ist ein guter Weg, zu mehr Geld zu kommen. Eine weitere gute Methode ist die Übernahme von mehr positiven Anschauungen zum Thema Geld. Nur um Ihnen zu zeigen, daß wir keineswegs die einzigen sind, die Geld durchaus schätzen, hier ein paar Beispiele für das, was andere zum Lob des Geldes geäußert haben.

* Geld ist wohltuender Balsam. (Arabisches Sprichwort)
* Geld ist eine Sicherheit, uns künftige Wünsche erfüllen zu können. Selbst wenn wir im Augenblick nichts brauchen, ist es doch eine Möglichkeit, dringende Bedürfnisse befriedigen zu können, sobald diese auftauchen. (Aristoteles)
* Geld ist die souveräne Königin aller Freuden – für sie plädiert der Anwalt, kämpft der Soldat. (Richard Barnfield)
* Geld ist ein Symbol für alles, das zu Wohlergehen und Glück nötig ist. Geld bedeutet Freiheit, Unabhängigkeit, Zwanglosigkeit. (Edward E. Beals)

*Wir sollen immer verzeihen:
dem Reuigen
um seinetwillen, dem
Reuelosen um unseretwillen.*

MARIE VON
EBNER-ESCHENBACH

* Geld ist der Lebensnerv von Kunst und Literatur. (Samuel Butler)
* Geld ist Aladins Wunderlampe. (Lord Byron)
* Geld repräsentiert eine bestimmte Menge von Getreide oder anderen Gütern. Sein Wert liegt in den Grundbedürfnissen des Tieres Mensch. Es bedeutet Wärme ebenso wie Brot. (Ralph Waldo Emerson)
* Geld ist wie ein Arm oder ein Bein – du mußt es nutzen, sonst verkümmert es. (Henry Ford)
* Geld ist Gesundheit, Freiheit, Stärke. (Charlotte Lamb)
* Geld ist der sechste Sinn, der einen in die Lage versetzt, die anderen fünf ausleben zu können. (W. Somerset Maugham)
* Geld ist das, was Ansehen, Freunde, Eroberungen und Königreiche einbringt. (John Milton)
* Geld ist der einzige Stoff, der eine gefühllose Welt davon abhalten kann, einen Bürger »He, du da« zu titulieren. (Wilson Mizner)
* Geld ist für einen guten Menschen Anlaß zu guten Dingen, für einen schlechten Menschen Anlaß zu schlechten. (Philo)
* Geld ist menschliches Glück in der Theorie. (Arthur Schopenhauer)
* Geld ist die wichtigste Sache der Welt. (George Bernard Shaw)
* Geld ist etwas, das als universeller Paß überall Zutritt verschafft, mit Ausnahme des Himmels, sowie ein universeller Lieferant für alles, mit Ausnahme des Glücks. (Wall Street Journal)
* Geld ist die Wurzel alles Guten. (Rudolf Wanderone)

Und hier ein paar Vorschläge, wie man zu mehr Geld kommen kann.

1. Vergessen Sie nicht, daß Geld lediglich ein Symbol für Energie ist. Was Sie mit der Energie anfangen, beeinflußt die Wirkung des Geldes auf Sie und Ihre Umgebung.

2. Geld ist keine Methode – weder Intention, Überzeugung oder Erlebnis. Geld an sich macht nicht glücklich, fröhlich, zufrieden, selig oder was auch immer. Es macht einen reich, aber auch das ist ein Symbol. Geld ist ein Werkzeug. Mit Werkzeugen kann man et-

*Erziehung ist das, was bleibt,
wenn das Gelernte vergessen
ist.*

B. F. SKINNER

was herstellen, aber das Werkzeug ist noch nicht das, was Sie produzieren wollen.

3. Seien Sie darauf vorbereitet, Geld aus allen möglichen Quellen zu bekommen, in jeder Menge, jeder Form und zu jeder Zeit. Lernen Sie es, »danke« zu sagen, wenn Ihnen andere Dinge von finanziellem Wert anbieten.

4. Seien Sie zum Geben bereit. Das Leben ist ein Kreislauf des Gebens und Nehmens. Wir atmen ein, wir atmen aus. Das Ausatmen ist ebenso wichtig wie das Einatmen. Sobald wir eine Zeitspanne mit dem Atmen aussetzen, wird das Leben entschieden ungemütlich. Eine gewisse Großzügigkeit im Umgang mit Ihrem Geld bringt Ihnen schließlich auch die Erfahrungen und Erlebnisse, für die Sie das Geld in erster Linie haben wollten.

5. Stehen Sie zu Ihrem Geld. Und wenden Sie in Ihren Bestätigungen eindeutige Bezeichnungen an – Geld, Bares, Mark und so weiter. (Wie das Wort Tod scheinen wir auch das Wort Geld oft umgehen zu wollen. Wenn Sie Geld haben wollen, dann fragen Sie nach Geld.) »Ich freue mich über die Geldmengen, die mir schnell und ohne Anstrengung zufließen.«

6. Spenden Sie zehn Prozent für wohltätige Zwecke. Das nennt man den Zehnten. Indem Sie zehn Prozent Ihres Einkommens Ihrer Kirche, einer Wohltätigkeitsorganisation oder einer Sache spenden, von der Sie überzeugt sind, geben Sie nicht nur ein wenig Energie an einen guten Zweck weiter; Sie sagen damit auch: »Vielen Dank, Ich habe mehr, als ich brauche.« Das ist ein großartiges Eingeständnis von Reichtum, und großartige Eingeständnisse von Reichtum können noch größeren Reichtum schaffen. Seien Sie ein fröhlicher Geber, damit Sie auch ein fröhlicher Nehmer sein können.

7. Erfreuen Sie sich an dem Geld, das Sie haben. Falls Sie jetzt der Meinung sind, Sie hätten nicht genug, um sich daran zu erfreuen, werden Sie sich vermutlich auch nicht freuen können, wenn sich Millionen auf Ihrem Konto befinden. Lösen Sie sich von der »Unfreude«, die Sie unter Umständen mit Geld verbindet. Nehmen Sie ein paar Scheine, und tun Sie etwas Erfreuliches.

Kinder verachten ihre Eltern,
bis sie vierzig und plötzlich
so wie sie geworden sind –
und so das System erhalten.

QUENTIN CREWE

Meine Mutter hatte jede
Menge Ärger mit mir,
aber ich glaube, sie hat das
genossen.

MARK TWAIN

8. Seien Sie dankbar für das Geld, das Sie bereits haben. Bei einer Reise durch Ägypten kamen wir in eine kleine Stadt am Nil. Der reichste Mann der Stadt besaß etwas, das niemand sonst dort hatte. Es war dieser Besitz, der ihn zum reichsten Menschen im Ort machte. Jedermann wußte, daß er der reichste Mann in der Stadt war, weil er das hatte. Er zeigte es uns mit großem Stolz. Was meinen Sie, was es war? Ein Fernsehgerät? Ein Geschirrspüler? Ein Mixgerät? Nein. Die Stadt war nicht an das Elektrizitätsnetz angeschlossen. Eine Badewanne? Ein Spülbecken? Ein WC? Nein. Die Stadt hatte keine Fließwasserversorgung. Der Mann war der reichste Mensch in der Stadt, weil er einen Zementfußboden besaß. Er war gesprungen, er war schmutzig, er brach auseinander, aber der Mann war stolz auf ihn, weil die Fußböden der anderen festgestampfter Erdboden waren. Seien Sie dankbar für das Geld (und die Dinge, die Sie damit gekauft haben), das Sie besitzen.

9. Wir können keine Nummer Neun bieten, aber die meisten Listen mit zehn Punkten haben eine Nummer Neun, daher dachten wir, wir müßten auch eine vorweisen.

10. Behalten Sie zehn Prozent von Ihrem Einkommen als »Geldmagnet«. Behalten Sie es in bar oder greifbaren Wertsachen. Während es sich vermehrt, zieht es weiteres Geld für Sie an. Je mehr Sie besitzen, desto weniger ängstlich sind Sie im Umgang mit Geld; daher bekommen Sie mehr davon.

Was du deinen Eltern schuldig bist, weißt du erst, wenn du selber ein Kind hast.

JAPANISCHES SPRICHWORT

Die Kraft der Partnerschaft

Die Unterstützung, die Sie von Freunden, Gruppen und Ihrem Meisterlehrer bekommen können, ist beachtlich. Die Ermutigung, die Sie ihnen im Gegenzug geben können (ja, sogar Meisterlehrer haben von Zeit zu Zeit ein bißchen Aufmunterung nötig), ist wesentlich.

Ihre Ziele und Bestrebungen als Gesprächsthemen bei Abendessen und Cocktailstunden einzusetzen, vergeudet Ihre Energie. Wenn Sie sich jedoch mit Gleichgesinnten treffen, um die Herausforderungen und Triumphe bei der Meisterung des Lebens zu diskutieren, dann hat das Stärke, Glanz und Wert.

* Freunde sind unschätzbar – sowohl fürs Schöpferische als auch für die Erholung. Menschen, die uns schätzen (und nicht unsere Errungenschaften), sind eine wertvolle Unterstützung bei unserem Bemühen, mehr zu bewirken und mehr zu sein.

* Sie können Gruppierungen Gleichgesinnter bilden (oder ihnen beitreten), die in eine gemeinsame Richtung streben. Regelmäßige Zusammenkünfte, bei denen Siege gefeiert, Probleme gelöst und neue Ideen ausgebrütet werden, können durch ihre Fähigkeit, laufend Ergebnisse zu produzieren, unvergleichlich sein.

* Professionelle Berater, Fachleute und Ratgeber stehen zu einem bestimmten Preis zur Verfügung, aber die Einsichten und Erkenntnisse, die sie in einem kurzen Zusammensein vermitteln, könnten unbezahlbar sein.

* Bücher, Kassetten und Lehrgänger aller Art machen Sie zu Partnern der klügsten Köpfe aller Zeiten. Nur weil die Menschen nicht »persönlich« verfügbar sind, heißt das noch lange nicht, daß Sie keine Beziehung zu Ihnen aufbauen können. In den meisten Fällen nehmen sich die Menschen die Zeit, ein Buch zu schreiben, eine Kassette zu produzieren oder einen Lehrgang abzuhalten, weil sie *mitfühlen*. Machen Sie sich zum Nutznießer Ihres Wissens, Ihrer Erfahrungen und Ihres Mitgefühls.

*Lachen ist
inneres Jogging.*

NORMAN COUSINS

Aber wir wollen nicht vergessen, daß Sie viele Meisterlehrer haben und dazu Ihren ganz persönlichen Meisterlehrer, der ständig um Sie ist. Ziehen Sie sich mit Ihrem Meisterlehrer in Ihre Zufluchtsstätte zurück. Lernen Sie, im Verlauf des Tages auf die Stimme Ihres Meisterlehrers zu hören. Der Dialog zwischen Ihnen kann ein dauerhafter sein.

Ach Tränen, eitle Tränen,
ohne Grund,
Ach Tränen, schwermutvoll
und hoffnungsbar,
Ersteh'n im Herzen, sammeln
sich im Aug',
Umfaßt mein Blick das sel'ge
Herbstgefild.
Gedenk' der Tage ich, die
längst dahin.

ALFRED LORD TENNYSON

Wieviel ist genug?

Oft fragt man sich: Wie lange dauert das noch? Wieviel Arbeit ist genug? Wie viele Bekräftigung, Planen und Handeln ist nötig, um das zu bekommen, was ich mir wünsche?

Die Antwort ist sehr simpel.

Wenn Sie haben, was Sie sich gewünscht haben, ist es genug.

Doch das ist keineswegs die Antwort, die die meisten Menschen hören wollen. Wir sind so daran gewöhnt, mit Fahrplänen und Zeitangaben ausgestattet zu werden, die uns präzise sagen, wann wir wo eintreffen, daß es recht schwer ist, die uralte Weisheit zu akzeptieren: »Es regnet, wenn es regnet.«

Entschuldigung. Aber das ist die einzige Antwort, die wir zu bieten haben. Als wir beispielsweise an dem Manuskript von »Schlappmachen gilt nicht« arbeiteten, nahmen wir an, es würde sehr viel länger dauern, als es dann tatsächlich der Fall war. Als wir uns zur Veröffentlichung entschlossen (ursprünglich war das Manuskript als Begleitmaterial für einen Kursus gedacht), gingen wir davon aus, daß sich die Dinge schneller entwickelten, als sie es dann taten. So ist das Leben.

Unsere Zeitschätzungen sind nur Schätzungen, bestenfalls Vermutungen. Manche Dinge ereignen sich früher, andere später. Doch wenn ein Traum es wert ist, geträumt zu werden, lohnt es sich zu leben.

Falls Ihr Ziel in dem von Ihnen bestimmten Zeitrahmen nicht erreicht ist, geben Sie ihm einen neuen Zeitrahmen. Tun Sie, was getan werden muß, um das Ziel zu erreichen. Und wenn Sie alles gemacht haben, das aber immer noch nicht genug ist, dann tun Sie noch mehr. Wann Sie aufhören können? Dann, wenn Sie haben, was Sie sich wünschen.

Mitunter kommen Menschen ihren Zielen sehr nahe, und dann halten sie inne. Sie verlieren den Mut. Es ist schon entmutigend, wie sehr sich manche Menschen entmutigen lassen. Falls sich die

*Mit bescheidenen Mitteln
zufrieden zu leben, eher Eleganz
denn Luxus anstreben, und
Kultiviertheit dem Modischen
vorzuziehen; ehrenwert zu sein,
nicht respektiert, wohlhabend,
nicht reich, strebsam zu lernen,
still zu denken, freundlich zu
reden, offen zu handeln, auf die
Sterne und Vögel zu hören,
kleine Kinder und Weise; mit
offenem Herzen alles froh zu
ertragen, alles mutig anzupacken, auf die Gelegenheit zu
warten, nie voreilig zu sein; mit
einem Wort: das Geistige
unaufgefordert und unabsichtlich das Gemeine überwachsen zu
lassen – das soll meine
Symphonie sein.*

WILLIAM HENRY CHANNING
1810–1884

Dinge nicht nach Fahrplan entwickeln, so heuern Sie eine Truppe von Einheizern an, die Sie lautstark erinnern: »Nur wer was tut, hat wirklich Mut!«

Tun Sie, was nötig ist, um Ihr Ziel zu erreichen. Lassen Sie sich nicht von der Resignation anderer beeinflussen, wenn die behaupten, die Dinge wären nun mal nicht zu ändern. Wenn die Behauptung in Stein gehauen ist, bringen Sie Hammer und Meißel mit.

Wenn Sie haben, was Sie wollten, ist es genug.

*Besuchen Sie keine
Pianobars, in denen junge
Schauspieler ohne Engagement
auftreten und singen.
Auf gar keinen Fall seien SIE
aber ein junger Schauspieler
ohne Engagement, der auftritt
und singt.*

TONY LANG

Annehmen und Empfangen

Manche Menschen wählen ihre Ziele, handeln entsprechend und bekommen doch nicht das, was sie sich wünschen. Wie wir gerade eben betont haben, müssen sie noch mehr daran arbeiten, aber vielleicht handelt es sich nicht um äußerliche Dinge, vielleicht müssen sie an sich arbeiten.

Wenn wir auf ein Ziel hinarbeiten, müssen wir auch bereit sein, es anzunehmen. Das mag absurd klingen, aber manche Menschen haben ein paar sehr beschränkte Vorstellungen darüber, was sie wie annehmen können. Wenn Sie ihnen eine Million Mark geben wollen, werden sie die annehmen – aber nur, wenn die Summe in nagelneuen Zweihundertmarkscheinen an den Seiteneingang geliefert wird. Am nächsten Mittwoch. Schlag acht Uhr.

Wenn wir mehr haben wollen, sollten wir auch wissen, wie man das annimmt. Und wir bekommen mehr, wenn wir ja sagen. Wenn man Ihnen eine Million in Pfennigen geben will, dann nehmen Sie sie. Wenn man verlangt, Sie sollen sie aufklauben, dann sagen Sie, Sie wären sofort zur Stelle. Wenn man Sie beliefern will, dann sagen Sie: »Suchen Sie sich den Eingang aus. Es kann auch das Fenster sein.«

Genau wie Sie viele Methoden und Möglichkeiten des Verhaltens haben, um Ihre Wünsche und Intentionen zu erfüllen, hat das Leben verschiedenartige Wege, Ihnen das zukommen zu lassen, was Sie sich wünschen. (An der Erfüllung Ihrer Wünsche zu arbeiten, ist übrigens eine der ehrlichsten Formen von Fordern.)

Vergessen Sie nie, daß Sie all die guten Dinge auch verdienen, die Ihnen zufließen. Wenn Sie sich eine Liebesbeziehung wünschen und dann jemand, der Ihre kühnsten Traumvorstellungen übersteigt, mit Blumen und Pralinen auf Ihrer Schwelle steht, sagen Sie bloß nicht: »Sie müssen sich in der Hausnummer geirrt haben.« Bitten Sie ihn/sie herein.

Bestätigen Sie sich jede Ihrer ersehnten Erfahrungen und jeden

Der See Genezareth und das Tote Meer bergen das gleiche Wasser. Kalt und klar fließt es von den Hermonhöhen herab, den Ursprüngen der Zedern des Libanon. Der See Genezareth macht Schönes daraus, denn der See Genezareth hat einen Abfluß. Er empfängt, um zu geben. Er sammelt in Wasser in reicher Fülle, um es wieder abfließen zu lassen und die Jordanebene fruchtbar zu machen. Doch mit dem gleichen Wasser schafft das Tote Meer nur Schrecken. Das Tote Meer hat keinen Abfluß. Es empfängt, um zu behalten.

HARRY EMERSON FOSDICK
»THE MEANING OF SERVICE«
1920

Punkt auf Ihrer Top-ten-Liste. Leiten Sie die Bekräftigung ein mit: »Ich habe es verdient, daß . . .« und enden Sie mit dem Erlebnis oder der Sache, die Sie sich wünschen.

Wenn es an Ihrer Tür klopft, öffnen Sie. Es könnte jemand mit Blumen und Pralinen oder jeder Menge Pfennigen sein. Es könnte auch beides sein.

Es gibt im Menschen
auch etwas Dienenwollendes.

JOHANN WOLFGANG VON
GOETHE

T ▼ E ▼ I ▼ L F ▼ Ü ▼ N ▼ F
Spaß, und zwar jede Menge

Spaß ist endlos. Es kennt keine obere Grenze. Es kann da sein –
ganz unabhängig davon, was Sie empfinden, denken oder tun.

Falls Sie der Ansicht sind, Sie hätten schon all die Freude empfunden, die Sie ertragen können, dann haben Sie lediglich *Ihre* Kapazität ausgeschöpft, nicht die der Freude. Nutzen Sie diesen Augenblick, um Ihre Kapazität zu erweitern. Steigern Sie den Spaß in
kleinen Schritten. Verdoppeln Sie ihn. Und dann verdoppeln Sie
das Ganze noch einmal. Entdecken Sie, daß Ihre Fähigkeit, Spaß
zu haben, so grenzenlos ist wie der Spaß selbst.

So grenzenlos wie Sie selbst.

In diesem Abschnitt sind die Kapitel kürzer, zielgerichteter. Und
dabei wird immer nur auf ein Ziel gezielt: Ihr Herz, Ihre Güte, Ihr
Glück, Ihren Frieden, Ihre Freude, Sie.

Wir werden zielen und dann zurücktreten, um Sie Ihre Entdek-
kungen selbst machen zu lassen.

Das Morgen ist das Wichtigste
in meinem Leben.
Rein und sauber kommt es
um Mitternacht zu uns.
Es ist vollkommen bei seiner
Ankunft und gibt sich in unsere
Hände.
Es hofft, daß wir aus dem
Gestern etwas gelernt haben.

JOHN WAYNE

Werden Sie erwachsen!

Haben Sie schon einmal erlebt, wie jemand einen Wutanfall hatte? Oder sich endlos darüber ausließ, wie ungerecht er im Grunde von aller Welt behandelt wird? Oder sich dramatisch über den Verlust eines Menschen ausweinte, den er oder sie eigentlich nie besonders leiden konnte? Oder einen akuten Anfall von Eifersucht, Kleinlichkeit oder Rachsucht bekam? Hätten Sie bei einer solchen Gelegenheit nicht auch gern Joan Rivers zitiert und gerufen: »Werde doch endlich erwachsen!«?

Es geht uns hier nicht um kindliche Eigenschaften – Spontaneität, Verspieltheit, unverhohlene Freude –, wir meinen die kindischen Verhaltensweisen: Schmollen, Albernheit, Torheit, Infantilismus, Unbesonnenheit.

Diese Art von Unreife verletzt und beleidigt nicht nur die Menschen unserer Umgebung, sie verletzt und beleidigt auch uns. Oft wissen wir bereits, wenn wir uns so gebärden: »Das ist nicht korrekt.« Trotz unserer Wut, unserer Angst und unserem Gefühl, isoliert zu sein, ist uns klar: »Das ist absolut überflüssig und falsch.«

Und so ist es wirklich. Es ist an der Zeit, reifer und erwachsener zu werden.

Glück ist, eine große,
liebevolle,
sorgende, eng
zusammenhaltende Familie
in einer anderen Stadt zu
haben.

GEORGE BURNS

Die Heilung der Vergangenheit

Das, was an der Vergangenheit weh tut und schmerzt, sind die Erinnerungen. Wir erinnern uns an vergangenen Schmerz, vergangene Schrecken, und die Begleiterscheinungen längst verflossener Ereignisse tun erneut weh. Doch glücklicherweise können wir die Erinnerungen an die Vergangenheit heilen.

Wir schlagen Ihnen dazu vor, daß Sie Ihre Zufluchtsstätte aufsuchen (vergessen Sie nicht, sich durch das Licht am Eingang erleuchten, erfüllen, beschützen und heilen zu lassen), sich vor den Videoschirm zu setzen und auf der Mattscheibe die Erinnerung anzusehen, die den Schmerz verursachte. Der »Heiligenschein« um den Bildschirm leuchtet nicht. Lassen Sie die Erinnerung ohne jede Einschränkung oder Auslassung abrollen. (Falls Ihnen die Bilder Unbehagen verursachen, können Sie auch Ihren Meisterlehrer bitten, Ihnen Gesellschaft zu leisten. Meisterlehrer können ganz großartig trösten, Händchen halten und ermutigen. »Ich bin am besten, wenn es dir am schlechtesten geht«, hat jemand einmal in diesem Zusammenhang gesagt.)

Dann lassen Sie das Bild verblassen. Sehen Sie, wie das weiße Licht rund um den Schirm hell aufstrahlt, und betrachten Sie die gleiche Szene noch einmal – aber so, wie Sie sich ihren Verlauf gewünscht hatten. Wie hätten die Ereignisse Ihrer Meinung nach eigentlich ablaufen sollen? Hören Sie sich zu, wie Sie es sagen. Welche Reaktion hätten Sie sich von sich selbst gewünscht? Reagieren Sie entsprechend. Was hätten Sie gern gefühlt? Empfinden Sie es.

Wenn man eine negative Erinnerung durch eine positive ersetzt, wird sie kuriert oder geheilt.

Sie können auch Ihr Gesundheitszentrum zu diesem Zweck nutzen. Vielleicht gibt es da eine spezielle Erinnerungs-Heilanlage, einen Zaubertrank oder einen Meister mit heilenden Händen – oder auch nur einen entsprechenden Blick. Welche Errungenschaften Sie sich auch von der medizinischen Wissenschaft zur

*Das Glück deines Lebens
hängt von der Beschaffenheit
deiner Gedanken ab.*

MARCUS AURELIUS ANTONINUS

Vergangenheitsbewältigung wünschen – stellen Sie sich vor, es wäre in Ihrem Gesundheitszentrum vorhanden, und nutzen Sie es.

Falls Ihr Schmerz der Vergangenheit auch andere Menschen betrifft, dann können Sie sie einladen, Sie in Ihrer Zufluchtsstätte zu besuchen. Unter der Anleitung und dem Schutz Ihres Meisterlehrers können Sie denen all das sagen, was Sie Ihrer Meinung nach hören sollten. Dann verzeihen Sie ihnen (und sich selbst) und schicken sie in den weißen Lichtkegel des Beförderungsmittels.

Die Heilung von Erinnerungen kostet Zeit und bedarf eines nicht gerade geringen Muts, aber die Resultate sind die Mühen und Anstrengungen wert.

*Wenn dir nicht paßt, was ich
mache, kannst du jederzeit
deine Nadel nehmen und
woanders hingehen.*

TIMOTHY LEARY

Gesundheit

Gesundheit ist mehr als das Nichtvorhandensein von Krankheit. Gesundheit ist das Vorhandensein von Lebendigkeit, Energie und Freude.

Da wir uns beständig auf das Ausschalten von Krankheiten konzentrieren, lernen nur wenige von uns, den Umfang unserer Gesundheit zu vergrößern – oder wissen auch nur, daß so etwas möglich ist. Es ist möglich. Sie müssen nicht erst krank werden, damit es Ihnen bessergehen kann.

Gesundheit betrifft nicht nur den Körper. Gesundheit schließt den Geist, die Gefühle, den ganzen Menschen ein. Gesundheit ist die Menge positiver Energie, die das ganze Sein durchströmt. Je mehr gute Energie, desto größer die Gesundheit.

Wenn Sie die Methoden anwenden, die wir in diesem Teil und allen anderen Abschnitten des Buches vorschlagen – samt der Techniken, die Sie aus anderen Quellen beziehen können –, lassen Sie Energie in sich, durch sich fließen.

Falls Sie der Meinung sind: »Ich bin so gesund wie nur möglich«, dann setzen Sie ein kleines Fragezeichen dahinter, und lassen Sie noch mehr gute Energie in sich hineinfließen.

Gesundsein ist nicht schwer. Gesundsein ist Erkenntnisarbeit.

Lerne die Kunst der Geduld.
Wirke auf deine Gedanken ein,
wenn sie hinsichtlich eines
angestrebten Zieles
unsicher werden.
Ungeduld bewirkt
Furchtsamkeit, Angst,
Mutlosigkeit und Fehlschläge.
Geduld schafft Zuversicht,
Entschlossenheit und eine
rationale Einstellung, die
schließlich zum Erfolg führen.

BRIAN ADAMS

Vergeben und verzeihen

Wenn Sie jemandem vergeben, wem vergeben Sie? Einem anderen? Mitunter. Sich selbst? Ausnahmslos. Einem anderen Menschen zu vergeben heißt immer, sich selbst den größeren Nutzen zu erweisen. Darüber hinaus verurteilen wir uns selbst kritischer und häufiger als andere. Es ist daher wichtig, daß Sie sich all das vergeben und verzeihen, was Sie gegen sich selbst einzuwenden haben könnten.

Und schließlich ist da noch eine dritte Sache zu verzeihen: die Tatsache, daß wir überhaupt verurteilt haben. Wenn wir urteilen, mißachten wir unser Glück. Das wissen wir, und daher verurteilen wir uns dafür, überhaupt verurteilt zu haben.

Beim Verzeihen geht es also um zweierlei: Erstens um die Person, die wir verurteilt haben (uns oder einen anderen), und zweitens um uns selbst, weil wir uns überhaupt ein Urteil angemaßt haben.

Die Methode zur Abhilfe? Einfach. So einfach, daß manche an ihrer Wirksamkeit zweifeln und sie gar nicht erst ausprobieren. Wir raten jedoch dringend dazu, es mit ihr zu versuchen. Probieren Sie es doch, sagen wir, mal fünf Minuten lang, aus, und sehen Sie, was geschieht.

Sagen Sie sich: »Ich verzeihe ——————— (Name des Menschen den Sie verurteilt haben, einschließlich sich selbst) ——————— (das »Vergehen«, dessen er, sie, es oder Sie sich schuldig gemacht haben). Ich verzeihe mir, daß ich ——————— (derselbe Name) ——— (was Sie ihm oder ihr vorgeworfen haben).«

Das ist es auch schon. Simpel, aber erstaunlich wirkungsvoll. Sie können diese Sätze laut oder für sich sagen. Aber sagen sollten Sie sie.

Falls Sie einem Menschen sehr viel nachzusehen oder zu vergeben haben, werden Sie ihn oder sie vielleicht in Ihre Zufluchtsstätte bitten, um ihm/ihr dort zu verzeihen. (Bitten Sie, wenn möglich, auch Ihren Meisterlehrer dazu.)

Und das wär's auch schon. Das ist alles, um was es beim Vergeben

*Wir leben hier und heute.
Alles, was über dieses Wissen
hinausgeht, ist fauler Zauber.*

H. L. MENCKEN

und Verzeihen geht. Einfach, aber wirkungsvoll. Wie wirkungsvoll? Versuchen Sie es nur fünf Minuten lang. Sehen Sie, was geschieht.

Genaugenommen leben sehr wenige Menschen in der Gegenwart. Die meisten bereiten sich vor, demnächst zu leben.

JONATHAN SWIFT

Vergessen

Wenn Sie anderen und sich ihre (und Ihre) »Vergehen« verziehen haben, ist nur noch eins zu tun: zu vergessen. Was Sie sich auch an »Schutz« versprechen mögen, wenn Sie sich an all Ihre Kümmernisse der Vergangenheit erinnern, ist weit weniger bedeutsam als die Wohltat des Vergessens.

Wenn Sie die Hand zur Faust geballt haben, ist es sehr schwierig, etwas entgegenzunehmen. Aber wenn Sie die Faust öffnen, haben Sie eine Hand mit fünf Fingern. Dann ist es sehr leicht, etwas entgegenzunehmen.

Mitunter glauben wir, daß wir mit erhobener Faust (und der Drohung im Hinblick auf alle vergangenen Vergehen uns gegenüber) leichter etwas bekommen. Doch ein Faustschütteln neigt nun einmal dazu, ebenfalls eine drohend gereckte Faust zur Antwort zu bekommen.

Man muß vergeben und vergessen können, um etwas zu bekommen.

Der Bereich Ihres Bewußtseins (Geist, Körper, Gefühle), der sich ständig an erlittene Pein erinnert, bleibt in Schmerz, Qual, Zorn und Enttäuschung gefangen. Wer um alles in der Welt würde sich schon gern an so etwas erinnern? Trennen Sie sich davon. »Vergeben« Sie es, vergessen Sie es. Und dann setzen Sie etwas Neues, Besseres an seine Stelle.

Heilen Sie die Erinnerungen. Vergeben Sie der Vergangenheit. Und vergessen Sie sie. Trennen Sie sich von ihr. Sie ist es nicht wert, daß Sie sich an sie erinnern. Nichts davon ist es wert, erinnert zu werden. Die Freude des Augenblicks ist es wert, erfahren und genossen zu werden. Na, wie hört sich das an? Gut?

Vergessen Sie, um etwas (Neues) zu bekommen.

*Sie kennt das beste Ziel
der Erziehung:
keine Furcht vor dem Besten
zu haben, sondern es als
Bestandteil des Alltags zu
betrachten.*

JOHN MASON BROWN

Eltern

Müssen wir ausgerechnet davon anfangen, wo wir uns doch gerade so wohl fühlen? Nun, sie waren es, die uns zur Welt gebracht haben; daher denke ich, wir können sie durchaus zur Sprache bringen.

Es mag der Anschein entstanden sein, daß wir in diesem Buch ein bißchen harsch mit Eltern umgegangen sind. Immer wenn wir erläuterten, warum wir uns minderwertig fühlen, negativ denken oder nicht richtig glücklich sind, sind wir stets in die Kindheit zurückgegangen, und dort lauerten Mutter und Vater.

Ja, wir bekennen uns schuldig und wollen nun ein paar Zugeständnisse und Zusatzbemerkungen machen.

1. **Ihre Kindheit ist vorüber.** Jetzt sind Sie für Ihr Leben verantwortlich. Sie können niemanden aus der Vergangenheit oder die Vergangenheit selbst für Ihr Handeln von heute verantwortlich machen. Selbst wenn Sie überzeugende Argumente parat haben sollten, hilft Ihnen das noch längst nichts. Das ist vorbei. Das ist Vergangenheit. Der Vergangenheit die Schuld in die Schuhe zu schieben ist so, als würden Sie die Schwerkraft dafür verantwortlich machen, daß Sie ein Glas zerbrochen haben. Sicher, denn ohne die Gravität wäre das Glas nicht hinuntergefallen und zerbrochen. Aber Sie kannten die Gesetze der Schwerkraft und wußten, daß Glas nun einmal zerbrechlich ist. Sie wußten, was geschieht, wenn Schwerkraft, ein Glas und ein harter Fußboden zusammentreffen.

Ihre Kindheit ist wie die Schwerkraft. Sie ist, was sie war. Ihr jetziges Leben ist wie das Glas. Gehen Sie vorsichtig mit ihm um. Wenn es in Scherben geht, so hat niemand anderes schuld daran. Fegen Sie die Scherben auf, und holen Sie sich ein neues Glas aus dem Schrank.

2. **Ihre Eltern haben im Rahmen ihres Wissens ihr Bestes getan.** Wie Sie haben auch Ihre Eltern keine Gebrauchsanweisung für das Leben erhalten. Sie mußten es »nebenbei« lernen. Sie muß-

*Jeder Mensch hat den Wert,
den er sich beimißt.*

FRANÇOIS RABELAIS

ten lernen, wie man seinen Lebensunterhalt verdient, einen Haushalt führt, am besten miteinander auskommt und gleichzeitig ein Baby (Sie!) aufzieht. Keine leichte Aufgabe. Dabei haben sie sicher eine Menge Fehler gemacht. Sie waren nicht die perfekten Eltern. Aber sehen wir den Tatsachen doch einmal ins Gesicht: Sie waren auch nicht das perfekte Kind.

3. Sie haben Ihnen das größte Geschenk gemacht: das Leben. Was sie auch getan oder unterlassen haben mögen – wenn sie nicht gewesen wären, gäbe es Sie nicht. Dafür gebührt ihnen großer Dank.

Ihre Eltern müssen Ihnen nicht unbedingt gefallen. Aber es kann Ihnen helfen, wenn Sie lernen, sie zu lieben.

Oftmals ist nichts
nutzbringender
als Selbstachtung –
wohlbegründet
und gerecht eingesetzt.

JOHN MILTON
1667

Lachen

Lachen Sie! Lachen Sie laut auf! Oft!

Lachen ist gut für Sie, was leider recht mißlich ist. Denn wenn es den Cholesterinspiegel erhöhen würde oder zu viele Kalorien hätte, würden es die Menschen mit Sicherheit häufiger tun.

Und wenn das Lachen sogar verboten wäre, würden es die Leute pausenlos tun. Der rebellische Schrei wäre durch den rebellischen Lacher ersetzt. Wir hätten eine Lach-Polizei. Würde man bei Gelächter ertappt, bekäme man auf der Stelle ein Strafmandat. Aus Komikern würden Verbrecher. Die Kinderprogramme müßten sorgfältig unter die Lupe genommen werden. Schließlich wäre es ganz und gar unpassend, die jungen Köpfe mit Humor vollzustopfen. »Na, was macht ihr denn hier so?« – »Wir trinken Bier und rauchen.« – »Fein, aber daß ihr mir ja nicht lacht.«

Eingedenk der Tatsache, daß Lachen so überaus gut für Sie ist – und vor allem legal –, sollten wir nur froh darüber sein, daß es so beliebt ist, wie es nun einmal ist.

Quiz: Welche dieser Aussagen finden Sie am witzigsten?

A »Ich war froh, eine prompte Antwort geben zu können. Ich sagte, ich wisse es nicht.« (Mark Twain)

B »Aristoteles war für seine Allwissenheit berühmt. Er lehrte, daß das Hirn nur dazu da ist, das Blut zu kühlen, und daß es am Denkprozeß keinerlei Anteil hat. Das trifft nur auf gewisse Menschen zu.« (Will Cuppy)

C »Die Schule der Schicksalsschläge ist ein beschleunigter Lehrplan.« (Menander)

D »Als ich feststellte, daß mein Badespielzeug ein Toaster und ein Radio waren, wußte ich, daß ich kein Wunschkind war.« (Joan Rivers)

E »Meine Eltern legten mir einen lebendigen Teddybär in meine Wiege.« (Woody Allen)

Es muß das Herz bei jedem Lebensrufe bereit zum Abschied sein und Neubeginn.

HERMANN HESSE

F »Borge dein Auto niemandem, dem du das Leben geschenkt hast.« (Erma Bombeck)
G Das Leben ist wie Lachen mit angeknacksten Rippen.

*Was würden Sie anstreben,
wenn Sie wüßten, daß Sie
nicht scheitern könnten?*

DR. ROBERT SCHULLER

Tränen

Wie Lachen ist auch Weinen eine wundervolle natürliche Erleichterung. Die Menschen fühlen sich nach ein bißchen Weinen *wohl.* Wir fragen uns, warum es ein solches Tabu ist.

Da kommen die Leute in Tränen aufgelöst, schniefend und schluchzend aus dem Kino – man könnte annehmen, drinnen wäre ein Kanister mit Tränengas losgelassen worden. »Was ist denn passiert?« fragt man sie und ist ganz gespannt auf die Schilderung der Katastrophe. Zwischen Schnüffeln und Seufzen bringen sie schluchzend hervor: »Das war der beste Film, den ich je sah.« (Man würde Sie gern darauf aufmerksam machen, daß die korrekte Grammatik die Formulierung ». . . den ich je gesehen habe« verlangt, verkneift sich die Belehrung aber, denn sie sind ohnehin schon erregt genug.)

Tränen sind ein natürlicher Bestandteil des Heilungsprozesses – wie auch der Freude. Intensive Empfindungen von Dankbarkeit, Ehrfurcht und Mitgefühl sind häufig von Tränenausbrüchen begleitet. Man ist »zu Tränen gerührt«.

Erlauben Sie sich, vom und durch das Leben gerührt zu werden, nicht nur von Filmen.

*Diese Kunst, den Geist
auszuruhen und seine Kraft
von allen Sorgen und
Kümmernissen zu befreien, ist
vermutlich eines der
Geheimnisse der Energie
unserer großen Männer.*

CAPTAIN J. A. HADFIELD

Reichtum

Im Gegensatz zu Geld ist Reichtum nicht einfach das, was Sie besitzen. Reichtum ist etwas, ohne das Sie auskommen.

Wer ist reicher – der Mensch, der von etwas abhängig ist und über große Geldsummen verfügt, es sich kaufen zu können, oder derjenige, der diese abhängig machende Sache gar nicht erst will?

Wirklich reiche Menschen tragen ihren Reichtum in sich. Je weniger Sie von dieser materiellen Welt brauchen, desto reicher sind Sie. Sie können Unsummen von Geld haben oder auch nicht. Das ist belanglos. Was Sie auch haben – es ist genug.

Reichtum ist Zufriedenheit, Freude, Ausgeglichenheit, Gelassenheit, innerer Frieden.

Reichtum ist Freude am Zusammensein mit sich selbst.

Reichtum ist die Fähigkeit, sich selbst uneingeschränkt zu akzeptieren und gern zu haben.

Nur wenn wir in unser Herz sehen können, wird unsere Sicht klar werden. Wer nach außen blickt, träumt. Wer nach innen blickt, erwacht.

CARL G. JUNG

Opfer

Sie könnten sehr viel glücklicher sein, wenn Sie bestimmte Dinge aufgeben würden. Das wird Ihnen vielleicht nicht gerade leichtfallen. Wir raten Ihnen dennoch, sich von ihnen zu trennen – Nägel mit Köpfen zu machen – und sofort damit zu beginnen, in dieser Sekunde, bevor Sie umblättern.

Geben ist ein erhebendes Wort. Auf ist ein erhebendes Wort. Fügen Sie aber beide zusammen, und sofort reagieren die Menschen ausgesprochen niedergeschmettert. »Ich werde ganz und gar nichts aufgeben. Oder gar opfern. Das wäre ja noch schlimmer als aufgeben. Opfern heißt doch nichts anderes, als etwas wirklich Gutes aufzugeben.«

Die Dinge, an die wir denken, wenn wir sagen, Sie sollten sie besser opfern, sind Habgier, Begierde, Böswilligkeit, Vorurteile, Anmaßung, Neid, Eifersucht, Rachsucht.

Haben Sie denn angenommen, wir würden von Ihnen verlangen, daß Sie *gute* Dinge aufgeben? Die meisten Menschen meinen, opfern bedeute, nur das Gute aufzugeben. Keineswegs. Aber das negative Zeug, das unangenehme Zeug, das schädliche Zeug – das können Sie auch leichten Herzens opfern.

Und Sie können es *auf*geben. Opfern Sie es Ihrem besseren Ich. Umgeben Sie es mit Licht. Trennen Sie sich davon.

Sie brauchen es nicht mehr.

*Von Zeit zu Zeit stolpern die
Menschen über die Wahrheit,
aber meistens rappeln sie sich
auf und eilen weiter, als wäre
nichts passiert.*

WINSTON CHURCHILL

Dienstleistung

Die Vorstellung, das Leben sei Nehmen, Nehmen, Nehmen (Lernen, Lernen, Lernen), muß mit der Erkenntnis ausgeglichen werden, daß das Leben auch Geben (Lehren) ist. Bekommen und Geben, Lernen und Lehren sind zwei Aspekte eines Stroms, dem Einatmen (Bekommen) und Ausatmen (Geben) nicht unähnlich. Eins ohne das andere kann nicht sein.

Wir inhalieren Sauerstoff und atmen Kohlendioxid aus. Pflanzen nehmen Kohlendioxid auf und geben Sauerstoff ab. Der Kreis ist geschlossen. Diese voneinander abhängige Verbundenheit ist eine Bedingung des Lebens.

Was für Tiere wertlos ist, ist für Pflanzen lebensnotwendig und umgekehrt. Auch unser Nehmen und Geben im Leben ist ebenso eng miteinander verzahnt.

Als Menschen sind wir die Schüler jener, die mehr wissen als wir, Mitarbeiter jener, die ungefähr ähnlich viel wissen wie wir und Lehrer jener, die weniger wissen als wir. Das Leben ist ein Prozeß des Lernens, Handelns und Lehrens.

Innerhalb von zehn Minuten können Sie an einem Arbeitsplatz lernen, wie man über die neue Telefonanlage ein Gespräch zustande bekommt, sich mit einem Kollegen über eine Methode verständigen, die Verkaufszahlen zu steigern, sowie jemandem beibringen, wie man Papier in das Kopiergerät einlegt. Und dieses Lernen-Handeln- Lehren kann sogar im Zusammenspiel mit nur einer anderen Person stattfinden.

Das Lernen-Handeln-Lehren ereignet sich in fast jedem Lebensbereich – und alle drei Teilaspekte ereignen sich oft genug gleichzeitig. Das Kind, dem wir Lesen und Schreiben beibringen, vermittelt uns viel über Unschuld und läßt uns staunen.

Warum fühlen wir uns so gut, wenn wir einem anderen Hinweise geben können? Weil Geben und Vermitteln ganz natürliche Bestandteile des Lebens sind. Wenn wir nicht Bescheid wissen und

Halte zunächst einmal
Frieden in dir selbst.
Dann kannst du auch anderen
Frieden bringen.

THOMAS À KEMPIS
1420

uns dann jemand auf die Sprünge hilft, ist das eine ähnlich angenehme Empfindung. Auch etwas zu bekommen, ist ein natürlicher
Bestandteil des Lebens.

Manchmal verläuft diese Wechselwirkung nicht direkt. Mitunter erhalten wir von jemandem (oder einer Gruppe) über einen längeren Zeitraum etwas. Wir haben keine Möglichkeit, ihm/ihr oder
ihnen dafür etwas zurückzugeben. Sie sind uns dienlich. Es ist ihr
Geschenk – nicht an uns, sondern an sie selbst.

Wenn wir gelernt haben, so erfüllt zu leben, daß unsere Schale
überläuft, dann kann man sagen, daß wir nützlich oder zu Diensten
sein können.

Dienen ist kein Frondienst.

Dienen ist ein Privileg.

Geben ist sogar nicht nur eine natürliche Handlung; wenn unsere Schale überfließt, schmerzt es durchaus, *nicht* zu geben. Wir
erkennen die Not eines anderen Menschen, und da wir das Heilmittel dafür kennen, möchten wir den Schmerz lindern.

Doch manchmal dürfen wir nicht geben, weil das eine unbotmä-
ßige Einmischung wäre. Manchmal – wenn wir Glück haben – ist
uns erlaubt, das zu teilen, was wir besitzen. In diesem Augenblick
schließt sich der Kreis. Wir schenken an andere weiter, was wir erhalten haben.

Mitunter ist das eine Umarmung, ein freundliches Wort, der
richtige Hinweis zum richtigen Zeitpunkt. Vielleicht ist es ein Lä-
cheln oder ein Seufzer oder ein Lachen. Und vielleicht weinen Sie
auch für einen anderen.

Es ist durchaus nicht notwendig, nach Schülern Ausschau zu
halten. Ebenso wie keine Veranlassung dazu besteht, nach Lektionen zu trachten. Wenn der Lehrer bereit ist, taucht auch der Schüler auf.

Wenn der Dienende bereit ist, ergibt sich die Möglichkeit zum
Dienstbarsein.

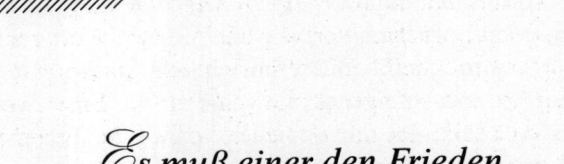

Es muß einer den Frieden
beginnen wie einer den Krieg.

STEFAN ZWEIG

Dankbarkeit

Im Englischen kommt Dankbarkeit *(gratitude)*, wie auch in den meisten romanischen Sprachen, von der lateinischen Wortwurzel *gratus*, was »angenehm« heißt. Die offensichtliche Interpretation ist die, daß man für etwas Angenehmes dankbar ist. Eine zweite Interpretation – die radikalere und daher die von uns bevorzugte – ist die, daß man zunächst dankbar ist, dann erfreut – und zwar nicht über die Sache selbst, sondern über die Dankbarkeit.

Mit anderen Worten: Um angenehm erfreut zu sein, seien Sie dankbar.

Es gibt so vieles, für das wir dankbar sein sollten. Doch leider gehört es zum Wesen des Menschen, Gutes für selbstverständlich zu halten. Und das ist sogar biologisch erklärbar. Ein Teilbereich des Hirns filtert alles heraus, was nicht schmerzlich, furchteinflößend oder körperlich anstrengend ist. In grauer Vorzeit half das unseren Ahnen, die wilden Tiere von den Felsen und den Bäumen unterscheiden zu können.

Heutzutage filtert dieser Hirnbereich alles Gute, das uns zustößt, fast schon in dem Moment heraus, in dem es uns widerfährt. Nach einer Woche, einem Monat, einem Jahr sind wir dann an etwas gewöhnt, das wir anfangs für wundervoll und herrlich gehalten haben. Nun finden wir es selbstverständlich.

Was da zu tun ist? Wir müssen der Selbstzufriedenheit entgegenwirken. Seien Sie also ganz bewußt dankbar für das Positive in Ihrem Leben. Legen Sie Listen an. Veranstalten Sie Dankbarkeitsrituale. Seien Sie dankbar für kleine Dinge, große Dinge, alle Dinge.

Schätzen Sie vor allem die Sachen, die so wunderbar sind, daß Sie sie vor Jahrzehnten als selbstverständlich hingenommen haben. Wovon wir reden? Von Ihren Sinnen. Schnell! Zählen Sie alle fünf auf! Manche Menschen bekommen nicht einmal ihre eigenen fünf Sinne zusammen. Und dann sind da noch das Hirn, der Kör-

*Fürwahr glücklich ist der
Mensch, der sich genau richtig
einschätzt und ein
ausgewogenes Gleichgewicht
hält zwischen dem, was er
erreichen, und dem, was er
nutzen kann – sei das nun groß
oder klein.*

PETER LATHAM
1789–1875

per, das Fühlen, Laufen, Sprechen und die Daumen. Daumen? Aber sicher. Versuchen Sie doch einmal etwas aufzuheben, ohne dabei die Daumen zu benutzen.

Wie hat Dale Evans einmal gesagt? »Ich bin so damit beschäftigt, jedermann gern zu haben, daß mir gar keine Zeit dazu bleibt, irgend jemanden zu hassen.« Wenn Sie erst einmal einen winzigen Einblick in das alles gewonnen haben, wofür man dankbar sein kann, dann werden Sie feststellen, daß keine zusätzliche Zeit mehr bleibt, um Mangel, Schmerz oder Begierde zu empfinden.

Dankbarkeit ist ein großartiges, ganz und gar erfüllendes Gefühl.

Die Menschen halten Liebe für ein Gefühl.
Liebe ist Vernunft.

KEN KESEY

Um glücklich zu sein, braucht man viel Kraft

Glücklichsein ist nicht leicht. Es ist nichts für Schwache, Furchtsame, Verzagte, die leicht Entmutigten oder die Unsicheren. Glücklichsein ist nichts für Hasenfüße.

Glücklichsein verlangt Mut, Zähigkeit, Seelenstärke, Beharrlichkeit, Ausdauer, Tapferkeit, Kühnheit, Energie, Konzentration, Solidität, Muskeln, Rückgrat, Mumm, Nerven, Schneid, Elastizität, Toleranz, Willenskraft, Chuzpe, Schwung, Hartnäckigkeit, Stärke und einen guten Wissensschatz.

Falls Sie glauben, es sei leicht, glücklich zu sein, sollten Sie besser noch einmal nachdenken. In der Theorie ist das Glücklichsein simpel. Sogar so einfach, daß man es in Gänsefüßchen (»um glücklich zu sein, mach dir ein paar glückliche Gedanken«) in die Mitte eines nicht allzu langen Satzes setzen kann. Die Praxis – die erfolgreiche Umsetzung der Theorie – ist es, die Mut, Zähigkeit und so weiter erfordert.

Unser Leben ist voller glücklicher Ereignisse, über die wir uns glückliche Gedanken machen können. Und falls sie uns ausgehen, gibt es noch jede Menge Bücher voller glücklicher Gedanken. Leihen Sie sich wieder einmal das Video der »Trapp-Familie« aus. Wir müssen uns nur auf die glücklichen Sachen konzentrieren, um auf glückliche Gedanken zu kommen. Das ist alles.

Aber zum Teufel noch mal – warum sind wir denn dann nicht pausenlos glücklich?

(Wir werden eine kleine Pause machen, in der einer der Co-Autoren dem anderen Co-Autor eine Tasse Tee mit ein paar Beruhigungstropfen darin zubereitet. Er hat sehr viel zu tun gehabt, müssen Sie wissen, scheint aber darüber nicht allzu glücklich zu sein.)

Und jetzt werden wir fortfahren, ganz ruhig und sachlich. Bei all dem Druck und den Ablenkungen, die wir bereits erwähnt haben – die Kampf-oder-Flucht-Reaktion, das unbestimmte, aber alles

455

Wenn du meinst,
mit beiden Beinen fest auf dem
Boden zu stehen, dann ist die
Universität an dir gescheitert.

ROBERT F. GOHEEN

durchdringende Gefühl eigener Unvollkommenheit, Angewohn-
heiten, Abhängigkeiten, Hirnbereichen, die das ganze gute Zeug
herausfiltern und so weiter – ist es doch kaum verwunderlich, daß
es einer gewissen, nun ja, Stärke bedarf, ständig nur glückliche Gedanken zu haben.

Glücklichsein bedarf auch der Übung, der Geduld und der Disziplin. Es ist keine kleine Herausforderung, aber wenn Sie sie angenommen und gut bewältigt haben, werden Sie zu den Starken, Stol-
zen und Auserwählten gehören.

Seien Sie doch das, was Sie sein können. Gehören Sie zu den
Glücklichen.

*Nur Liebe vermag überhaupt
jemanden
am Leben zu erhalten.*

OSCAR WILDE

Sie müssen gar nichts tun

Wirklich. Das brauchen Sie nicht. Nun ja, ein paar biologische Dinge müssen Sie vielleicht tun, aber zum überwiegenden Teil handeln Sie, weil Sie sich dazu entschlossen haben, es zu tun. Also können Sie das auch gleich zugeben. Zumindest sich selbst gegenüber. Das würde das Leben schon sehr viel einfacher machen.

Wenn wir als Kinder (o nein, nicht schon wieder die Kindheit!) nicht taten, was wir tun sollten, paßte das mitunter unseren Eltern nicht, und sie waren es, die unsere Nahrung verwalteten. Heute verwalten Sie die Nahrung, die Kleidung, das Obdach und alle anderen zum Leben nötigen Dinge.

»Müssen« oder »sollen« implizieren Notwendigkeiten, und die Notwendigkeiten sind Nahrung, Obdach und Kleidung. Alles andere ist lediglich Begehrlichkeit und Wunsch. Wenn es also nicht um einen Happen zu essen, eine warme Jacke oder ein Dach über dem Kopf geht, müssen Sie gar nichts tun.

Über alle Dinge, von denen Sie annehmen, Sie müßten sie tun, können Sie sagen: »Ich muß das und das nicht tun!« Das ist ziemlich befreiend. Und wenn Sie sich dann – befreit! – freiwillig entschließen, es doch zu tun, dann ist es in Ordnung.

Sie können Ihrem Satz auch hinzufügen: »Und was ich tun will, das kann ich tun.« Weil Sie es können.

Muße ist die Kunst,
wirklich nichts zu tun, wenn
man nichts tut.

ANTON SCHNACK

Nun werden Sie schon geduldig!

Je schneller Sie geduldig werden, desto leichter wird Ihr Leben sein. Wirklich. Wenn Sie Geduld haben, können Sie sich entspannen, das Ganze genießen. Sie wissen dann, daß das Leben seine eigene Zeiteinteilung hat. Und die stimmt mit der von den Menschen geschaffenen Zeit nicht immer überein.

Man hat eine so positive Einstellung zum Leben, wenn man geduldig ist. Wir schlagen vor, daß Sie keine Sekunde länger zögern. Bemühen Sie sich bei der ersten Möglichkeit um Geduld. Das wird Ihnen helfen, Ihre Wünsche leichter zu erfüllen, Ihre Ziele besser zu erreichen – und vor allem macht es mehr Spaß. Und falls Sie nicht alles bekommen sollten, was Sie sich wünschen, dann ist das auch in Ordnung – weil Sie geduldig sind.

Einige Menschen doktern gern am Leben herum – sie bilden sich ein, sie könnten es korrigieren. Aber das Leben braucht keinen Arzt. Es ist nicht krank. Wie schon Konfuzius sagte: »Wenn du das Leben verarzten willst, bist du vielleicht der Patient.«

Da wir gerade von Ärzten reden – haben wir Ihnen gegenüber eigentlich schon all die Gesundheitsprobleme erwähnt, die ihre Ursache in der Ungeduld haben? Nein? Nun, das ist ziemlich deprimierend. Und Depressionen verursachen ebenfalls Gesundheitsprobleme. Wissen Sie, wie sich Streß auf den Körper auswirkt? Beträchtlich. Man wird davon krank. Jaja, es ist schon das beste, das alles zu vermeiden. Immerhin könnte durchaus Ihr Leben davon abhängen, wie schnell Sie geduldig werden.

Nicht, daß wir Sie drängen wollen. Gehen Sie es in dem Zeitrahmen an, der Ihnen genehm ist. Wir sehen nur höchst ungern mit an, daß jemand unnötig leidet. Sie könnten schon mal anfangen, indem Sie tief Atem holen – ganz tief inhalieren, bis in den Bauch. Beeilen Sie sich, und machen Sie es, bevor Sie etwas anderes zu erledigen haben, damit Sie sich Zeit lassen können. Das ist wichtig. Fühlen Sie sich nicht schon etwas besser? Das ist der Beginn der Geduld.

Bequemlichkeit ist das einzige, das uns unsere Zivilisation geben kann.

OSCAR WILDE

Nun, wir haben nicht vor, mehr als eine Seite über die Geduld zu schreiben, und uns wird langsam der Platz knapp. Wir hoffen, Ihnen begreiflich genug gemacht zu haben, wie wichtig es ist, Geduld zu haben. Aber es besteht kein Anlaß zur Hast. Falls Sie ungeduldig sein wollten, haben Sie Geduld mit sich. Auch gegenüber dem Leben sollten Sie Geduld aufbringen. Doch wir haben für dieses Kapitel keinen Platz mehr und müssen uns beeilen. Der Schlüssel zur Geduld ist übrigens das Akzeptierenkönnen. Danke. Tschüs.

Ehe man den Kopf schüttelt,
sollte man sich vergewissern,
daß man einen hat.

HANS KASPER

Sie leben jetzt

Was für ein seltsamer Titel für ein Kapitel. »Sie leben jetzt.« Wann sollten wir denn wohl sonst leben? Natürlich jetzt. Doch viele Menschen vergeuden viel Zeit (diesen kostbaren Artikel, um das zu bekommen, was man sich wünscht) mit der Vergangenheit – indem sie sich an Dinge erinnern, die vor langer Zeit geschehen sind und über die sie sich erregen.

Andere wiederum verbringen viel Zeit in der Zukunft, indem Sie sich über dies, das und jenes Gedanken machen, das dann mit großer Wahrscheinlichkeit ja doch nicht eintrifft.

Wieder andere sind »gespaltene Zeitgenossen«. Sie können sich von der Gegenwart verabschieden, um dann sowohl in die Vergangenheit wie auch in die Zukunft zu rauschen.

Was mit dem Augenblick geschehen ist? Nein, antworten Sie nicht. Um das zu tun, müßten Sie in die Vergangenheit zurück. Was mit *diesem* Augenblick ist? Rumms. Vorbei. Es ist leichter, Quecksilber ohne Daumen aufzuheben, als den Augenblick einzufangen.

Also fangen Sie ihn nicht ein. Da gibt es nichts zu fangen. Es ist alles hier – präsent, wenn vielleicht auch wenig nachweisbar. Es gibt nichts, um das Sie ringen müßten. Wenn Sie aus der Vergangenheit oder der Zukunft zurückkommen, wird die Gegenwart da sein – und warten. Natürlich wird das nicht dieselbe Gegenwart sein. Schon Heraklit stellte vor fünfhundert Jahren fest (und da reden wir von Vergangenheit!): »Du kannst nicht zweimal in denselben Fluß steigen; denn ständig überflutet dich neues Wasser.« So verhält es sich auch mit der Zeit.

Die Ironie daran: Sie können nirgendwohin. Es ist alles hier, jetzt, in diesem Moment. Die weitere Ironie besteht darin, daß Sie nirgendwohin gehen könnten, selbst wenn sie es versuchen würden. Wenn Sie in der »Vergangenheit« oder der »Zukunft« sind, sind Sie noch längst nicht dort. Sie denken und fühlen – aber Sie denken an Vergangenheit und Zukunft *jetzt*. In der Gegenwart.

*Es gibt keine Handlung,
für die niemand
verantwortlich wäre.*

OTTO VON BISMARCK

Daher sind wir immer in der Gegenwart, unabhängig davon, was wir tun, unabhängig davon, wohin wir »gehen«. Falls jemand Sie auffordert: »Kommen Sie in die Gegenwart zurück«, dann antworten Sie ihm: »Ich war präsent – mit meinen Gedanken. Sollten Sie etwas Interessanteres als meine Gedanken zu bieten haben, werde ich Ihnen gern meine Aufmerksamkeit widmen.« Das sollte denjenigen in die Gegenwart zurückbringen.

»Sie leben jetzt.« Was für ein eigenartiger Titel für ein Kapitel.

*Wer verlangt, daß mit
offenen Karten gespielt wird,
hat gewöhnlich die Trümpfe
in der Hand.*

GRAHAM GREENE

Wert und Würdigkeit

Es gibt absolut nichts, wessen Sie würdig werden müßten. Sie sind bereits würdig. Sie brauchen Ihre Würdigkeit nicht erst groß zu entdecken. Sie können sich höchst würdelos finden und doch würdig sein.

Manche Leute haben behauptet: »Ich halte mich nicht für würdig, am Leben zu sein.« Aber sie leben, also müssen sie würdig sein. Es ist doch ganz einfach: Wenn Sie des Lebens nicht wert wären, würden Sie nicht am Leben sein.

Würdigkeit ist eine gegebene Tatsache. Sie hat nichts mit Handlungen zu tun, mit Gedanken, Gefühlen, dem Geist, dem Körper, Empfindungen oder ähnlichem. Sie sind würdig, weil Sie *sind*. Basta. Ende des Satzes. Ende des Kapitels.

Kräfte lassen sich nicht mitteilen, sondern nur wecken.

LUDWIG BÜCHNER

Wert und Würdigkeit, Teil zwei

»Wenn ich würdig bin, weil ich *bin* – weshalb fühle ich mich dann nicht würdig?«

Sie meinen nicht Würdigkeit, Sie meinen Selbstachtung. Wenn Sie mehr von sich halten, sich wohler mit sich selbst fühlen wollen, dann lernen Sie es, Ihre Selbstachtung zu steigern.

»Wo kann ich etwas über die Selbstachtung erfahren?«

Im nächsten Kapitel.

*Ich verstehe aber unter Geist
die Kraft der Seele, welche
denkt und Vorstellungen bildet.*

ARISTOTELES

Selbstachtung

Selbstachtung entsteht aus dem, was Sie von sich halten, wie Sie im Bezug auf sich selbst fühlen – wie Sie sich *sehen*.

Falls Ihnen beigebracht wurde, möglichst perfekt sein zu müssen, könnte Ihre Selbstachtung ziemlich niedrig sein – die Menschen sind bekanntermaßen nun mal nicht vollkommen. Vielleicht wurde Ihnen aber auch vermittelt, daß alles, was Sie tun, was immer Sie auch tun, einfach perfekt ist. In diesem Fall könnte Ihre Selbstachtung ganz schön ausgeprägt sein.

Die Selbstachtung zu steigern ist ganz einfach: Sie sollten ganz einfach gute Dinge tun und sich dann *daran erinnern, sie getan zu haben*.

Wir haben den letzten Teil des Satzes kursiv setzen lassen, weil sich die meisten Menschen damit vertun. Die meisten Menschen vollbringen sogar bereits ausreichend gute Dinge, um über eine hochklassige Selbstachtung verfügen zu können. Aber leider neigen die Menschen zum Vergessen. Sie tun soviel Gutes, daß das meiste davon für selbstverständlich gehalten und fast so schnell wieder vergessen wird wie getan. Manche halten das gern für Bescheidenheit. Wir halten es für einen Fall von extrem niedriger Selbstachtung. (Wahre Bescheidenheit ist es, wenn man aufrichtig ist.)

Fertigen Sie eine Liste Ihrer guten Taten an. Dann überprüfen Sie die Liste. Häufiger. Oft. Merken Sie sich die leicht übersehenen guten Werke, die Sie tun. Haben Sie in den vergangenen achtundvierzig Stunden gebadet? Sehr gut. Auch die Zähne geputzt? Großartig. Deo benutzt? Ausgezeichnet. Sie haben Ihren Beitrag im Kampf gegen die Umweltverschmutzung geleistet. Nehmen Sie das in Ihre Liste auf.

Achten Sie auch auf Ihr ganz alltägliches Leben: Auf die Menschen, denen Sie zulächeln, die Verwandten, zu denen Sie nett sind, den Chef (oder die Angestellten), mit dem/denen Sie es aufnehmen. Die Liste läßt sich unendlich fortsetzen.

*So viele klagen über ihr
Gedächtnis und sollten lieber
über ihren Verstand klagen.*

LA ROCHEFOUCAULD

Offen gesagt – Sie sind doch ein recht anständiger Mensch, oder? Selbstverständlich sind Sie das! Woher wir das wissen wollen? Miese, boshafte, schleimige Menschen lesen keine Bücher wie dieses hier. Und wenn sie es doch tun sollten, dann kommen sie auf gar keinen Fall bis Seite 475.

Sie sind einfach großartig – warmherzig, witzig, freundlich, nett, mitfühlend. Und wenn Sie ein besseres Gedächtnis hätten, bräuchten Sie keine Bücher zu kaufen, um sich daran erinnern zu lassen, daß Sie vollkommen sind.

Lernen ist wie Rudern
gegen den Strom.
Sobald man aufhört,
treibt man zurück.

BENJAMIN BRITTEN

Meditieren, denken oder einfach nur herumsitzen

Zusätzlich zur Visualisierung können Sie auch auf alle möglichen meditativen und kontemplativen Methoden und Techniken zurückgreifen oder einfach nur dasitzen und sich entspannen.

Aber wenn Sie meditieren, nachdenken oder einfach nur »herumsitzen«, wäre es gut, sich darauf zu konzentrieren, daß das weiße Licht Sie umgibt, erfüllt und beschützt – damit Sie nur das erfahren und erleben, was zu Ihrem Besten und zum Besten aller Betroffenen ist.

Bevor Sie beginnen, bereiten Sie Ihre Umgebung entsprechend vor. Sorgen Sie dafür, daß Sie nicht gestört werden. Stöpseln Sie das Telefon heraus, oder nehmen Sie den Hörer von der Gabel. Hängen Sie einen Zettel oder ein Schild an die Tür. Stecken Sie sich Watte in die Ohren, falls Sie leicht durch Geräusche abzulenken sind. Sorgen Sie für die Bedürfnisse Ihres Körpers. Stellen Sie sich ein Glas Wasser griffbereit für den Fall, daß Sie Durst bekommen. Haben Sie vielleicht auch ein paar Papiertaschentücher parat?

Kontemplation: Man denkt über etwas nach, das häufig »erhebend«, »aufbauend« oder bereichernd ist. Vielleicht sollten Sie über ein paar der vielen Zitate und Aphorismen in diesem Buch nachdenken. Wenn wir von einer neuen und möglicherweise nützlichen Idee hören, dann sagen wir uns: »Darüber muß ich nachdenken.« Die Kontemplation ist ein guter Zeitpunkt, »darüber nachzudenken«, den Wahrheitsgehalt zu ergründen sowie sich die Veränderungen und Verbesserungen zu veranschaulichen, die sich dadurch in Ihrem Leben ergeben könnten.

Sie können aber auch über etwas Handfesteres nachdenken, eine Blume etwa oder ein Konzept, vielleicht Gott. Bei der Kontemplation geht es vor allem darum, sich eine bestimmte Spanne der Ruhe zu nehmen, in der Sie über etwas nachdenken – ganz egal, um was es sich bei diesem »Etwas« handelt, für welches »Etwas« Sie sich entscheiden.

Die Kunst zu leben, hat mit der Fechtkunst mehr zu tun als mit der Tanzkunst, insofern man auch für unvorhergesehene Streiche gerüstet sein muß.

MARC AUREL

Meditation. Unendlich viele Institutionen und Organisationen bieten so viele unterschiedliche Formen der Meditation an, daß es fast unmöglich ist, diese Technik zutreffend zu definieren. Vielleicht möchten Sie zunächst einmal verschiedene Meditationsmethoden ausprobieren, um zu sehen, wie sie für Sie wirken. Vergessen Sie dabei aber nicht, daß Sie über die Wirkung nichts wissen können, bevor Sie es ausprobiert haben. Wir geben uns gern dem Glauben hin, die Wirkung einer bestimmten Methode zu erkennen, nachdem wir die Beschreibung gelesen haben. Doch genau so ist es: Wir geben uns dem Glauben hin. Wir wissen es nicht wirklich. Daher schlagen wir vor, daß Sie erst einmal ein paar einschlägige Erfahrungen sammeln, um dann von einer solideren Wissensgrundlage aus zu entscheiden, was wann gut für Sie ist. Und vergessen Sie bitte nicht, vor dem Beginn um »das Licht zu bitten«. Wir können keineswegs empfehlen, daß Sie diese Meditationsmethoden am Steuer eines Autos praktizieren, bei der Handhabung eines möglicherweise gefährlichen Gerätes oder dann, wenn Sie hellwach sein müssen.

Atmungsmeditation. Setzen Sie sich bequem hin, schließen Sie die Augen, und achten Sie nur auf Ihre Atmung. Verfolgen Sie Ihren Atem, wie er in Ihren Körper eindringt und ihn wieder verläßt. Atmen Sie nicht »bemüht«, verändern Sie den Rhythmus Ihrer Atmung nicht bewußt, achten Sie lediglich auf den Fluß der Luftströme. Wenn Ihre Gedanken auf Wanderschaft gehen, konzentrieren Sie sich wieder auf Ihre Atmung. Das kann eine sehr erfrischende und belebende Meditation sein. Zwanzig Minuten können wirken wie ein erholsamer Nachtschlaf. Sie kann auch dann sehr wirkungsvoll sein, wenn Sie emotional sehr erregt sind.

Laute. Manche Menschen unterstützen ihre Meditation gern durch Laute oder Töne, um dem Geist zu helfen, sich darauf zu konzentrieren, wie der Atem in den Körper dringt und ihn wieder verläßt. Einige entscheiden sich dabei für »Eins«, andere für »Gott« oder »Liebe«. Ganz egal, wofür Sie sich entscheiden – es ist fast alles okay. Sie sagen beim Einatmen innerlich zu sich selbst: »Liebe« und beim Ausatmen noch einmal. Hier ein paar andere

Geheimnisse
sind noch keine Wunder.

Johann Wolfgang
von Goethe

Laute und Töne, deren Wirkung Sie vielleicht ausprobieren möchten:

✳ *JU.* »Ju« ist ein uralter Laut für eine höhere Macht. Einer der ersten »Namen«, die Menschen einem göttlichen Wesen gaben, war »Ju«. Es beginnen ein paar sehr positive Worte mit »Ju«: Jugend, Jubel, Juwelen, Jux. Sie können den Laut leise beim Ein- und Ausatmen vor sich hin sagen, oder auch laut (ebenfalls beim Ein- und wieder Ausatmen). Aber machen Sie das nicht mehr als fünfzehnmal in einer Sitzung, denn die Energien, die es produziert, können beträchtlich sein.

✳ *ENI-JU.* Diese Lautkombination trägt Mitgefühl, Einfühlungsvermögen und Harmonie in sich. Sie können Sie leise singen (»Eni« beim Ein- und »Ju« beim Ausatmen) oder auch laut (»Eni-Ju« beim Ausatmen). Das ergibt einen attraktiven Chor und hat die Eigenschaft, eine Gruppe zu harmonisieren – in mehr als nur einem Sinne.

✳ *HU.* Dieser Laut kann wie »Ju« benutzt werden, und manche ziehen es diesem vor.

✳ *RA.* »Ra« ist ein Laut, der große Mengen physischer Energie in den Körper bringt. Sie können es im Stehen und Sitzen anwenden. Im Stehen hat es die Eigenschaft, noch mehr Energie freizusetzen. Holen Sie tief Atem, und singen Sie beim Ausatmen ganz laut »RRRRRRRAAAAAAAA«, bis Ihnen die Luft ausgegangen ist. Atmen Sie erneut tief ein, und wiederholen Sie das Ganze dann noch ein drittes Mal. Nach drei »Ras« atmen Sie ein paar Sekunden lang wieder normal. Dann setzen Sie zu einer neuen Dreier-Folge an, Pause, dann noch einmal drei »Ras«. Wir empfehlen Ihnen, jeweils nicht mehr als drei Folgen von drei »Ras« zu praktizieren.

✳ *SO-HONG.* Die »So-Hong«-Meditation ist sehr gut, wenn Ihr Geist und Ihre Gefühle einmal widerstrebende Ziele haben sollten. »So-Hong« hat die Eigenschaft, die beiden zu vereinen, sie auf ein Gleis zu bringen. Diese Lautkombination wird lautlos ausgesprochen. Sie atmen mit »So« ein und mit »Hong« aus. Versuchen Sie das mit geschlossenen Augen fünf Minuten lang, und se-

Aber für seine eigenen Fehler zu leiden – ach! – das ist der Stachel des Lebens.

OSCAR WILDE

hen Sie dann, wie Sie sich fühlen. Sie könnten sich durchaus in der Lage fühlen, endlich eine Aufgabe anzugehen, die Sie lange Zeit aufgeschoben hatten.

* *SSO.* »Sso« ist der Laut des Heilens. Seine korrekte Aussprache ist wichtig. Holen Sie tief Atem, und sagen Sie beim Ausatmen »Sssoo.« Das »Ss« ist ein scharfer Zischlaut, ganz so, als würden Sie lispeln. Ihm folgt das »oo« als langgedehntes »Oh« der Verwunderung. Setzen Sie sich bei der »Sso«-Meditation bequem hin, schließen Sie die Augen, atmen Sie zweimal ein und aus, und sagen Sie beim dritten Ausatmen »Ssoooo«. Wiederholen Sie diese Folge von drei Atemzügen mit einem lauten »Sso« beim dritten Ausatmen dreimal. Es ist sehr wirkungsvoll. Spüren Sie die heilenden Energien, die in Ihren Körper fließen. Sie können das »Sso« als formelle Meditation anwenden, aber auch bei Ihren alltäglichen Beschäftigungen vor sich hin sagen. (Doch noch einmal: Tun Sie es nicht hinter dem Steuer oder beim Hantieren mit einer potentiell gefährlichen Apparatur. Das gilt für alle Meditationstechniken.)

Flammen-Meditation. Sie nutzt die Kraft des Feuers, um das Negative aufzulösen. Stellen Sie eine Kerze auf den Tisch, und setzen Sie sich so, daß Sie direkt in die Flamme sehen können, nicht auf sie hinunter. Bemühen Sie sich darum, Ihre Energie aus sich heraus und in die Kerze fließen zu lassen. Sie werden sich vielleicht schlecht fühlen oder negativen Gedanken nachhängen. Achten Sie nicht darauf. Übergeben Sie sie der Flamme. Falls Sie spüren, daß Ihre Energie zurücksickert, als würden Sie in Trance fallen, pusten Sie die Kerze aus, und beenden Sie die Meditation. Es geht darum, die Energie aus sich heraus in die Flamme fließen zu lassen. Praktizieren Sie das anfangs nicht länger als fünf Minuten. Achten Sie dann etwa einen Tag lang darauf, wie Sie sich fühlen. Sie könnten unter Umständen lebhaftere Träume haben. Wenn es Ihnen aber sonst gutgeht, können Sie diese Meditation über einen längeren Zeitraum praktizieren. Zwanzig Minuten am Tag wären sehr viel.

Wasser-Meditation. Gießen Sie Wasser in ein durchsichtiges Glas, halten Sie es zwischen den Händen (ohne daß sich die Hände

Eine Sensation kann man nie
teuer genug bezahlen.

OSCAR WILDE

berühren), und schauen Sie ganz einfach in das Glas. Beobachten Sie alles. Sie könnten Farben sehen. Sie könnten beobachten, wie Energie von Ihren Händen ausgeht. Sie könnten aber auch nur sehen, daß Sie ein Glas Wasser zwischen den Fingern halten. Behalten Sie das Wasser fünf Minuten lang im Blick, und steigern Sie die Zeit dann langsam auf fünfzehn Minuten. Trinken Sie am Ende der Meditation das Wasser. Ihre Energien haben es zu einem »Tonikum« gemacht, das Ihnen genau das gibt, was Sie im Augenblick brauchen. Zur Probe können Sie zwei Gläser mit Leitungswasser füllen. Stellen Sie eins beiseite, und praktizieren Sie die Meditation mit dem anderen. Dann kosten Sie von beiden. Seien Sie nicht allzu überrascht, wenn das von Ihnen »aufgeladene« anders schmeckt.

* *I.* Der »I«-Laut wird laut nach einer Meditation ausgesprochen, um Sie wieder »auf den Boden der Tatsachen« zurückzubringen und Ihre Konzentration auf das Physische zu lenken. Er ist ein gedehntes »Iii« und beginnt im tieferen Bereich Ihrer Stimme, schwingt sich in die hohen Lagen hinauf und fällt dann wieder ab – mit einem einzigen Atemzug. Sie beginnen als Baß, gehen zum Tenor über, erreichen den Sopran und kehren zum Baß zurück. Wenn Sie das praktizieren, dann stellen Sie sich bitte vor, daß sich der Laut in Ihren Füßen befindet, allmählich in Ihrem Körper aufsteigt – bis zum höchsten »Iii« unter Ihrer Hirnschale –, um danach wieder hinunterzugehen. Wenn Sie das machen, werden Sie schnell merken, daß es schneller getan als erklärt ist. Praktizieren Sie zwei oder drei »I«-Töne nach jeder Meditationsübung.

Diese Lautübungen und Meditationen haben schon vielen Menschen geholfen. Wir verlangen nicht, daß sie uns *glauben,* daß sie wirken. Wir bitten Sie lediglich, es damit zu versuchen, wenn Sie wollen, und dann abzuwarten, was geschieht. Wenn es wirkt, brauchen Sie nicht mehr zu glauben, denn dann wissen Sie. Ihre Erfahrungen werden darüber entscheiden, ob Sie diese Meditationen häufig, manchmal oder selten anwenden. Einige könnten bei Ihnen besser wirken als bei anderen. Das ist nur natürlich. Halten Sie sich an die, die zum gegebenen Augenblick bei Ihnen am besten

Freund und Anker kennet man, wenn sie Hilf in Not getan.

ABRAHAM A SANTA CLARA

wirken; wenden Sie sich aber dann und wann auch einmal den anderen zu, um zu erkunden, ob die Ihnen mehr zu bieten haben.

Diese Lautübungen sind auch eine gute Möglichkeit, wenn Sie sich einmal im »negativen Denken« gefangen fühlen und Ihnen absolut nichts Positives einfallen will. Versuchen Sie es dann mit einem dieser Laute. Ihre positive Energie wird Ihnen dabei helfen, die depressive Spirale negativen Denkens zu durchbrechen.

Gesegnet,
die auf Erden
Frieden stiften.

SHAKESPEARE
KÖNIG HEINRICH VI.

Frieden

Frieden ist das Ende des Dagegenseins.

Wenn Sie Frieden wünschen, hören Sie auf zu kämpfen.

Wenn Sie Seelenfrieden haben wollen, hören Sie auf, mit Ihren Gedanken zu hadern. Lassen Sie sie in Ruhe. Lassen Sie sie denken, was sie denken wollen. Das werden sie ohnehin tun. Solange Ihnen Ihr Geist genug Spielraum läßt, den nächsten Schritt in die von Ihnen angepeilte Richtung zu tun, lassen Sie sie in Ruhe.

Wenn Sie Frieden in Ihren Emotionen anstreben, hören Sie auf, sie beherrschen zu wollen. Emotionen sind dazu da, gefühlt zu werden. Lassen Sie sie in Ruhe. Beziehen Sie von ihnen die notwendigen Informationen, aber lassen Sie sie ansonsten in Frieden.

Wenn Sie physischen Frieden haben wollen, beenden Sie Ihren (Über)Lebenskampf. Treiben Sie Ihren Körper nicht über den Punkt seiner Erschöpfung hinaus an. Lassen Sie ihm Zeit zum Ausruhen. Trainieren Sie ihn sportlich. Und dann lassen Sie ihn in Ruhe. Verlangen Sie nicht, daß er in jeder Hinsicht dem Bild körperlicher Perfektion entspricht, das Sie sich von ihm gemacht haben.

Wenn Sie Frieden mit anderen Menschen haben wollen, dann kämpfen Sie nicht mit ihnen. Leben Sie Ihr eigenes Leben. Gehen Sie Ihrer eigenen Wege. Wenn Sie jemand dabei begleiten will, gut. Wenn Sie aber für einen bestimmten Zeitraum allein gehen müssen, auch gut. Wenn Ihnen nicht paßt, was irgendwo vor sich geht, wenden Sie sich ab. Bauen Sie ein tragbares Paradies in sich auf. Ziehen Sie sich an diesen Hort des Friedens zurück, sobald sich das erste Anzeichen einer Versuchung zeigt, gegen einen anderen zu kämpfen.

Das heißt keineswegs, daß Ihnen alles gefallen muß, was so passiert. Wenn »der Löwe neben dem Lamm liegen« soll, dann heißt das noch längst nicht, daß der Löwe das Lamm lieben müßte. Wenn Sie wissen, daß Sie sich neben dem Lamm zur Ruhe bege-

*Es ist doch wirklich wahr, daß,
wo die heitere Ruhe gestört ist,
die Harmonie des Lebens nicht
mehr rein und voll erklingt.*

WILHELM VON HUMBOLDT

ben müssen, dann nehmen Sie ein Buch mit. Das wird Ihren Geist ablenken, so daß in Ihnen keine feindlichen Gefühle gegen das Lamm aufkommen können – Sie brauchen nicht einmal an das Lamm zu denken.

Wenn Sie nichts gegen sich oder andere haben, dann sind Sie friedlich.

Frieden. Ruhe. Gelassenheit.

Strebe nach Ruhe,
aber durch das Gleichgewicht,
nicht durch den Stillstand
deiner Tätigkeit!

FRIEDRICH VON SCHILLER

Gleichgewicht

Ihnen sind ein paar Ungereimtheiten in diesem Buch aufgefallen? Uns auch. Willkommen im wirklichen Leben.

Sollen wir nun »an die Arbeit« und endlich »etwas tun«, oder sollen wir »meditieren, nachdenken, nur herumsitzen« und unsere augenblickliche Realität »akzeptieren«? Sollen wir lachen oder weinen? Sollen wir nach Geld streben oder nach Reichtum? Sollen wir uns an dieses Leben klammern oder uns auf den Tod freuen? Sollen wir flexibel oder entschieden sein? Anmaßend oder resignierend? Gebend oder nehmend?

Auf keine dieser Fragen gibt es eine Antwort. Es ist eine Sache von Zeit und der Zeitplanung, von Gegebenheit und Möglichkeiten, von Ein- und Ausatmen. Es ist eine Frage des Gleichgewichtes.

Das Gleichgewicht ist der Punkt zwischen den Extremen. Aber dieser Punkt verschiebt sich ständig, ist dauernd in Bewegung. Ein erfülltes Leben kann ein erfolgreicher Tanz auf dem Drahtseil sein. Manchmal neigt sich die Balancierstange bedenklich zu einer Seite, dann wieder sanft zur anderen. Und dann ist sie wieder absolut unbeweglich.

Wie findet und wie hält man sein Gleichgewicht? Durch Wachsamkeit. Innere Wachsamkeit. Innere Wachsamkeit ist der Preis der Freiheit. Gleichen Sie eine Unausgeglichenheit in sich unverzüglich aus, sobald Sie sie entdecken. Falls Sie das nicht tun, wird sie ihre Entsprechung im »Draußen« finden. Dann muß auch »draußen« etwas ausgeglichen werden. Es ist jedoch wesentlich leichter, etwas innerlich auszugleichen, bevor es nach draußen dringt.

Wenn Sie in einer Situation um Ausgleich bemüht sind, dann fragen Sie sich: »Was würde ein Meister tun?« Sehen Sie das Ganze mit den Augen des Meisters. Meister machen immer alles richtig. Mitunter wird ein Meister jedoch gar nichts unternehmen, ein anderes Mal sehr viel. Tun Sie das, was ein Meister tun würde. Sie sind ein Meister. Handeln Sie meisterlich.

*Wenn man nicht hat,
was man liebt,
muß man lieben, was man hat.*

FRANZÖSISCHES SPRICHWORT

Lieben

Von Liebe und Lieben reden wir in den unterschiedlichsten Deutungen. Im Zusammensein mit Psychologen sprechen wir von der Liebe als einer »uneingeschränkten positiven Zuwendung«, im religiösen Umfeld sagen wir: »Gott ist die Liebe.« Und wenn wir es mit einem religiösen Psychologen zu tun haben, könnten wir sagen: »Liebe ist Gottes uneingeschränkte Zuwendung.«

Wenn wir in uns gehen, erkennen wir, das unser Innerstes – unser eigentliches Sein – Liebe ist. Wir können diese Liebe nur mit uns und anderen teilen, sie zu einem Verb machen – lieben – und unser möglichstes tun, um in Übereinstimmung damit zu leben.

Unser Lieben ist eine ständige Arbeit. Wir verfeinern es ständig, sehnen uns danach, fügen etwas hinzu, formen es. Doch das glauben oder denken wir nur. Wir wissen jedoch auch, daß wir ständig *von* der Liebe verfeinert, ersehnt, vergrößert und geformt werden.

Wir bemühen uns nach Kräften, Schüler des Liebens zu sein. Und genau an diesem Punkt verlassen wir unser Katheder und gesellen uns als Gleichgestellte zu Ihnen.

Das Schreiben dieses Buches war ein Akt der Liebe. Wir hatten aufrichtigen Drang, Ihnen unsere Vorstellungen zu vermitteln, weil wir diese Vorstellungen für wichtig und bedeutsam halten. Wir wissen jedoch auch, daß es ein Akt der Liebe von Ihnen war, dieses Buch zu lesen. Ein Buch wie das hier liest man nicht ohne leidenschaftliche Hingabe – aus Liebe zu sich selbst und zu anderen.

Wir wüßten sehr gern, wie wir dieses Buch enden lassen sollen. Sicher wären wir dazu in der Lage, Ihnen ein paar Platitüden über die Liebe aufzutischen und es dabei zu belassen. Doch bis jetzt sind wir Ihnen gegenüber sehr aufrichtig gewesen. Wir haben aus unserer Erfahrung heraus geschrieben – von unseren zu Ihren Herzen, würden wir gern glauben.

Was also haben wir über die Liebe, über das Lieben zu sagen?

✳ Lieben ist eine Tätigkeit. Liebe ist eine Sache. (»Der Unterschied zwischen Liebe und Lieben ist wie der zwischen Fisch und Fischen«, sagt der Dichter.) Uns gefällt das Lieben – das bewegende, wachsende, sich verändernde, aktive, dynamische Zwischenspiel zwischen dem Ich und anderen, zwischen Ich und Ich.

* Das Lieben beginnt bei dem Individuum. Wenn wir von jemandem außerhalb unseres Selbst geliebt werden wollen, um ein »ganzer Mensch« zu werden, dann wissen wir, daß wir uns selbst nicht so lieben, wie wir uns lieben sollten.

* Wenn wir uns selbst die Liebe geben, die wir brauchen (und es bedarf so wenig Zeit und Aufwand, das endlich zu tun), dann wird unser Zuammensein mit anderen erfreulich, angenehm, heiter, unbeschwert, anregend, anrührend und – in jedem Moment – erfüllt.

* Lieben ist der größte aller Lehrer.
Wir können Ihnen dieses Buch nicht fein verpackt und gut verschnürt als ordentliches Päckchen überreichen, weil das – offen gestanden – auch mit dem Leben nicht möglich ist. Oder mit dem Lieben. Das ist ein Prozeß. Laufende Prozesse haben kein ordentliches Ende, nur Übergangsstadien.

Wir heißen Sie also im Übergangskapitel dieses Buches willkommen. Von jetzt an ist es kein Buch zum Lesen mehr. (Sie sind ohnehin in wenigen Sekunden damit fertig.) Es ist nun ein Buch zur Nutzanwendung.

Und wir reichen – in dem Maße, in dem wir »Lehrer« waren – die Verantwortung gern an Ihren Meisterlehrer weiter. Wir sind zufrieden, in Zukunft zum Nachschlagen benutzt zu werden – beispielsweise wenn Sie sich fragen: »Wie kann ich denn Schuldgefühle als Freund betrachten?« oder »Haben sie da nicht auch etwas über Geld geschrieben?«

Es war schön, diese Reise mit Ihnen gemacht zu haben. Vielen Dank, daß Sie sich uns angeschlossen haben – oder daß Sie bereit waren, uns zuzuhören. *Das 1x1 des Lebens* schafft jetzt den Übergang von einem Buch, das anleitet, zu einem Buch, das Sie behalten können. Passen Sie gut auf. Der Unterricht geht weiter. Mit Überraschungen muß gerechnet werden.

Genießen Sie das.